内蒙古师范大学“公共管理一流学科与师资队伍建设”项目资助

再一次成为母亲？

新生育政策下城市一孩家庭女性的再生育抉择研究

甘雪慧◎著

Becoming Mother, Again?

中国经济出版社
CHINA ECONOMIC PUBLISHING HOUSE
北 京

图书在版编目（C I P）数据

再一次成为母亲？：新生育政策下城市一孩家庭女性的再生育抉择研究 / 甘雪慧著 . -- 北京 ：中国经济出版社，2024.1
ISBN 978-7-5136-7614-4

Ⅰ. ①再… Ⅱ. ①甘… Ⅲ. ①生育观 - 研究 - 中国 Ⅳ. ① C923

中国国家版本馆 CIP 数据核字（2024）第 002468 号

责任编辑 耿 园
责任印制 马小宾
封面设计 久品轩工作室

出版发行 中国经济出版社
印 刷 者 北京艾普海德印刷有限公司
经 销 者 各地新华书店
开 本 710mm × 1000mm 1/16
印 张 16
字 数 259 千字
版 次 2024 年 1 月第 1 次
印 次 2024 年 1 月第 1 次
定 价 78.00 元
广告经营许可证 京西工商广字第 8179 号

中国经济出版社 **网址** www.economyph.com **社址** 北京市东城区安定门外大街 58 号 **邮编** 100011
本版图书如存在印装质量问题，请与本社销售中心联系调换（联系电话：010-57512564）

出版说明

本书出版受内蒙古师范大学“公共管理一流学科与师资队伍建设”项目资助。本书亦为2022年度内蒙古自治区哲学社会科学规划项目“三孩政策下已婚已育职业女性的生育意愿研究”（2022NDC155）、2023年度内蒙古自治区直属高校基本科研业务费项目“三孩政策下内蒙古育龄人口的生育意愿研究”的阶段性成果。

序 言

在我国人口出生率持续下降的大背景下，国家陆续出台了“单独二孩”“全面二孩”“全面三孩”的生育（fertility）政策。国家希望通过放宽生育政策，逐步提升育龄人口的生育率（fertility rate）。而提升人口生育率的关键之一，是提高育龄人口的生育意愿（fertility desire/intension/choice）和生育行为。我国社会的现实情况是，大量符合政策条件的育龄人口是在突然之间面临生育或是不生育第二个或者第三个孩子的问题的。也就是说，他们是在相关政策公布后才面临“生不生二孩或者三孩”的生育抉择（fertility decision-making）的。因此，在正常情况下“生育意愿—生育计划—生育行为”这三个层次中，又出现了一个新的层次——生育抉择。这一新的层次发生在“生育意愿”与“生育计划”两个层次之间，即“生育意愿—生育抉择—生育计划—生育行为”。如果说生育意愿主要是育龄夫妇关于生育问题的主观愿望和想法，那么生育抉择就是育龄夫妇作出的有关生育的最终决定。因此，生育抉择比生育意愿更接近人们的生育行为，因而也更值得关注。展现在读者面前的这本著作，探讨的正是新的生育政策背景下，城市一孩家庭的生育抉择问题。

虽然生育的功能被置于女性身上，但生育的决策却始终是在夫妻以及家庭的背景下进行的。本书作者将研究的焦点集中在再生育抉择中的女性身上。作者关注的问题是：与传统生育文化中女性缺乏生育话语权相比，当代女性能否在再生育抉择中把握契机、突破传统地位，对再生育抉择产生影响？作者基于社会性别视角，采用家庭决策与家庭权力理论，运用定性研究的方法，通过对 38 名已育一孩的城市女性或其丈夫进行深度访谈，对城市已育一孩家庭的再生育抉择是如何作出的、夫妻在作出再生育抉择的过程中是如何互动的、其中女性的作用地位又如何等问题进行了深入探讨。

本书将再生育抉择置于家庭决策范畴，依据“谁来作出决策—怎样作出决策—为什么能够作出决策”的思路，努力揭示出女性在夫妻权力、家庭—工作、生育观念、个体价值等方面的遭遇、认知以及选择逻辑。通过将再生育抉择视为家庭决策的一个重要组成部分，作者首先从夫妻互动维度分析了再生育抉择的四种生成模式，并通过调查数据反映的夫妻在这项决策中的角色地位，发现女性在再生育抉择中往往处于主导地位、发挥主要决策作用。其次，作者从女性话语权的提升、隐蔽地使用“弱者的武器”来参与决策互动，以及凸显家庭导向的性别化策略等方面，论述了城市女性在家庭再生育抉择中如何获得家庭权力、采用何种策略参与决策互动。最后，借助贝克的个体化理论，阐述当前城市女性从为他人而活到为自己而活的个体化取向，这也是女性积极参与再生育抉择的内在动因；同时从外部因素来反思女性主导再生育抉择的现实，提出公私领域的分离以及家庭决策中始终存在的性别区隔是女性“作主”的背后原因，而再生育抉择的生成模式与夫妻角色现状有赖于社会性别规训下的两性合谋。这就提示我们在再生育抉择中应充分考虑女性的意愿并体现女性的积极影响，以促使产生更加积极的生育行为。

通过研究，作者得出了一些有独立见解的结论。比如，与既有研究得出的再生育的影响因素主要有经济成本、养育困境等不同，本书提出，夫妻在家庭决策中的互动过程，同样会对决策结果产生至关重要的影响。作为一项家庭决策，城市一孩家庭的再生育抉择不仅受到经济因素的制约，还受到丈夫和妻子在该决策中的互动嵌入程度、互动方式和互动过程的影响。妻子的积极参与使家庭的再生育抉择表现出女性主导的特征，而到底要不要再生育一个孩子则更多地反映了女性意志。又如，新生育政策实施后，在再生育抉择这项家庭决策中，女性处于关键地位、起主导作用。女性夯实了家庭权力基础，策略性地运用性别武器，在与男性互动的家庭决策过程中实现了自己的生育意志。正是现代社会中女性为自己而活的个体化取向，以及社会性别规训下男性和女性的合谋，共同形成了再生育抉择由女性发挥关键作用的局面。再生育抉择在不打破原有社会性别框架的同时，很大程度上发挥了女性的家庭权力，彰显出了女性的主动性与主体性。这些结论和观点给人以新的启发。

我很乐意将甘雪慧博士的这本新书推荐给广大读者，特别是对我国人口发展问题、家庭生育问题、女性角色问题等感兴趣的朋友，你们一定可以从本书的探讨中得到新的收获和启示。我也希望本书作者在今后的学术研究中，继续努力，不断深化自己对中国社会的认识，取得更多更好的研究成果。

风笑天

2023 年 7 月 12 日于南京溧水

目录

第一章　绪　论

一、研究的缘起

（一）研究背景

党的十八届五中全会公报指出：“促进人口均衡发展，坚持计划生育基本国策，完善人口发展战略，全面实施一对夫妇可生育两个孩子政策，积极开展应对人口老龄化行动。”2016 年 1 月 1 日开始，全国正式实施一对夫妇可以生育两个孩子的新计划生育政策，即“全面二孩”政策。这是 2014 年全国陆续实施夫妻一方为独生子女可以生育第二个孩子的“单独二孩”政策后的人口政策新调整，标志着独生子女时代成为过去。为了更好地优化人口结构，推动人口与经济社会协调发展，2021 年 5 月 31 日，中共中央政治局召开会议，审议《关于优化生育政策促进人口长期均衡发展的决定》。会议提出，进一步优化生育政策，实施一对夫妻可以生育三个子女政策及配套支持措施。这是我国继“单独两孩”和“全面二孩”之后的又一重大生育政策调整。

宏观生育政策的调整，不仅关乎社会人口结构和国家经济、社会发展，对于每一个家庭而言，也关系到家庭规模的改变，关系到要不要在原有基础上再生育一个孩子。事实上，在新生育政策的推动下，不少育龄青年开始思考要不要再生育的问题。即便没有将再生育行动落到实处，要不要生二孩、三孩也成了人们交谈的常见话题。要知道，在独生子女时代，这个不是问题的问题根本不需要探讨。而今天，在住宅小区和街道公园中随处可见带着幼儿的母亲，彼此询问要不要再生育孩子甚至成为她们寒暄的方式。长辈们的关心和催促也将再生育问题变成了家庭议题。

一些研究对此给出了答案。人口学家特别关注了新生育政策的执行效果以及由此带来的全国性的生育水平和人口规模的变化，向我们展示了人们的再生育意愿。运用实证调查的结果探讨二孩政策的目标人群、预估未来的二孩生育情况并分析二孩政策的作用（庄亚儿等，2014；翟振武等，2014；张丽萍、王广州，2014；乔晓春，2014，2015；王广州，2016；陈友华，2016），为我们从宏观上掌握二孩政策后的生育情况提供了全局性的了解和科学的依据。但二孩政策实施之后，生育率并不像之前设想的那样大幅反弹。学界发现了二孩政策遇冷的客观现实，提出这可能是对生育意愿的误判、生育意愿与生育行为的背离导致的（陈友华，2015；马小红、顾宝昌，2015）。

二孩政策遇冷的现实，令很多学者思考家庭特别是女性不愿意再生育的原因。大多数研究通过定量分析得出了一些普遍性结论，如生育二孩给家庭带来的压力与困扰，表现为生育抚养孩子成本过高、给女性就业带来负面影响使得工作与家庭相冲突，以及社会福利和支持体系不配套，包括生育保险和产假制度不完善、福利式的幼儿照料等社会支持供给不足、儿童照料的家庭支持依赖等（国云丹，2009；杨菊华，2014；宋健、周宇香，2015；程雅馨、何勤，2016；杨慧，2017；张樨樨、王利华，2017）。这些研究充分考虑了当代社会的育儿困境，指出了包括家庭经济因素和儿童照料在内的多方面问题，提出了以社会支持和社会政策扶持来提升生育意愿的出路。

关于生育意愿及其影响因素的判断，从一种兼顾家庭内外的视角对家庭的二孩或三孩生育作出了解读，特别是对影响因素的解析，似乎表现出了对女性是否选择再生育的移情式考虑。然而，只要满足了这些条件，女性和家庭就一定会选择再生育吗？解决了女性的后顾之忧就会带来生育行为吗？对家庭最终的生育决定如何形成，目前并没有太多的解释。其实，想不想再生和要不要真的再生是两个不同的议题。同既有研究相比，生育意愿更多地回答了人们“想不想”拥有二孩或三孩，而生育抉择回答的是人们“要不要真的”拥有二孩或三孩，才是真正会影响生育行动的。家庭是不是真的生育二孩、三孩最终要通过再生育抉择来落实。

（二）研究问题

在独生子女政策时代，家庭的生育选择（fertility choice）十分有限。除特殊情况外，每个家庭通常只能生育一个孩子，所以夫妻在生育方面几乎不需要作出选择，结婚之后生育一个孩子作为自己的生命历程事件，是理所应当甚至不假思索的事情。可是，全面二孩和三孩政策的到来打破了原有的生育局面，直接给家庭带来了新的选择机会：第二/第三个孩子，生还是不生？

这就涉及夫妻的再生育抉择，关系到夫妻的生育观念、互动关系和家庭权力地位。从传统的生育文化来看，多子多福、男孩偏好的生育价值体系一直潜移默化地指引着家庭的生育方向。根据儒家思想，婚姻的最主要目标就是传宗接代，女性如果不能生儿子就无法实现婚姻目标，甚至婚姻也失去了本质意义。作为实现家族多子多福的关键因素，女性担负着生育更多的儿子，实现家族人丁兴旺、劳动力充裕乃至提高社会地位的重任。由于女儿无法实现延续家族香火的功能，女性只好生育更多的孩子，以保证充足的儿子数量、实现“多子”目标。因此，有学者甚至提出，“我国人口过快增长的直接原因是农村妇女的早婚早育和多胎生育，解决人口问题的成效也只能取决于控制农村妇女的早婚早育和多胎生育”（梁中堂，2014：492）。尽管这种观点将生育率的变化仅归结到女性身上，未必完全妥当，但至少提醒我们，女性在家庭生育中扮演了十分重要的角色。

然而，需要指出的是，传统性别文化建构了性别差异，男性占据主导地位，女性则处于从属地位，在婚姻关系及生育实践中便呈现一种男尊女卑、重男轻女的境况。在这样的传统生育文化之下，女性一度被异化为生育机器，妻子在生育抉择方面往往是缺少发言权的。女性缺乏话语权，不单纯是在家庭内部，而且是在整个社会中女性社会地位低下的表现。从文化角度看，这与父权制不无关联；从现实境遇来说，同她们受教育程度较低、缺乏独立的经济收入有关。因此，女性虽然是生育的主体，却始终在传统中处于生育关系中的被动地位。而在漫长的文化传承中，这种被动地位已经内化为价值观念，一些女性甚至把生育看作其人生最重要的使命，看作生命中最值得做的事情。正如李银河（2003）所言，“问题还不在于‘赋予’农村妇女更多的选择权，而是她们先有了作他种选择的意愿。从目前的情况看，她们不但别无选择，而且尚未意识到有作他种选择的必要”。可见，女性在生育抉择中的家庭权力地位是不乐观的。

随着社会转型和计划生育政策的实施，城市女性受教育程度提高，参与劳动力市场程度升高，社会地位得到极大提高，传统生育文化对女性主体性的压制得到了一定的弱化。那么，在面对新的生育政策给家庭带来的二孩/三孩生育机会时，家庭的生育抉择将怎样被作出？女性能否突破传统生育关系中的被动地位？她们会作出怎样的再生育抉择？在家庭再生育抉择中能够发挥多大的作用？如果说独生子女政策在某种意义上抵制了传统生育文化中的不合理因素，帮助女性从工具性生育中走出来，那么新的生育政策势必会扩大家庭规模。这样是会强化女性的弱势地位，还是会反过来凸显女性抉择的自主性？在对生育意愿的研究中，那些提升生育意愿的要素看起来是对女性十分友善的考虑，可它们足以成为女性作出再生育抉择的全部吗？

生育意愿更多的是亮明夫妻的生育态度，却无法展现生育决定的作出过程（即生育抉择）。只有在生育决定的作出过程中，才能够看到生育意愿的落实，才能够看到夫妻的互动关系，也才能够看到女性的境况。习近平总书记指出，由于“妇女特有的身心特点、生育和哺乳功能，决定了妇女在增进家庭和睦、科学养育后代、促进社会和谐”以及在“弘扬中华民族家庭美德、树立良好家风方面”能够发挥出其他社会群体所无法比拟的“独特作用”。[①] 因此，对女性在再生育抉择中的地位作用研究更显必要。同女性在家庭生育抉择中的历史地位相比，今天的女性能否从“无声”转变为“有声”，激励着笔者进一步探索家庭关系中女性作用的发挥问题。

相较于生育意愿，生育抉择应当来源于微观视角。本书探讨的是全面二孩和三孩政策后的生育抉择，因此将其称为再生育抉择。再生育抉择同女性的家庭权力和地位息息相关，同家庭内部夫妻之间的互动和决策过程有关，故而离不开家庭权力的运作。阎云翔（2012：19）发现，在现有的家庭和亲

① 张俊国.学习习近平总书记关于家庭、家教和家风的论述[EB/OL].中国共产党新闻网.（2018-08-29）[2023-11-29].http://theory.people.com.cn/n1/2018/0829/c40531-30257277.html.

属关系研究中，青年女性群体“被严重地忽视，主要是因为年轻女性被理解为是没有任何权力的人，在家庭生活中做不成任何事”。（当然他的研究最终突破了这种常规理解。）这也提示笔者，家庭正是研究女性权力的一个合适的空间。基于新生育政策的实施给家庭带来再生育抉择的现实，本书试图从女性的视角来探索城市已育一孩家庭中女性的再生育抉择，考察女性同丈夫的互动关系和过程，分析他们怎样作出再生育抉择以及女性在再生育抉择过程中发挥作用的程度。研究希望发现家庭的性别权力是怎样悄然作用于家庭再生育抉择的，而女性在这种再生育抉择中又具有多大的自主性。换言之，研究能够通过二孩 / 三孩的再生育抉择来探析家庭权力状况及女性的权力地位。

因此，本书试图回答这样一些研究问题：

一是全面二孩、三孩政策实施后，在再生育抉择这项家庭决策中，夫妻如何通过互动来达成决策结果，女性在其中处于什么样的地位、能够起到多大的作用。

二是女性如何在再生育抉择中发挥作用，有哪些条件作为她们发挥作用的基础，她们又是通过什么方式和策略来参与夫妻互动、在再生育抉择的过程中彰显自己的力量的。

三是女性为什么能够在再生育抉择中发挥作用，背后的主要机制与因素是什么。

相较于既往研究，生育意愿并不是本书所关心的，家庭愿意多生或少生孩子的影响因素也不是本书的着眼点。前人已在这两方面进行了丰富的论述，而目前对生育抉择本身生成过程方面的关注还不多。基于此，本书希望在新生育政策的背景下，通过对再生育抉择过程的探讨，关注再生育抉择中夫妻的互动和权力关系，深入挖掘女性在再生育方面的表现和决策地位，为再生育抉择研究贡献绵薄之力。

二、研究目的和意义

（一）理论层面

第一，在学界生育抉择研究偏少的情况下，本书将研究内容从生育意愿推进到再生育抉择这一步，更加接近人们的生育行为，补充了二孩/三孩再生育抉择领域的研究。既有研究多从生育意愿入手，以全体人群或者育龄人口为对象，探讨二孩政策落地后人们是否有意愿生育二孩。研究多根据大规模调查数据来获取二孩生育意愿，分析经济压力、就业、年龄、受教育水平等方面对家庭生育二孩的影响。既有研究结果通常是宏观视角的，从整体上探讨人们不愿生育二孩的原因。本书则将视野放置到家庭这一微观领域，试图通过夫妻互动中的妻子叙事，了解夫妻是否真正实施生育二孩/三孩的打算。研究有助于获得一个个具体鲜活的二孩/三孩再生育抉择过程，为定量研究注入定性研究所能达到的更具灵活性和更加个体化的内容，从微观视野拓展对夫妻再生育抉择的认识。

第二，本书重点关注作为生育主体，却常常在中国传统生育文化中被忽略的女性，从性别的视角真正去体察女性作出再生育抉择的自我叙述。在对二孩生育意愿的既往研究中，不少研究通过对育龄女性进行问卷调查，得出了女性由于育儿经济压力、家庭就业冲突、幼儿照料服务缺失等而不愿生育二孩的结论。这些结论看起来是女性对生育二孩进行了理性思考的结果，但事实上是建立在研究者诉说的基础之上的，用研究者的封闭式问题替代了女性自己的答案，并不是女性自己的诉说，因此仅能获得一些客观但冷冰冰的变量及其关系。本书打破了只以女性为调查对象，却不站在女性角度进行分析和思考的研究局限。这种局限很可能带来一种风险和尴尬，那就是将生育视为只同女性有关的事件、其原因和结果都在于女性，但女性却恰恰在这些方面并没有发言权。本书主要运用定性研究方法，通过访谈来了解女性对生育的想法和思考。研究有助于突出女性在生育中的主体地位，倾听在生育关系中曾经“失语”的女性在全面二孩、三孩政策后发出的声音，鼓励女性对生育进行自我诉说。因此，本书事实上将身体处于生育主体地位，关系却处于生育非主体地位的女性重新拉回生育关系的中心。

第三，将再生育抉择视为家庭决策的一种，是本书对家庭决策研究内容的完善与补充。既往家庭权力与家庭决策的研究更多关心权力的基础与结果，从夫妻资源能否帮助双方在讨价还价中获得家庭决策的最终胜利来分析家庭决策，而忽视了家庭决策的产生过程。发现在新时期、新政策条件下，女性是否能够在再生育抉择中发挥主体性作用，有助于我们认知夫妻在家庭决策中的互动过程，分析决策的形成与产生，推进再生育抉择纳入家庭决策范畴。本书关注女性在家庭决策关系中的地位与表现，不再局限于女性教育和就业等静态数据，而是着眼于既有研究关注不多的夫妻互动过程，经由女性叙事来了解她们如何将影响生育意愿的因素有效地放置到与丈夫进行再生育抉择的过程当中。或者说，着眼于在与丈夫的互动过程中，她们是怎样界定自我对再生育抉择的判断，并最终形成家庭的生育决定的。这有利于将女性的再生育抉择嵌入家庭决策的内容与过程中，家庭决策又能彰显女性的家庭权力现状，透视女性在决策中的地位的发展变化。

第四，本书还是对家庭这个女性一度“主宰”的私人领域及女性地位的再探讨。本书关注女性在家庭这一私人领域的生活情况，探讨家庭领域中除家务以外的另一重大事件——人口再生产，并从这一视角来窥探女性在私人领域中的地位和作用。随着现代社会的发展，女性的社会地位得到提高，显著地表现在女性公共领域参与度的提升。例如，女性接受教育的人数增多、受教育水平提升，走出家门进入劳动力市场，获得劳动报酬，具有了独立的经济能力，等等。或许只有在公共领域和私人领域都提升了其自身的社会地位，才可以称之为女性地位的全面提升。但在私人领域，她们的地位是否得到了相应的提高，还有待论证。女性在家务劳动中的付出通常被忽略，家庭这个私人领域也容易被忽视。私人生活虽然是个体的，但私人领域的共同属性彰显了女性群体的共性，因而有必要对女性在家庭这一私人领域的关系与地位展开讨论。本书正是通过家庭领域的再生育抉择情况来探索私人领域女性地位的发展现状。

（二）应用层面

一是有助于人们正视女性在生育二孩和三孩中的意愿与作用。

随着生育政策的调整，我国已进入后独生子女时代。与独生子女时代结婚并生育一个孩子是人们生命周期中的“例行公事”、并不需要对生育孩子进行过多选择与规划相比，新生育政策实施后，第二/第三个孩子要不要生、什么时候生，有什么生育期望，都需要家庭进行思考并作出决策。仅仅将视线放在生育子女的成本上，并将生育、养育和教育成本视为限制家庭生育意愿的唯一因素，似乎并不足够。正如一些学者指出的，即便只考虑生育成本，也需要进一步区分这些成本主要由谁来承担，因为家庭内部的成本分配是不同的。女性是生育孩子的主体，也是养育孩子的主体，同男性相比，的确要付出更多。因此，要不要生育二孩/三孩，不仅是整个家庭的考虑，更关系到生育成本的主要承担者——女性。甚至可以说，再生一个孩子受影响最大的还是家庭当中的妻子，是女性。故而对于要不要再生一个孩子，女性理所应当是最具有发言权的家庭成员。不少调查研究已经表明，人们生育二孩的意愿并不强烈，那么为了提升生育率，就更应当重视女性在生育二孩和三孩中的意愿与作用。本书的价值之一，就是呼吁正视女性作为生育主体的地位，充分考虑女性在家庭再生育抉择中的意见，而不是简单地将家庭作为一个整体，不加区分地笼统分析生育子女的利与弊。

二是有助于推进建立性别友好的社会环境与政策制度，使再生育抉择成为一个公共议题而不仅是私人议题。

不论是私人领域还是公共领域，不论是再生育抉择还是其他家庭决策，性别平等其实一直在路上。如果女性仍然在家庭领域、工作领域和社会环境中处于相对不利地位，很难想象她们愿意多生孩子而增加自己的各方面成本。只有充分发挥女性在家庭再生育抉择中的作用，充分尊重女性在生育事件中的角色，才能够促使家庭形成有助于提升生育意愿的再生育抉择。除在家庭中提升女性地位外，本书的价值之二就是呼吁建立性别友好的社会环境与政策制度。尽管在既有框架中，生育更多地被认为是女性的事情，并没有彻底地摆脱父权制，但本书仍然认为，建立女性友好型的社会环境和相关政策制度未尝不会对生育率的提升有所助益。对北欧的研究显示，女性的受教育水平越高、社会制度设置中性别平等程度越高，女性的生育意愿就会越强。而社会环境和政策制度方面性别平等的直接表现，就是为女性提供一个友好的社会环境和政策环境。随着三孩政策的出台，各地陆续制定了关于产假和育儿假的相应政策。延长女性的生育假期，给予男性一定的陪产假或护理假，并给夫妻双方每年5~10个工作日的育儿假，都是女性友好型社会与制度环境的体现。劳动力市场领域的性别友好制度，以及逐步社会化而非女性化、私人化的育儿举措，也都是未来的发展方向。只有公共领域的外部环境和私人领域的家庭内部情况都对女性友好，女性才能在再生育抉择中更好地发挥作用，也或许才能够放心大胆地作出再生一个孩子的决定。

三、文献综述

再生育抉择关系到家庭究竟是不是真的再生孩子，是家庭生育事实中的一个重要过程。回顾国内外文献，对再生育抉择的探讨离不开对生育意愿以及家庭生育方面的论述。大量研究将关注点集中在生育意愿的内容现状、影响生育意愿/选择和生育率的重要因素上，再生育抉择和生育意愿并未得到区分。同时，对再生育抉择本身的研究并不多见。故而以下对生育意愿和生育抉择的相关研究进行整体回顾。

（一）生育意愿及其影响因素

生育意愿是“生育意愿—生育抉择—生育计划—生育行为”（风笑天，2016）中的一个环节。不少学者认为，生育意愿能够对生育行为产生影响，将生育意愿的形成视为生育抉择过程的第一步，然后通过夫妻一方对另一方生育意愿的影响，使生育意愿转化为生育相关行为（Miller，1995；Reynar，2000；郑真真，2011；杨菊华，2011）。因而生育意愿是预测生育行为的重要因素，特别是当生育意愿十分确定的时候，它对生育行为的预测力更强（Morgan，1981；Poo & Nai，1994；Bankole，1995；Schoen et al.，1999；Bongaarts，2001）。那种十分确定的生育意愿被称为同步模式，意味着夫妻在结婚时就很确定以后想生几个孩子；生育意愿还有另外一种模式，叫序次模式，意味着生育意愿是变动的，在第一个孩子出生后夫妻可能会根据实际情况来重新评估并形成新的生育意愿（Urdy，1983）。所以用变化着的生育意愿来预测生育行为可能更为合适。

生育行为的产生来自家庭前期的思考、选择和准备。对生育作出最终的决定就是生育抉择。但目前在国内，全面二孩和三孩政策刚刚实施，对女性再生育抉择的研究十分稀少。作为生育抉择的前一阶段，夫妻的生育意愿同生育抉择息息相关，生育抉择在很大程度上是在生育意愿的指导下作出的。生育意愿包括是否想生育孩子、对子女数量的期待和对生育孩子时间的渴望（Miller，1995），或是意愿生育孩子的数量、性别和生育间隔（顾宝昌，1992）。对既有研究的回顾发现，生育抉择与生育意愿这两个词语常常是互相替代、未作区分的，甚至通常与生育一词相同，更多地指向夫妻愿意生育子女的数量，在宏观分析中又被称为生育率。可以说，对生育意愿的研究主要是围绕家庭生育子女数量及其倾向来展开的。

1. 生育意愿的研究现状

或许由于国外通常不对夫妻生育子女数量做限定，国外对生育意愿的探讨，更多关心哪些因素会影响夫妻对生育的想法与规划，较少论述具体的子女数量。事实上，很多研究并没有将生育抉择和生育意愿做严格区分，而是将生育抉择当作生育意愿来探讨。此时再分析家庭对目标子女数的规划或倾向时，常以生育意愿或生育选择的概念来呈现，探讨的内容也并不是生育抉择本身。例如，研究发现，男性和女性具有不同的生育目标（孩子数），丈夫倾向于要更多的孩子（Bankole & Singh，1988）。或者是，人们的生育选择（意愿子女数）受到文化、宗教、职业、社会福利、夫妻之间相互作用等各方面的影响（Straits，1985；Liao，1992；Beckman et al.，1983；Del Bono et al.，2012；Abrokwah et al.，2016）。男性可能会因为结婚而比女性更倾向于生育孩子（Reed et al.，1986），而女性的生育意愿也可能因男性而改变，比如父亲在照顾儿童和家务劳动方面的投资，能显著提高女性的生育意愿（Park et al.，2010）。

国内研究则不同。在全面二孩、三孩政策的推动下，人们首先面临的是想不想再生育的问题，因此大量研究集中在意愿生育孩子的数量和性别方面。事实上，对生育意愿内容本身的调查研究，形成了一种对二孩生育意愿的普遍性描述，为我们掌握育龄人口是否具有再生育意愿提供了很大帮助。

一是就新生育政策后夫妻意愿生育的孩子数量进行了大量研究。有学者指出，生育意愿中期望孩子数量的差别，根本上是一孩和二孩的差别，因为事实上愿意选择生育 3 个及以上孩子的女性相当少（郑真真，2004；茅倬彦、罗昊，2013）。相当多研究表明，全面二孩政策后人们的二孩生育意愿并不乐观。基于对各地的实证调查数据，超过半数的女性倾向于生育一个孩子（风笑天，2004，2009；石智雷、杨云彦，2014；茅倬彦、罗昊，2013；卢海阳等，2017；李建新等，2011），或即使比例未达半数，但仍显著呈现出一孩意愿较强（侯亚非等，2008；程雅馨、何勤，2016）。有的学者甚至发现不愿意生育孩子的女性也不在少数（王猛等，2017；胡静，2010）。当然，基于不同的调查数据，也有学者得出相反的结论，认为不少人倾向于生育两个孩子（尤丹珍、郑真真，2002；陈彩霞、张纯元，2003；李静雅，2017；向华丽，2011；李波平、向华丽，2010；徐映梅、李霞，2010）。对于已有一孩的女性来说，有学者认为半数以上倾向于再生育第二个孩子（伍海诚、乔天宇，2013；李龙、翟振武，2014）。已有二孩的育龄妇女意愿生育子女数甚至略高于一孩家庭（吕江洪等，2013）。似乎已有的生育经历并没有对女性产生负面影响，相反，令她们倾向于期待第二个孩子的到来。

由于三孩政策颁布不久，多数研究成果是基于二孩政策实施后的探讨。拥有子女本身会影响女性的再生育意愿。有研究指出，对二孩的高生育期望体现于尚未生育女性群体（靳永爱等，2016），不少已有一孩的职业女性明确表示不想生二孩（李静雅，2017）。而就三孩政策后的生育意愿研究来看，具有三孩生育意愿的育龄女性或育龄人口占比非常低。同二孩生育意愿相比，其占比更低。尽管根据不同调研数据得出的结论不同［具有三孩生育意愿的比例为 18.8%（张静、雍会，2022）、7.8%（朱文婷、王梅，2022），甚至是 2.75%（石智雷等，2022）、2.31%（李婕妤、王璋，2023）和 1.3%（邱幼云，2022）］，但仍展现出不同学者得出了类似的观点。三孩政策后，学者更关心生育支持和低生育率问题（陈卫，2021；张翼，2021；侯佳伟等，2022；王军、王广州，2022；朱文婷、王梅，2022；茅倬彦，2023），目前对人们具体的意愿生育子女数的研究并不太多。

二是就人们生育意愿中的孩子性别偏好进行了大量分析。有的学者认为传统的男孩偏好即使不占多数也依然存在，也可能是一种性别双全基础上的男孩偏好倾向（陈卫，2002；尤丹珍、郑真真，2002；陈彩霞、张纯元，2003；李波平、向华丽，2010）。也有少数学者提出对女孩的偏好要高于男孩（石智雷、杨云彦，2014；徐映梅、李霞，2010）。另外一些学者则认为女性对性别没有偏好，较多持中立或无所谓的态度（石智雷、杨云彦，2014；向华丽，2011；李波平、向华丽，2010；徐映梅、李霞，2010；吕江洪等，2013；李静雅，2017）。还有很多学者发现儿女双全的性别模式占主要或重要地位（尤丹珍、郑真真，2002；陈彩霞、张纯元，2003；吕江洪等，2013；伍海诚、乔天宇，2013；李龙、翟振武，2014；徐映梅、李霞，2010；程雅馨、何勤，2016）。上述结果同风笑天等（2004）回顾二十年城乡居民生育意愿时得出的“一孩就不分男女，二孩则期望儿女双全”的总结基本吻合。当然，也存在不同的观点，认为性别偏好消失，男女双全的比例在下降（李建新等，2011）。

对性别的偏好可能与已生育子女的性别有关。已有一个女孩的女性再生男孩的意愿显著强于已有一个男孩的女性，已有一个男孩的家庭则希望再生育一个女孩（乔晓春，2004；向华丽，2011；徐映梅、瞿凌云，2011；伍海诚、乔天宇，2013；陈卫，2002）。这在一定程度上是追求儿女双全的另外一种表现，可能会影响对子女数量的选择。性别偏好存在城乡差异，农村地区的男孩偏好强于城镇，而城镇则更多表现为生男生女都一样（郑真真，2004；乔晓春，2004）。对中国的研究表明，一孩为男孩的家庭选择不要二孩的比例更高（王晓宇等，2018），中国女性的二孩生育跟她们生育意愿中的男孩偏好具有显著相关性，女性根据第一胎孩子的性别来选择性堕胎以确保第二个孩子是男孩，从而减少了第二个孩子的出生可能性（Jiang et al.，2016）。这些研究提示性别偏好可能发生在不同的文化环境中，与人们对性别的认知和性别角色规范存在千丝万缕的联系。

2. 生育意愿的影响因素

国外学者对生育意愿的研究常通过分析影响因素来说明家庭期望的子女数量。在我国二孩政策实施后，面对不少女性和家庭生育意愿较低的现实，国内学者也特别关心家庭意愿生育二孩 / 三孩的影响因素。可以说，生育意愿（包括生育选择和生育率）的影响因素，是国内外学者关注的重点，成为生育研究的核心内容。以定量分析为主，大量实证研究从国家和地区的宏观视野，结合社会发展与代际关系，围绕包括儿童养育和照料成本在内的育儿成本进行讨论，以及从教育和就业表征的女性地位角度来分析意愿生育子女数量。文化要素也被纳入考虑范围。

（1）经济理性与育儿成本

尽管国外研究很少直接探讨生育意愿中孩子的绝对数量，但并不意味着学者们对生育子女数漠不关心。事实上，不论是国内学者还是国外学者，对意愿生育子女数量的分析主要集中在生育的经济成本方面。当前对育儿成本的研究必须追溯到人口经济学的经典传统。主要思路是基于家庭成本—收益的计算，围绕家庭效用最大化，分析家庭如何通过经济理性来决定生育情况。

莱宾斯坦（Leibenstein）提出边际孩子合理选择理论，将育儿成本分为直接成本（生育子女的直接花费）和间接成本（父母在育儿过程中的机会成本和时间损失），孩子效用分为消费效用、劳动—经济效用和保障效用。父母对生育边际孩子数量的取舍，是基于他们对生育孩子成本与效用的计算。为保障家庭原有地位，可能会减少边际孩子的出生。贝克尔（Becker）则将孩子视为消费品，高质量的孩子需要父母投入更多的费用。如果能从孩子质量中获得效用，则父母愿意生育，反之则只能减少孩子数量以保障质量。这就是孩子的数量质量替代理论。伊斯特林（Easterlin）则从供给—需求角度，提出了决定生育的 3 个重要因素：对孩子的需求、可能的孩子数量（也称孩子供给）以及控制生育所需的代价。孩子的供给与需求之差代表人们控制生育的动机。动机与代价的反差越大，控制生育越积极，生育率也就越低。美国学者西蒙（Simon）认为影响家庭生育抉择的主要是个人（家庭）收入。家庭收入（主要是丈夫的收入）的变化会直接影响家庭的时间和金钱来源，只有一个孩子或未生育的家庭，收入增加能提高多生孩子的概率。可见，经济学视角将孩子视为消费品，生育意愿主要来自对生孩子带来的成本和收益的理性考量。

后期的经验研究几乎无一例外地关注生育孩子的成本问题。从家庭角度权衡成本收益，考德维尔（Caldwell）认为生育转变同家庭代际关系的财富流有关，传统的家庭能够从高生育率上获益的模式已经发生改变，现代社会的财富流向转变为由父代流向子代，父母会选择减少孩子的数量。基于此，Moore（1998）发现，与传统的财富向上流动的高生育率社会相比，教育提高了生育子女的成本，故而现代社会主要是财富向下流动即由父母流向子女。

这意味着大家庭的成本升高，于是生育子女的数量减少。孩子特别是女孩不再是经济来源，而是经济负担。斯宾塞（Spencer）就曾认为，上流社会受教育程度越高，越是致力于个性发展和个体幸福，生育子女的需求就变得越少（李竞能，2001：432）。父母如果为了提高自身地位和孩子地位，加强孩子接受正规教育的程度，则会被迫选择少生育子女（庄渝霞，2009b：27）。因此，父母将儿童价值与自己生活进行比较，并在少数高质量的孩子和较高物质生活水平之间作出选择（Cochrane，1975）。

生育成本在今天的现实生活中常常与儿童养育和照料的家庭成本联系密切，不仅是消费层面的成本，更多指向机会成本。城市化背景下，在城市生育孩子的成本远高于农村；对高质量孩子的需求让家庭花费更多，而且人们在思想上已经接受了低生育率，所以人们普遍降低了对孩子的需求（Carvajal & Burgess，1979）。在我国，生育二孩意味着增加了孩子出生、照料、教育甚至婚嫁等各方面抚养子女的成本，加上收入水平的制约，“养不起、忙不赢”（罗淳、宋晓莹，2020）成为限制家庭二孩生育选择的重要因素（宋丽敏等，2012；张赛群，2017；陈秀红，2017；程雅馨、何勤，2016）。对于家庭成员来说，那些受教育程度和职业层次更高的女性尤其受到儿童照料、入学和养育成本方面生育顾虑的困扰（Del Bono et al.，2012；周兴、王芳，2010；张赛群，2017）。我国福利制度发展不完善，生育保险、女性产假、幼儿托管等社会支持有待提高，因而进一步提升了家庭特别是女性的生育成本（慈勤英、杨慧，2002；黄桂霞，2014；潘锦棠，2001）。这充分表明，工业化以及劳动参与率和教育水平的提高改变了女性角色，使得全职在家做主妇带孩子的妇女非就业状态成本太高（Davis，1984）。可以发现，家庭生育的成本总是不平等地存在于丈夫和妻子身上，女性事实上是家庭生育成本的主要承担者。在丹麦，就业和高受教育水平的女性更愿意生育二孩，就是因为男性作为二胎照顾者的替代角色可以帮助减少母职惩罚（Brodmann et al.，2007）。分担家庭责任更平等的夫妻比其他人更有可能再生育（Olah，2003；Neyer et al.，2013）。

基于经济理性考虑，不论是直接成本还是机会成本，不论是家庭共同的生育成本还是加诸女性的生育成本，都必然成为制约女性及其家庭生育意愿的不可忽视因素，也是现代社会影响一个家庭要不要生育孩子的重大因素。但凡论及生育意愿，学者们几乎无不从成本效用角度进行分析，这对我们理解生育意愿或选择子女数量的倾向具有很大的帮助。

（2）工作家庭冲突

提及机会成本，就不免要引出女性因生育而遭受的工作家庭冲突。工作家庭冲突基本上只针对女性，而女性又是生育和养育孩子的重要主体，因而女性比男性更加迫切地面临这一角色困境。可以说，婚育身份是影响女性三孩生育意愿的重要因素（陈卫，2021）。女性为了怀孕和生育孩子而自愿退出劳动力市场，表面上是出于家庭需要，实际上仍是特定的工作家庭冲突造成的（Stone，2007；Williams，2000；国云丹，2009）。个体在两个场景中同时扮演不同角色时，一种角色的责任可能会影响其他角色。对于工作角色和家庭角色的不同社会期待会引起人们心理和生理的压力，两种角色对个体提出了不同的要求，导致工作或家庭角色难以协调、相互冲突（Greenhaus & Beutell，1985）。Lehrer 和 Nerlove（1986）称其为“角色不相容假说”，这一假说对生育决策具有重要意义。工作家庭溢出理论认为，工作和家庭两个领域之间存在相互溢出，一个领域的需求会向另一个领域非平等性地侵入（Frone et al.，1992），因而女性在家庭角色中的行为、态度和情感等会渗入到工作角色中，这可能是角色冲突的根本原因（Higgins & Duxbury，1992）。

工作者与母亲的角色冲突在发达国家相当激烈，因为在工业化社会，同时扮演一位工作者和一位带小孩的母亲角色的确充满困难（Weller，1969）。外出就业的女性会非常显著地选择少生育孩子（Jaffe & Aumi，1960），因为选择生育更少的孩子往往会帮女性铺平就业的道路（Davis，1984）。而且女性希望通过持续地参与劳动来追求经济独立，如果生育孩子成为她们追求经济独立的障碍，她们会将工作优先于生育（Rindfuss & Brewster，1996）。在工作家庭冲突的窘境中，那些因无法获得托儿服务而无法工作的女性总是倾向于生育更少的孩子（Presser & Baldwin，1980；Martin & Wallace，1984）。这意味着，由于很难将抚养孩子的要求与就业的要求相适应，从宏观社会结构上讲，随着女性劳动参与率的上升，生育率水平将会下降（Stycos & Weller，1967）。

在我国，社会福利提供市场化服务的能力较弱，工作中的母亲只能依靠父母和其他亲属等社会支持网来获取对子女的照顾（金一虹，2013）。而且同父亲相比，母亲是孩子的主要照料者，生育本身和因生育而产生的就业中断都会降低母亲再就业的可能，在重新就业时她们会遇到更多困难（Del Bono et al.，2012；宋健，2016；杨菊华，2019）。男性越多参与家务和孩子照料，越多拥有育儿假期，女性和家庭就越乐意多生孩子（Kan & Hertog，2017；Kan et al.，2019；Oláh，2003）。如果市场化的育儿服务和亲属支持能够减轻工作母亲在儿童照料方面的压力（Stolzenberg & Waite，1984；Del Boca，2002；Weller，1977；宋健、周宇香，2015；靳永爱、宋健、陈卫，2016；闫萍，2016），医疗保险能够降低分娩和儿童的医疗费用，就会给女性生育带来积极影响（Abrokwah et al.，2016）。因此，女性工作家庭冲突的缓解是理解国家低生育率的关键（计迎春、郑真真，2018）。

对工作家庭冲突的论述显然是将对家庭生育的考虑从家庭整体聚焦到女性身上，可以说是站在替女性考虑的视角，来看待家庭和女性意愿生育子女数量的问题。这一视角将微观家庭同宏观社会相结合，比较适合分析工业化与城市化的现代社会中工作女性及其家庭的生育意愿。职业女性只要还面临工作家庭冲突，其生育意愿就很难不受到制约，对于当代家庭而言，这是一个不能忽视的因素。这也提示我们，对家庭意愿生育子女数量的权衡离不开对女性情况的关注，家庭的再生育已然成为一个横跨私人领域和公共领域的事件。

（3）女性社会地位的提高

家庭生育意愿不仅由家庭整体衡量利弊而形成。由于女性是生育的主体，也由于时代变迁中女性社会地位的显著变化，学者们看到了女性自身情况同生育意愿或生育率之间的客观联系。如果说工作家庭冲突是制约家庭生育子女数量的消极因素，那么女性社会地位的提高就是使得家庭生育子女数量不同于从前的积极因素。贝克尔就曾指出，“决定生育的内在机制不是孩子的质量，而是母亲的质量”。他将家庭生育决策关注的焦点“从孩子身上转移到了母亲，说明了母亲的收入、地位对于生育决策的重要影响”（庄渝霞，2009a）。

女性的受教育水平是社会地位的表征之一，常常被当作影响其生育意愿的关键因素。通过定量分析，学者通常认为，女性的受教育水平同生育率之间呈负相关（Miah & Mizan，1992；Becker et al.，2013；Behrman，2015；徐映梅、翟凌云，2011；李波平、向华丽，2010；周兴、王芳，2010）。教育能提高女性的独立决策能力（Diamond et al.，1999），而且教育上的性别平等程度越高，即受教育水平越高的女性，再生育的可能性越低（Olah，2003；Lakomý，2017）。当然，女性能够从教育和有偿就业中受益而选择少生育孩子，前提是脱离那种传统的以家庭为基础的经济、不发达的阶层结构、低人口流动率、弱势的国家部门和高生育率体制（Lobao & Brown，1998）。如果传统元素的力量仍然很强大，那么教育和就业也无法增强女性的自主权。因为女性受更多教育也并不能改变夫妻决策的地位关系，所以教育可能需要通过其他机制对生育产生影响（Hindin，2000；Al Riyami et al.，2004；Lakomý，2017）。

我国计划生育政策对女性的教育获得产生了正面影响，从而提升了女性地位（许传新、王平，2002；陆万军、张彬斌，2016），女性在家中（相对）经济地位的提高能够带来更大的生育决策权，使她们倾向于少生育（胡静，2010；周兴、王芳，2010）。同受教育水平一样，劳动参与跟女性意愿生育子女数量之间存在反向关系，它使女性超越了传统的妻子和母亲的角色定位，偏好小规模家庭（Weller，1968；Reed & Udry，1973；Tickamyer，1979；顾和军、吕俊杰，2015）。参与劳动力市场的直接反映是工资收入。那些极度贫困的女性要比经济条件好的女性更容易遭遇不可预测的生育，她们无法对自己进行良好的生育控制（William et al.，1999）。女性社会经济地位同家庭阶层有关，用以标志家庭社会经济地位的丈夫的职业层次、教育水平和收入越高，女性生育孩子的数量就越少（Paydarfar & Sarram，1970）。可见，就业和由此带来的经济收入不仅提高了女性的社会地位，更通过女性改变了家庭意愿生育子女数量的状况。

女性社会地位的提高会通过女性的自主权来影响家庭生育意愿和对孩子数量的选择。女性的自主权在工作就业中得到了增强（Hindin，2000；Feyrer et al.，2008），也在受教育中得以提升（Nawar，1996）。Ramachandran（1996）从七个方面，即决定女性在家庭中权力的人身法、获得资源—经济（收入、就业）、材料和智力（教育、知识、信息）、控制自己的身体（决定什么时候结婚、和谁结婚、生几个孩子和想要的空间的能力）、提供可靠的卫生保健设施和安全的避孕措施、流动性以及能力等，论证了包括就业、教育和生育自主在内的自主权，体现了生育同社会地位的联系。拥有更多自主权的女性更能控制自己的生育情况，生育孩子的数量更少（Weller，1968；Kishor，1995；Mason，2001；Al Riyami et al.，2004；Ehrhardt & Kohli，2001；Ren，2008）。可见女性在生育上的自主权展现出了其地位的提升，对家庭生育意愿或者产出子女的数量具有不可忽视的影响。

教育、就业和由此逐步提升的女性社会地位于是成为影响女性生育意愿的重要因素。这种影响由女性传递给家庭，家庭总体意愿生育子女的数量发生显著变化，国家和地区的生育率也随之改变。总的趋势一般为，女性社会地位的提升带来了生育子女数量的下降。研究的关注点仍然以家庭为分析单位，将女性社会地位视为影响家庭生育意愿乃至地区生育率的一个重要指标。

（4）父权制文化与性别不平等

通过对学者们普遍认同的育儿成本过高、工作家庭冲突和女性社会地位提升等生育意愿影响因素的回顾，笔者发现，以上几方面事实上给我们提出了一个隐藏问题，那就是它们共同指向女性及其家庭生育意愿的降低，对于国家而言表现为生育率下降。为什么这些因素大都对生育意愿或抉择发挥抑制作用，而不是促进生育意愿的提升呢？弗里德曼（Freedman）很早就意识到，文化因素影响了家庭对孩子的需求和接受生育控制的意愿（转引自顾宝昌，1992：266）。

重男轻女文化是影响妇女赋权和生育的共同因素（Phan，2013），它提示父权制文化在生育抉择中扮演了十分重要的角色。Malhotra 等（1995）的数据分析表明，父权制对生育率的影响巨大，即便是控制了区域、经济社会发展和社会分层的情况也仍然如此。父权制文化下，女性计划生育和避孕抉择要经由丈夫和婆婆来决定，很难实现她们自己的生育偏好（Campbell et al.，2006）。在印度，已有儿子的妇女比已有女儿的妇女更可能停止继续生育，同时，没有儿子的妇女也会比没有女儿的妇女更可能继续生育（Roy et al.，2008；Chaudhuri，2012）。教育上的性别不平等使得男性获得教育资源，女性则缺乏教育，最终强化父权制（Moore，1998）。性别分层严重的社会中，受过教育的女性所能作出的决定也会受到限制（Al Riyami et al.，2004）。此时，夫妻双方在生育目标上的一致性可能会更强。这可能有两个原因：一是女性的观点受到丈夫观点的强烈影响；二是持有独立观点的妻子可能不敢表达自己的观点（Mason & Smith，2000）。

在传统社会，通过同辈间的社会学习和代际间的社会影响，以及女性的社会化和重男轻女思想主导下的中止生育，父权制的亲属关系组织推动了更早结婚和更高生育率，而大部分女性是赞同父权制理念的（Lerch，2013）。这容易带来一个误区，即将国家生育率的下降归因于只追求个人自由的妻子们的“任性”，相当于把妻子角色视为女性的全部生活（Cole，1996），甚至是对女性的物化（Morgan，1996）。父权制文化还常常与儿子偏好有关，对夫妻再生育产生积极影响。一方面，重男轻女的不平等体现了生育孩子的成本，成年男性拥有对子女及其经济收益的控制权，也拥有将抚养孩子的成本转嫁给母亲的能力，这就为男性控制女性生育提供了经济动机（Folbre，1983）。父权制甚至可以渗透到地方政策与再生育文化中，强化父母想要儿子的愿望（Murphy，2003）。也正是因为儿子偏好的存在，已有一个儿子的女性不愿再生育孩子（Larsen et al.，1998）。另一方面，随着社会的变迁，资本主义削弱了家长对成年子女的权威和大家庭的经济利益，女性生育孩子的回报变少，因而带来了生育子女数的下降（Folbre，1983）。父权制下的传统生育文化也在改观，一项对中国的研究表明，虽然多子多福、儿子偏好的传统依然影响着生育，但夫妻会有意识地进行生育控制，那些儿女双全的女性倾向于在较年轻的时候停止生育（Zhao，1997）。

父权制下不平等的家庭劳动分工促使女性生育意愿下降，反映出性别平等问题是影响生育率的中心因素（Mills et al.，2008）。在性别平等程度较高的瑞典，女性受教育水平越高，就业越充分，其生育子女数反而越多（Hoem，1993）。McDonald（2000a，2000b）认为，有两种形式的性别不平等：家庭取向和个体取向。在社会转型中，由多到少的生育转变是女性获取家庭权力的表现，但女性的生育自主权仍需建立在传统家庭道德允许的基础之上。同时教育机构和就业机构促进了性别平等，令女性在生育子女和就业方面面临两难的选择。女性作为个人（个体导向）享有的高度平等，与作为妻子或母亲（家庭导向）享有的持续的低水平平等发生冲突，使得许多妇女期望生育更少的孩子。

总的看来，父权制对家庭的生育选择结果具有很深的影响，处于父权制文化影响下的地区容易拥有较高的生育率，这是由于女性处于不平等的性别关系中，对生育缺少话语权，因而可能更多生育子女。文化环境给经济成本、角色冲突和女性地位等因素提供了一个看不见的社会背景，为我们理解影响生育意愿的前三类因素对生育子女数量的制约作用提供了帮助。同时文化环境作为宏观因素，其作用的发挥也常常通过生育率这一宏观指标来呈现。可以说此类研究多以实证方式的定量路径为主，从宏观视野关心生育意愿 / 生育选择 / 生育率的变化，缺少微观视野的细致描述。

（二）对生育抉择本身的探索

上文呈现的论述大多是面向家庭来探讨家庭的生育意愿，是对生育意愿状况与影响因素的一般性研究。同生育意愿研究相比，对生育抉择本身的研究虽然少了许多，但有着相对明确的研究内容。从生育意愿到生育抉择，它们在生育事件中遵循“生育意愿—生育打算—生育抉择—生育行为—生育水平”（杨菊华，2011），抑或是“生育意愿—生育抉择—生育计划—生育行为”（风笑天，2016）的顺序。生育抉择更多指向生育意愿基础上对家庭生育的最终决定及其过程，因而生育意愿的研究主要关心的是生育子女数量，但对生育抉择本身的探讨，则将目光聚焦于作出生育抉择的人，以及他们参与生育抉择的过程。所以生育意愿研究和生育抉择研究是具有不同取向的。

1. 国外对生育抉择的研究

通过将生育抉择视为一个过程，一些学者讨论了夫妻互动与生育抉择的形成。这一视野不只关心抉择结果本身，更加关心这个抉择如何形成，所以生育抉择是一种选择，并不一定总是理性计算，女性可能认为经济因素并不是绝对的条件（Maggioni，2004）。Odimegwu 等（2014）强调夫妻共同参与生育抉择的重要性。他们指出，生育和避孕决策是夫妻共同作出的，因为避孕或早或晚是必须面对的事实，否则意外怀孕的责任就要由那个不参与讨论的人来承担。衡量生育抉择是否发生，要基于夫妻是否讨论过他们所期望的家庭规模、在要不要孩子上谁具有最终发言权。而夫妻共同参与则与受教育水平和家庭计划讨论的频率有关。这就将夫妻的互动与各自对生育抉择的发言权提上研究日程。Bankole（1995）指出夫妻双方的生育意愿对生育行为具有同等的作用，而并不取决于其中一方。Stein 和 Pavetic（2013）也强调夫妻在抉择中的互动，认为夫妻各自对孩子的偏好会彼此影响，也都会对最后的生育抉择产生影响。但是在相互作用过程中，妻子对丈夫的影响要大于丈夫对妻子的影响。

既然在生育抉择中夫妻共同参与并彼此影响，那么当他们产生意见分歧时，会怎样作出生育抉择呢？意见冲突可能来源于夫妻为人父母的回报和成本（Beckman，1984）。丈夫和妻子都会因生育后代而增高自己的机会成本且因双方无法达成一致性的补偿而产生意见冲突（Seiver & Cymrot，1984）。此外，冲突也可能来源于夫妻对家庭规模的主观预期所代表的价值观。如果生育孩子有助于实现价值观，那么夫妻就会选择生育；但当双方的主观预期不一致时，冲突就会发生（Townes et al.，1980）。还有研究发现，当妻子的职业地位较高时，夫妻双方很难在想要生育孩子的数量上达成一致（NII-Amo dodoo，1993）。最终，意见分歧的结果可能会使夫妻更倾向于不打算或不生孩子（Thomson，1997），也可能降低夫妻的晚育率（Coombs & Chang，1981）。

学者们比较关心意见冲突发生时，夫妻中哪一方会对生育抉择产生更大的影响。不少学者认为妻子的影响更大。当妻子倾向于怀孕和生育时（Townes et al.,1980），夫妻最终选择生育的可能性更大；妻子倾向于不愿生育时（Beckman，1984），她们可以通过控制生育调节方法来影响生育抉择。妻子的影响力更大同妻子对孩子效用的认知有关，即通过生孩子来提升自身的社会和家庭地位（Coombs & Chang，1981）。Stein、Willen 和 Pavetic（2014）的另一项研究发现，男性伴侣的工作时间和受教育程度会对女性伴侣的生育意愿产生显著影响，但女性伴侣对夫妻的决定有更强的影响和临时否决权。也就是说，丈夫对妻子生育意愿的影响力并不比妻子对丈夫的影响力更大（Reynar，2000）。

更多学者认为在意见冲突时丈夫会对生育抉择产生影响（Seiver &

Cymrot，1984；Thomson et al.，1990；Thomson，1997）。丈夫的受教育程度越高、年龄越大，冲突发生的概率越高。中国人有很强的家长制传统（Greenhalgh，1988），中国夫妇中丈夫对最终生育行为有压倒性的影响；加纳的青年人普遍希望男性来进行生育决定，即便与妻子象征性地讨论过此事，但女性事实上在生育选择中并没有地位（Ren，2008；DeRose et al.，2002）。换言之，生育抉择即便经由夫妻共同参与，最终决定权也在于男性。正如Thomson（1997）所言，丈夫对生孩子的意愿不仅影响了妻子的意愿，也最终影响到孩子的真正出生。当然，夫妻的影响也可能是均衡的。由于意见分歧降低了夫妻一方达到个人预期生育的可能性，因此妻子和丈夫的家庭规模欲望对出生率具有相同影响（Thomson et al.，1990）。这体现了学者对夫妻共同参与讨论生育抉择时各自发挥的作用存在不同观点。

如果说丈夫对生育抉择的影响力更大，那么女性在生育抉择中同丈夫讨价还价（bargin）的能力便成为学者们进一步讨论的议题。Phan（2013）一针见血地指出了妇女赋权对妇女生育产生影响的四个方面：妇女教育、妇女劳动力参与、妇女参与决策过程、妇女结合人口政策使用避孕药具。女性自主权或曰女性地位的提高，有利于增强女性与丈夫讨价还价的能力，从而导致女性决定生育更少的孩子（Eswaran，2002）。Kishor（1995）将女性自主权划分为五个维度，包括自我择偶、职场参与度、对女性个人成就至关重要的就业、照顾好自己的健康、坚持自己的观点，并强调生育自主的重要性。Nawar（1996）则使用了三个指标：习惯性（作出与生育和抚养子女有关的决定）、非习惯性（在这些传统领域之外作出决定）和实现性（拥有行动自由等实际自主性），来表征女性的自主性。而女性地位的提高以及自主和选择权利的增加，Ehrhardt 和 Kohli（2011）则称之为个体化。尽管对自主权的界定几乎涵盖了女性的全部生活，但很容易发现，女性生育（避孕）的自主被公认为自主权的重要组成，指的是女性自己能够作出生育几个孩子的决定并坚持自己的观点。同丈夫讨价还价的过程正反映了女性在生育抉择中的话语权。

讨价还价能力还常由女性的相对工资来代表。Komura（2013）认为，家庭生育抉择反映的其实是性别讨价还价能力，它由婚姻市场决定，女性在婚姻市场中的赋权程度则取决于她们与男性的劳动收入之比，故而充分赋权的女性往往会选择少生育。然而，在丹麦这样的性别平等程度高的福利国家，母亲的收入同是否生育二孩却并无关联。由于夫妻之间的讨价还价，丹麦职业女性还可以通过强化父亲照顾孩子来降低做母亲的机会成本（Brodmann et al.，2007）。女性讨价还价能力的具体效应会因对孩子的偏好而存在差异。如果女性的孩子偏好比丈夫强烈，那么会对议价能力产生积极影响，如果女性的孩子偏好比丈夫弱，则会对议价能力产生消极影响，孩子偏好一致时，议价能力效应为零（Hener，2015）。反过来，生育抉择也会影响讨价还价的能力，妇女计划生育能力的提高可以提升她们在家庭中讨价还价的地位，并增强其要求男人更充分地参与家务和照顾孩子（Folbre，1982）的力度。

在关于生育抉择的论述中，生育抉择的形成与夫妻互动方面的研究，是为数不多的直接探讨生育抉择本身的研究。如果说大多研究关注的是生育意愿及其影响因素，生育抉择、生育甚至生育率等概念都只是生育意愿的不同表达形式，那么上述对生育抉择过程本身的关注就显得弥足珍贵，因为生育抉择过程中的主体参与和互动，从动态视角拓展了生育意愿和生育抉择的静态结果。这些研究提示，在未来研究中可以尝试突破仅仅将教育、就业以及由此带来的女性地位提升和育儿困境作为生育影响因素的既有框架，从生育抉择的过程角度即夫妻参与和各自在生育抉择中发挥的作用等角度继续探讨。

2. 国内学者对生育抉择的研究

国内生育抉择的研究多同生育意愿研究重合，总的来看，很少有研究直面生育抉择本身及其形成，也很少关注女性怎样作出生育抉择。针对生育抉择本身的研究主要是以生育决策为标题的寥寥几篇。

石智雷（2015）在《多子未必多福——生育决策、家庭养老与农村老年人生活质量》中分析了农村家庭在多子多福文化传统下的生育决策，发现单纯子女数量的增长对老年人的生活质量只有负面影响，女儿受教育年限的增加更有利于农村老年人生活质量的改善。此文探讨的是传统文化下生育决策结果的影响，研究结果非常有新意，但仍以家庭为考察对象，并没有凸显生育抉择本身如何作出以及女性在其中的作用。

较早研究女性和生育抉择并提出生育决策概念的文献并不多。金和辉（1995）在《农村妇女的生育决策权与生育率》中指出，大多数女性在家庭的生育决策中都没有实质性发言权，所谓由家庭共同作出的生育决策其实也主要只依据了男性一方的意愿。年轻的、受过教育的女性相对拥有更多的生育决策权。而一旦女性在生育决策上具有了较大的自主性，就会有效地降低生育率。类似地，秦均平（2008）将两性的生育地位直接界定为两性有无生育的决策权以及权力的大小。回族女性在生育决策中的地位较高，两性能够平等地按照自己的意愿作出生育决策，尤其是女性的意见在生育决策中已经开始起重要作用。女性地位越高，夫妻越平等，妻子在生育决策中实现意愿的可能性就越大。女性地位与参与生育决策具有双向作用。该研究直接探讨了生育决策本身在夫妻中如何作出，由女性生育地位入手，看到了女性在生育抉择中地位的提升。

有的学者探讨了女性参与生育抉择的策略。姜振华（2002）通过对闫村妇女的定性研究发现，女性策略性地利用传统文化资源（贤惠孝顺）和现代社会为妇女提供的教育和就业机会等资源优势来获得家人和邻居的认可和理解，又积极地利用计划生育这个国家话语作为保护伞，在生育抉择中表现出一定的自主性。研究提示我们要重视女性在生育抉择方面的自主性。吴莹等（2016）指出，女性是在获致性的生育制度和内生性的生育文化作用下作出生育抉择的。当制度和文化各自的强弱程度呈现出不同类型组合时，女性会使出“弱者的武器”，要么通过与制度的博弈、协商、互构来躲避制度约束，要么迂回地维护传统生育文化，要么接受制度规范和新文化的共同作用。这些研究启示我们，女性在生育抉择中应当拥有并运用一定的策略。

也有学者关注生育抉择中女性同生育率的关系。郑真真（2015）认为，中国妇女在生育率下降中的作用往往被低估，那就是妇女从事家庭之外的劳动并有决定生育和避孕的自主权。“大部分女性通过从事有酬劳动有了收入，不仅增强了她们的自主能力，而且提高了在重要事务上夫妻共同协商的可能性，包括在生育和避孕方面的协商。”（郑真真，2019）家庭的发展需求与社会环境的不友好可能迫使妇女放弃再生育，但这又与家庭需求产生矛盾，令妇女陷入生育抉择的困境。生育抉择的困境应当得到社会和政府的政策支持。田瑞靖（2016）则从更加微观的角度——家庭权力探讨了女性的生育抉择。她发现，家庭权力在生育决策中会产生重要影响，男性的生育观念更为传统，所以男性当家可以提高家庭的生育意愿（数量）。妇女当家并不会抑制二孩生育意愿，女性的生育抉择会更理性、以核心家庭幸福为准则。在这里，家庭权力是指家庭（经济）资源的控制支配权，并没有涉及其他方面。

还有学者用定量研究分析二孩政策后的夫妻生育抉择。风笑天和李芬（2016）的研究客观展示了二孩的生育抉择现状。他们认为生育抉择表现为二孩政策出台后妻子是否提出二孩生育申请。调查结果显示，提出申请者仅占14%，她们通常是年轻、一孩年龄小和性别是女孩的女性，“想生育二孩”是她们提出申请的最主要原因。对现有子女数不满意、妻子年龄相对年轻、第一孩为女孩、生活在非中心大城市、双方祖辈对其生二孩的愿望强、丈夫的文化程度高等因素，都会增加符合条件人群提出二孩生育申请的可能性。这就为预测二孩生育群体的生育抉择提供了很高的参考价值。龙书琴和陈海林（2017）等也运用调查数据分析了女性的二孩生育抉择，但测量生育抉择的指标是“如果过几年国家开始实行‘全面二孩’生育政策，所有夫妻都可以生育两个孩子。那样的话，你是否想再生一个孩子？”这事实上与政策生育意愿相似，严格来讲并不属于再生育抉择的范畴。

上述研究向我们展示了生育抉择中夫妻双方的作用发挥是不同的，由谁作出决定很可能直接影响生育行为和结果。特别是在女性家庭地位一度相对较低的我国，给我们的启示是，应当关注作为生育主体的女性在生育抉择中的角色地位，而不是仅仅关心家庭和政策层面。女性怎样作出再生育抉择，如何在再生育抉择中发挥作用，以及在生育意愿和再生育抉择实现的过程中遭遇了什么、如何应对，都留有值得讨论的空间。

（三）研究述评

国内外研究展示了大量生育意愿或生育抉择的影响因素，使我们对家庭生育子女数量的制约因素了然于胸：基于经济理性对育儿成本的考虑、女性面临工作家庭冲突、女性地位和自主权的提升以及性别文化的影响。特别是育儿的经济成本，几乎成为国内外学者共同担忧的问题。如果将女性遭受的角色冲突同样作为机会成本，那么可以说，绝大多数对生育意愿或生育抉择的研究都是在成本和收益理念的指导下完成的。在新生育政策实施后，已有研究也向我们展示了国内女性和家庭生育意愿的图景，即愿意生育一孩的很多，二孩的也不少，三孩的非常少；对子女性别没有要求和希望儿女双全的比例较大。这些为我们认识女性和家庭的生育倾向、了解影响生育的因素提供了良好的基础。

事实上，有许多生育意愿研究是以家庭为单位的，突出的是家庭的生育选择而不是女性的选择。那么女性的意愿就是家庭的意愿吗？尽管有一些并非专门针对女性的研究显示，男性和女性在生育意愿上并不存在显著差别（风笑天，2004，2009；庄亚儿等，2014；侯佳伟等，2014）。但国外研究的内容清晰地表明了夫妻之间的生育意愿可能彼此影响，也可能随着对生活的评估适时调整。不仅如此，夫妻之间还需要经过一个互动的过程来进行生育抉择。这就引发一个思考，即女性的生育意愿是不是她未来的生育选择，是否会受到来自男性和家庭的影响，女性能否实现自己的生育意愿。

随之而来的一个问题是，女性获得了更高的经济收入、受教育水平和社会家庭地位——这些都是促使其降低生育意愿的重要因素——就真的能够在再生育抉择中切实选择不生吗？换言之，这些因素或许只是必要条件，只能在宏观上帮我们厘清家庭生育意愿受什么条件影响，却很难在微观上使我们看清现实的再生育抉择如何作出。这些对女性和家庭所做的调查的客观结果提示我们，对女性的研究非常重要。上述影响因素基本上都围绕女性谈起，看似站在女性视角，实则只是一些静止的数字，欠缺对女性参与生育抉择过程的真正关怀。

通过梳理国内外对生育意愿和生育抉择的相关研究，可以发现，学者们多采用定量研究的范式，通过较大规模社会调查的数据对育龄人口进行研究，从各方面分析影响女性和家庭生育意愿的相关因素。对女性与生育的研究则将夫妻互动与讨价还价引入生育抉择视野，并从性别不平等与父权制下的女性生育视角进行了观察。既有文献为本书对再生育抉择的研究提供了良好的基础，但在以下几个方面仍有进一步探讨的空间。

1. 生育意愿研究多于生育抉择研究

关注生育意愿包括生育率及其影响因素的文献较多，直接讨论再生育抉择的相对较少。当讨论生育抉择的时候，只有极少数研究讨论生育抉择本身，也就是，夫妻最终是否作出了生育孩子的决定、这个决定是什么——生还是不生、这个抉择是怎样作出的，而主要探讨生育率和生育意愿。通常来说，在一些题目中含有“生育抉择”或“生育决策”的研究中，生育抉择往往被等同于生育意愿，其内容事实上谈的就是生育意愿。考察人们对孩子数量和孩子性别的意愿，分析育龄群体生育意愿的影响因素是多数学者的研究模式。特别在我国全面二孩政策实施后，对二孩、三孩生育意愿及其影响因素的研究占生育意愿研究的主体。制约生育意愿的因素非常集中，育儿成本过高、给女性家庭和就业带来冲突等成为热点共识，过度将生育视为一个经济层面的理性选择。此外，即便生育意愿的影响因素在统计学上显著，也不意味着在生活中完全会变成现实。且生育意愿处于想法的层面，生育抉择是接近于行动的最真实的一步，二者是有很大差别的。已有研究更多的是对生育抉择的前一阶段即家庭生育意愿的分析，探讨生育抉择这一环节的研究相对较少。

除关心生育意愿的影响因素外，生育抉择也经常被生育率替代，即人们想要的子女数量。研究以人口学和经济学角度居多，多从宏观分析出发，探讨国家或地区的出生率的变化受到什么因素的影响，或是在不同的时代和社会形态下出生率的发展变化，解释出生率变化的家庭和社会机制，论证生育对家庭或成员的生育成本和收益的影响，可能结合人的教育、就业、收入和当地文化政策等因素进行分析。但是，直接对生育抉择本身如何作出进行的探讨十分少见。在实际操作中，一些概念经常被混淆使用，比如生育、生育率、生育决策、生育意愿等，以至于很难分清生育抉择或者生育决策同其他概念的差别。而事实上，生育率是生育意愿、生育抉择之后才能形成的事情，更多为国家或地区宏观层面的表达。不论是生育意愿还是生育率，都不能等同于生育抉择。

2. 定量分析为主，研究维度存在局限

有限的生育抉择研究不仅数量不充实，且研究维度存在局限。有少数文献直接论述夫妻的生育抉择，题目以 fertility decision-making 呈现，关心生育抉择中夫妻的讨价还价，其优点是直接针对决策过程进行研究，脱离了仅仅分析影响因素那种静态的研究模式，具有一定的进步性。然而在论及生育中夫妻的发言权和议价问题时，绝大多数研究都采用定量研究方法，往往用教

育、地位等变量作为议价能力的代理变量，找到议价能力和生育数量之间的影响关系，得到议价能力与生育抉择参与程度呈正相关的结论。可是这样的研究很少直面家庭成员之间进行生育抉择的过程，并不了解这个决定是怎样作出的。这是定量研究的一个特点，它有助于发现事物之间的影响因素，却无法观测这种影响是怎样发生的。换言之，讨价还价的过程被讨价还价的资源替代，夫妻之间的互动难以得到展现。

不仅如此，夫妻的讨价还价将生育过程视为经济过程，研究更多地关心夫妻双方意见不一致时的讨价还价情况。这一方面忽视了人的社会因素，只从理性经济人出发，将生育事件视为家庭的经济事件，对家庭中的人际互动和权力运作毫不关心；另一方面没有涵盖到夫妻双方对生育抉择并无明显冲突的情况。事实上，在夫妻生育抉择过程中，意见分歧是显性的，因而容易呈现出夫妻讨价还价式的“对抗”；但更多时候是那种看似隐性的，或许表现形式并不激烈和突出的互动，反而能显示出夫妻中某一方能够对生育抉择起决定作用。这再一次提示我们关注生育抉择的过程是十分必要的，但定量研究难以回应生育抉择的过程问题。

3. 缺乏动态视角，少有对女性主体作用的解读

现有研究中，以女性为调查对象的静态研究较多，但关注女性在生育抉择过程中主体作用发挥的动态研究并不多见。在对生育意愿和生育抉择的大量研究中，研究对象多为育龄女性，这在一定程度上体现了研究者的一种取向，即生育是同女性关联更大的事件，于是将女性视为静态研究中的调查对象。虽然有学者批判既有研究多是对于女性的研究，并声称这样忽略了男性的角色，忽略了整个家庭的互动与合作决策，但是，这些对于女性的研究，其实仅仅是“以女性为资料收集对象”的研究。因为在调查研究中，接受调查的一方总是以家庭中的妻子为多。必须指出，这并不代表这些研究是从“女性的角度”来进行的，而是以“女性为研究对象”的研究（研究内容是女性在生育决策中的抉择）。这两种方式的研究内容可能接近，但并不完全相同，因为研究的视角是存在差别的。女性的角色十分重要，女性不应仅作为调查对象，更应该成为研究对象，通过对性别之间互动的考察来获取女性如何进行生育抉择。

以往国内外对生育抉择的解释性研究中，不少研究以家庭为单位，将家庭作为一个整体来考量，很少区分不同性别的家庭成员各自的生育意愿情况，也较少谈及家庭的生育抉择最终由谁作出的过程。有的研究虽然讨论了女性的个体特征对其生育意愿和抉择的影响，但这种影响主要是在统计上得到论证，对于影响是如何变成现实并发挥作用的，还有值得探讨的空间。特别是针对处于生育政策和生育文化双重规范下的我国女性，对她们的再生育抉择的研究更是屈指可数。这也显示出学界对女性这一生育主体的忽视。国内为数不多的几篇有关女性生育抉择的研究启示我们，应当将作为生育主体的女性纳入视野范围。其实，无论是宏观的社会结构因素，还是微观的家庭成本核算，对二孩/三孩的生育选择都一定且必须通过女性以及女性和男性的互动才能表现出来。

4. 小结

总的来说，相比生育意愿来说，对生育抉择的研究要少一些。很多对生育抉择的探讨事实上就是对生育意愿（尤其是生育孩子数量）的探讨，只是词汇使用不同而已。在国外，生育抉择的研究大多是对夫妻双方参与决策的程度的考察，以及类似生育意愿那样对其影响因素进行的分析。国外的生育抉择是在自然情况下发生的，没有制度化的规范来强制约束，理论上讲是一种无限的选择，因而国外对生育意愿和抉择的关注更多地在于影响因素和解释性因素，对生育孩子具体数量和偏好的讨论相对少些。同国外的生育抉择研究相比，国内的最大不同在于，生育抉择并非完全意义上的自然发生，是在计划生育政策的规约下产生的，是一种有限的选择，因此国内比较注重探讨家庭生育一个还是两个、三个孩子的意愿。对这种有限选择的考察本身就具有一定的特殊性和研究价值。同时，全面二孩和三孩政策才落地不久，夫妻刚刚开始面临再生育抉择问题，这又为研究我国这种有限的再生育抉择提供了契机。

Folbre（1983）认为忽视家庭内部的权力关系是生育理论中的“致命疏忽”。既有研究认为性别平等和女性赋权能够提高女性的生育意愿，其关注点在于生育意愿的提升或降低，从宏观来讲涉及的是生育率的问题。但面对我国传统的生育文化，女性在生育抉择中常常扮演不发声的角色。人口学家已经对生育率做了大量研究，那么社会学者更应当关心女性实践自己生育决定的过程。对生育意愿的研究能够在一定程度上反映女性的再生育抉择，是女性生育态度和想法的表达，但在全面二孩和三孩政策实施后，女性能否真的根据这样的生育意愿作出关于生育的最终决定，就是另一回事了。简言之，既有研究探讨了女性的生育倾向和影响这种倾向的因素，但很少关注女性是如何用这些解释性因素来实现自己的生育倾向的。因此对女性最终再生育抉择的形成还有待于进一步探讨。

第二章　研究设计

一、概念界定：何为再生育抉择

（一）再生育抉择是生育序列的一个关键环节

家庭从产生生育想法到最终实现生育行为，其间经历了若干过程。Miller等（1995）在探讨生育意愿和生育行为时提出了生育过程的四步序列：生育动机（childbearing motivation）—生育意愿（fertility desire）—生育打算（fertility intension）—生育行为（reproductive behavior）。生育动机是在生物性因素和后天经验中共同形成的；生育意愿包括三个方面——对孩子的渴望、对子女数量的渴望和对生育孩子时间的渴望；生育打算则依据三类不同生育意愿而分别提出。从个体心理学角度，Miller等指出生育意愿代表了先行动机、态度和信念的整合，生育打算代表了先行的个人欲望、他人的固有欲望和其他情境约束的整合。最终，足够强烈的生育打算会引起工具性的生育行为。在Miller等的启示下，郑真真（2011）认为“人的生育行为是从观念形成到决策并诉诸行动的一个复杂序列过程”。她解析了生育意愿与行为相联系的路径，即理想状况—生育意愿—生育计划—生育结果。理想状况反映了一种社会普遍认同的观念。生育意愿则是动态调整的。生育计划指夫妻或女性本人下一步生育的明确计划，包括要几个孩子、什么时候要、间隔多长、子女性别等。生育结果就是对生育计划的落实。

杨菊华和风笑天在上述过程中加入了生育抉择的步骤。杨菊华（2011）将关于生育的过程区分为五个部分：生育意愿 / 偏好 / 理想子女数—生育打算（包括生育预期）—生育抉择（fertility decision）—生育行为—生育水平。其中，生育意愿是一种愿望和态度；生育打算是指人们的生育意向、目标和期望，虽然主观但更接近实际；而生育抉择是在打算的基础上作出的生育决定。可以说，生育打算和生育抉择是人们在生育孩子上的具体计划，比生育意愿有更强的行动指向性，是人们对当前和未来生育行为的设计。而生育抉择又比生育打算更接近生育行为。与杨菊华不同，风笑天将生育抉择放在了生育计划之前，提出“生育意愿—生育抉择—生育计划—生育行为”四个阶段。这种划分基于我国二孩生育政策的客观现实。大量育龄人口是在政策公布后突然面临生与不生的选择。“如果说生育意愿主要是育龄夫妇关于生育问题的主观愿望和想法，那么生育抉择就是育龄夫妇所作出的有关生育的最终决定。”（风笑天，2016）笔者认为，风笑天教授的生育序列划分更加符合我国的现实。

本书更倾向于将家庭生育从想法到落实的过程区分为三个阶段，即“生育意愿—生育抉择—生育行为”。根据新生育政策颁布后的现实情况，该序列当中的生育抉择正是本书研究已育一孩家庭中的再生育抉择。这是一种理想类型的划分，意味着生育从一种仅存在于头脑中的想法，经由对理想和现实的共同考虑，过渡到一种已经确定了的关于是否要生育孩子的决定，最后基于这种决定产生实际的生育行为。之所以去掉了“生育计划”这一阶段，是因为本书在进行资料收集时，发现有些女性的生育决定事实上晚于实际行为——除了那些原本有计划和意愿生育二胎 / 三胎的女性，不少女性是在怀孕后才去思考和决定是否要生育第二 / 第三个孩子的。当然，这要归因于全面二孩和三孩政策的实施，否则意外怀孕的女性对二孩 / 三孩的去留并没有抉择的空间。在我国，国家对夫妻可以生育的子女数有着明确限定，鼓励一对夫妇生育一个孩子的计划生育政策实施了三十几年，使得我国夫妻对子女数量的考虑不同于国外。国外家庭在国家不限制生育子女数的情境下，会对子女数量与生育间隔等进行规划，第二 / 第三个孩子的出生只是家庭整个生育计划的一个部分。相比之下，我国夫妻对第二 / 第三个孩子其实是鲜有规划的，之前的政策并没有给家庭拥有第二 / 第三个孩子提供空间。基于这种特殊背景，从 2016 年全面二孩政策实施开始，包括 2021 年三孩政策出台后，摆在育龄夫妻面前的首要问题并不是去规划孩子何时出生，而是一个简单而突然来临的二分法：要，还是不要。从这个意义上讲，再生育抉择比生育计划更加重要，更能够直接决定孩子的去留，更加接近我国新生育政策下的生育行为。

（二）再生育抉择的现实内涵：再生与不再生的二分法

正如 Townes 等（1980）所言，“人们通常认为态度导致了一个人的决定以及随后的生育行为。然而，仅仅是态度与一个人的行为意图之间的关系才会被研究者审视，随后的行为却很少被检查以确定行为是否发生”。生育抉择正是连接生育想法到生育行为的桥梁，是不可或缺的中间环节。在全面二孩、三孩政策的新背景下，检视生育行为是否会发生的重要前提，就是生育抉择如何形成。有学者认为，生育抉择是夫妻作出的有关生育事件的决定（Odimegwu et al.，2014），是一种广义的界定，常常涵盖了生育意愿偏好、避孕措施使用以及生育数量时间等方面的家庭计划（family plan）。石智雷等（2019）通过对 68 篇国外人口学领域有关女性权益和社会地位对生育选择影响的文献的研究，将生育选择定位为“生育数量、生育意愿、性别偏好、生育间隔和堕胎选择”等几个方面，也从广义角度界定了生育选择。可以看出，广义的生育抉择很难被置于上文所述的生育序列，因为它事实上包含了生育过程中的不止一个部分。对于生育抉择，还有一种狭义的界定，即生育抉择就是“作出关于是否要生育孩子的决定”（the decision about whether to have a child）（Stein, Willen & Pavetic，2014；风笑天、李芬，2016），或者是关于是否要成为父母的决定（Maggioni，2004）。也有学者将生育抉择与避孕联系起来，通过探讨避孕选择来说明生育抉择（Osei et al.，2014；Dahal et al.，2008），其实还是围绕是否生育孩子这一核心。

本书更倾向于使用生育抉择的狭义定义。一方面，从生育的整个流程来看，生育抉择是一个独立的步骤，不会和前后步骤产生交集，故而指代十分明确。另一方面，就研究目的而言，本书是想探讨女性身处特定的时代背景与政策背景——新生育政策下，面对生孩子这一曾经原本无须思考的老问题的新提出，究竟会怎样作出选择，因而狭义定义与本书更为契合。风笑天和李芬（2016）指出，中国育龄女性的再生育抉择首先是受制于计划生育政策的，故对于我国社会实施全面二孩的政策背景来说，这种再生育抉择主要体现在生不生第二个孩子，以及什么时候生这个孩子上。根据这一启示，本书主要关心再生育抉择，即在全面二孩、三孩政策实施后，女性对是否生育第二/第三个孩子所作出的最终决定。通俗地说，就是女性及其家庭决定生或者不生第二/第三个孩子。在这里，再生育抉择既包括是否已经作出了决定，又包括这个决定的结果究竟是什么。正如梁宏（2018）提出，“二孩生育决策的科学测量应该包括是否决定、决定的结果两个方面”。从这个意义上说，再生育抉择是一个更加接近生育行为的环节，涉及对生不生二孩/三孩的最终决定，而不只是对生育与否的一种设想。可以说，最终的生育行为是否被实践，主要取决于再生育抉择。

（三）再生育抉择的模式

西方的研究发现，生育意愿的抉择有两种模式：同步模式（one-decision model）和序次模式（sequential-decision model）（Udry，1983）。同步模式认为，夫妻在结婚时便已经决定了要几个孩子，不再因环境的影响而改变。序次模式则认为，夫妻想要生育的孩子数量是不断被重新思考的，这样才能应对生育、经济和婚姻等各方面因素的变化。同步模式基于经济学中的效用理论思维，前提是夫妻的生育偏好在生命早期就已通过社会化获得。与同步模式的早期决定不同，序次模式则基于当前对下一次生育的成本和收益的考量。夫妻并没有制订长期的生育计划，而是在每一次生育后，根据不断变化的情况作出新的合理决定（Udry，1983）。两种生育抉择模式都是出于经济学中成本与收益的考虑，通过一次性评估或者不断重新评估子女的成本与效用，来决定是否或何时再生育。

那么在我国的现实情况中，夫妻的再生育抉择应该隶属哪一种模式呢？杨菊华（2008）的这一提法——“由于生育个体处于不同的生命周期阶段，部分人群（即尚未生育的人群）的意愿是同步意愿，另一些人（即已经有了子女的人群）的意愿属于序次意愿”——给了本书启示。对于已经结婚但尚未生育的人群而言，生育意愿的模式主要是同步模式，夫妻二人对生育子女数的认识大多是相同的。这么说的理由在于，一方面，这符合 Udry 界定的结婚初期已经对生育计划达成共识即为同步模式；另一方面，我国特殊的国情——实施三十几年的独生子女政策——早已在宏观层面规定了夫妻能够生育子女的数量，意味着夫妻并不需要对子女数量进行过多的经济效用考虑，他们的选择在结婚之初已经是一致且唯一的。此时或许还不能称之为生育抉择，因为没有生育经历的人对于生育子女更多的是一种想法和态度。除了部分夫妻在结婚时就已商定是否生育孩子，多数夫妻在未生育前只能说是一种生育意愿。

对于已有生育经历的我国夫妻来说，再生育抉择的模式是否为序次模式呢？序次模式认为生育子女数并不固定，人们会再根据家庭当时的条件，重新评估下一次生育孩子的成本和效用，以确定是否、何时生育下一个孩子。序次模式是人们对生育带给家庭的效用的经济理性选择，而这种选择主要是在西方社会的背景下提出的。尽管 Udry 指出生育抉择前的干预事件是生育计划改变的基础，但这些事件并没有明确指向宏观层面。作为一种基于经济考量的决策，这些事件更多与家庭这一微观层面有关，如家庭收入、妻子重返校园、育儿体验等，以实现生育效用最大化。影响生育的重要干预事件是女性就业（Udry，1983）。而仅仅将生育抉择视为一种经济理性的选择，恐怕是不够的。序次模式强调了家庭对生育抉择的主动性，却忽视了更加宏大的外部条件。就我国而言，这一外部条件主要表现为国家层面计划生育政策的调整，即全面二孩、三孩政策的诞生。生育政策的变化为夫妻再生育抉择带来新的可能，夫妻原本不需要进行再生育抉择，可现在，全面二孩、三孩政策将一种新的选择摆在了他们面前，育龄夫妻在政策驱动下登上了再生育抉择的舞台。这就凸显了再生育抉择中宏观层面的社会制度因素。如果将生育政策的调整视为一个中间事件，那么序次模式的内涵就需要进行相应的扩充。家庭作出是否生育孩子的决定不仅基于家庭内部的经济理性考虑，还要结合更加宏大的社会背景，以及文化思想等因素。

所以本书认为，我国当前的再生育抉择，既不是同步模式，也不是序次模式。如果非要以这一标准类比，它更像是一种中国情境下的特殊的序次模式。再生育抉择的形成需要家庭内部的理性考量，却不能局限于这种经济理性，而更需要将这种考量放到更大的社会背景当中。本书采用再生育抉择而不是生育决策这一概念，正是为了淡化“决策”一词中隐含的经济理性。以家庭为决策主体而反复计算生育子女的利弊得失并不是本书的关注点。使用“抉择”一词，更能凸显一种选择性，强调女性及其家庭在政策调整后突然面临二孩/三孩生育问题，从而不得不作出选择与决定。

（四）再生育抉择：过程与结果的统一

生育抉择显示了家庭对生育子女数量的决定，既包括决定本身是否已形成，也包括决定的结果。事实上，决定的结果不是生育抉择的全部，后者还承载着抉择的形成过程。这意味着夫妻之间的互动，因为“生育和避孕决策更多时候是夫妻共同作出的，这是婚姻二元体动力学所致”（Odimegwu et al., 2014）。Hass（1974）提出，生育抉择是伴随着夫妻对生育优势劣势的判断、生育知识的获取以及夫妻对这些问题的沟通来进行的，因而是一个权衡生育利弊的动态决策过程（a dynamic decision-making process）。在这一动态过程中，夫妻的协商和互相影响非常重要。正如Stein和Pavetic（2013）所言，在生育抉择中，夫妻本人与对方的角色都与生育抉择过程和决定本身存在密切关系。只有当其中一方估计孩子效用太小时，才会运用讨价还价能力对另一方的决定施加影响（Bauer & Kneip，2013）。不论是基于微观视角的家庭内部的成本效用评估，还是结合宏观视角的社会政策干预，生育抉择的最终形成一定有一个依托的载体，这一载体就是夫妻互动的动态过程。因此，关注生育抉择不应只局限于抉择的结果本身，还应该关心这个抉择是怎样形成的。而抉择的形成过程主要来自家庭，特别是夫妻之间的沟通互动。

生育抉择对应的英文多采用fertility decision-making的表达方式，这是一个关于生育决定形成及其过程的表达。本书倾向于使用生育抉择这种概念意涵，因为这样能够将再生育抉择从生育过程序列中独立体现出来，更容易将它同其他经常混淆使用的概念区别开来，以显示再生育抉择的形成、决定与结果。最常与生育抉择互相替代使用的概念是生育意愿。“（生育）意愿代表了个人想要的东西。它们是愿望，因此作为一般规则，并不直接导致行动。相反，它们首先被转换成（生育）打算，即有意识地以某种方式行动或试图在未来某个时候实现某种目标的承诺。”（Miller，1995）对于我国育龄夫妻，如果说生育意愿是是否生育第二/第三个孩子的意向，那么再生育抉择就是是否生第二/第三个孩子的最终打算。显然，一个是主观愿望，一个是连接主观想法和客观实践的桥梁，二者是完全不同的。真正将生育意愿转化为生育行为的便是再生育抉择，而抉择本身不仅表达了一种个体的精神意向，同样是一个人与人之间讨论与决策的过程，只有通过夫妻和家庭的沟通与互动才能实现，故而再生育抉择比生育意愿具有更多的客观性和现实性特征。此外，生育抉择虽然在生育过程序列中最接近生育行为，但仍不同于生育行为——生育行为会带来社会宏观角度上生育率的直接变化。而生育行为产生的前提是已经作出了积极的生育抉择，那些决定不再生育的夫妻事实上不会产生生育行为。换言之，再生育抉择直接导致（或导致停止）生育行为。把握再生育抉择的结果有助于了解未来的生育行为，把握再生育抉择的生成过程则有助于厘清抉择中的家庭成员的决策态度、策略与人际互动，将再生育抉择何以可能的完整过程呈现出来。

综上所述，本书中的再生育抉择，是二孩/三孩生育意愿的后续、生育行为的前奏，是新生育政策实施后经由夫妻动态评估而提上议程的，并非夫妻早期的既定共识。具体而言，在我国全面二孩、三孩政策背景下，再生育抉择是城市一孩家庭的女性及其家庭在是否生育第二/第三个孩子问题上作出的最终决定。更重要的是，再生育抉择不仅涉及这个决定的结果，还包含基于夫妻互动而动态形成的决定的过程。本书的关注点也不在于抉择结果本身和以经济为代表的影响因素，而是将再生育抉择视为一种过程性表达，着眼于女性同丈夫在家庭决策互动过程中，如何动态地形成再生育抉择，发挥女性在抉择中的作用。

二、理论基础

（一）社会性别理论

本书是在新生育政策实施后，以城市已育一孩家庭的再生育抉择为研究内容，主要关心再生育抉择形成过程中女性的作用和地位。在时代背景和政策背景的推动下，结合女性在传统生育文化中缺少话语权的历史状态，本书重新审视今天的女性在同自身紧密相关的生育领域处于何种境地。这既是对再生育抉择本身如何形成的一种观察，又是对再生育抉择过程中女性权力地位和主体性的本土化探讨。这种探讨自然离不开性别的视角。性别本身是一个生物属性，但在历史中逐步具有了社会意义。人们之间存在诸多差别和分类，如经济收入与社会地位，这些都为大众所接受。性别作为一种分类，似乎已经不只是生物类型的划分，而逐步形成一种等级划分。等级划分不仅意味着不同性别可能要遵循不同的社会规范，更意味着不同性别拥有的权力地位存在显著差异。

本书决定采用社会性别理论，很大程度上是基于再生育抉择本身是一个涉及家庭内部夫妻共同参与的决策事件，而社会性别理论在探讨夫妻决策中的权力地位关系方面具有显著的合适性和优势性。新生育政策将再生育抉择推上家庭决策的舞台，无疑是给夫妻提供了一个新的选择机会，也在新的时代背景下提供了展现夫妻家庭权力的可能。从性别视角来看，家庭作为女性主要活动的私人领域，在与公共领域的对比中一直蕴含着社会性别对丈夫和妻子的规训。既然性别规范将两性分别隔离到公共的和私人的领域，而家庭又是女性的主要活动场所，那么产生于家庭内部的再生育抉择，本身就应当成为一件需要女性关注、值得女性关心、应由女性参与的家庭事务。而从家庭事务的商议和决策的视角来看，家庭内部再生育抉择的最终决策结果需要通过夫妻的相互协商、共同决定来形成，决策过程中的夫妻互动与讨价还价，恰好是妻子同丈夫展现各自角色、维系各自地位的有利情境。运用社会性别的视野来看待社会，看待家庭当中夫妻的互动与角色地位关系，或许会形成一种探讨家庭再生育抉择的新思路，不仅能够对既往家庭经济学等传统视角下的生育意愿研究进行补充，还能够在人们习以为常的两性关系中反思性别不平等并挖掘女性的价值。

事实上，夫妻进行家庭再生育抉择时的互动之所以适合运用社会性别理论，是因为性别不只是生理差异这么简单，更多的是由社会文化建构而成，是一种社会的性别。正如安·奥克利（Ann Oakley）在《生理性别与社会性别》中描绘的，是社会形成了男性和女性不同的角色与规范。社会性别反对男女之间的差异主要来自先天生理方面，强调后天习得的社会文化规范对性别的塑造。社会性别在人的社会化过程中通过不断学习、模仿和强化而被建构出来。男性和女性应当扮演什么角色、穿着何种服饰、遵从哪些行为规范，甚至居于怎样的社会地位，都是社会使然，生理基础的作用在社会文化面前显得微乎其微。巴特勒指出，社会性别通过持续性的模仿，在话语和制度的作用下，最终被当成了真实。这一差异在人们久而久之形成的观念和价值上得到了体现和强化，并逐渐形成一种稳定的社会性别制度。个体获得自己男性或女性的身份，接受性别角色规范，实践特定的性别气质，表现出符合社会期待的性别特征，并获得自我和社会对其性别的认同，都离不开社会机制系统化的作用，而社会机制又在个体实践中得以维系。在社会性别的塑造下，正如西蒙娜·德·波伏瓦（Simone de Beauvoir）所言，女人并非生而为女人，而是在后天被建构为女人的。

值得一提的是，社会性别的讨论不仅限于性别的社会建构，而是在这种社会制度中总是呈现出一种性别的等级划分。盖尔·鲁宾称这种制度化的对两性强加的区分为社会性别制度。它是现实存在的人类历史实践的产物，强化了男性权力和女性地位，暗含着性别歧视与不平等。于是社会性别不仅是性别塑造的习得过程，更成为一种社会结构，一种分层制度，或者说，社会性别是建立在不平等社会地位上的一种社会结构。男性和女性拥有不平等的权力，不平等的性别分工，不同的社会地位，甚至男性对女性的统治，都已经成为意识形态与社会制度。李银河（2018）将这种男权制的性别秩序概括为四个主要方面：一是不论在政治、经济类的公共领域还是在家庭内部私人领域，男性总处于统治地位；二是男性认同，社会性别建构下男性气质优于女性气质；三是在生产劳动和生活中将女性客体化，摆在低等地位；四是形成一种男权制的“两分思维”模式。可见，在这种社会性别制度下女性处于对男性的“屈从地位”，社会性别决定了男女的社会地位。性别作为等级划分方式而带来的性别不平等和权力问题，不只存在于某个历史时期或某个群体，而且广泛存在于历史长河中。运用今天的调查资料重新审视这种性别等级分化的状况，有助于在时代语境下推进性别平等。

如果说社会性别意味着差异，从性别视角形塑了社会地位，那么就有必要正视吉登斯口中分层研究的性别盲区，并追求性别平等，打破男女均受制于社会性别制度的怪圈。社会性别理论正是在此方面的有益尝试。作为经典传统，自由主义女性主义主张女性不局限于婚姻和母亲角色，应到家庭外工作来发展自我。女性受压迫的根源在于缺乏公平竞争的机会和受教育的机会，所以要通过为女性争取受教育的权利、同工同酬的权利以及相应的法律改革，来保护妇女同男性在工作和受教育方面的机会均等。激进女性主义则坚决认为男权制是女性受压迫的根源，两性关系形成了米利特（Millett）口中的权力制度。男权制会通过意识形态塑造贬低女性的思维，还会以实践来巩固男性的统治地位。国家制度和家庭都体现着男性权力，使女性在经济、文化制度和性生活领域都受到压迫。唯有打破男权制才能获得性别解放。马克思主义女性主义则将视野放在国家和劳动层面，指出“父权制与资本主义相互适应给妇女造成恶性循环”（海迪·哈特曼，转引自李银河，2018：49）。资本主义将家务劳动和生产劳动分开，女性没能进入公共领域而是局限在家庭中。但家庭劳动没有报酬，故女性被认为没有从事生产，只能依靠男性生活。女性参与公共劳动才是寻求平等之道。

不仅如此，社会性别视野下对女性的探讨，往往离不开家庭的私人领域，更离不开女性主体性的生理特质——生育。生育本身是一个生物事件，但从社会性别角度加以分析，似乎不那么简单。在社会性别制度内，生育不可避免地同女性发生联系，是性别结构和社会关系中的重要内容，体现着女性在性别关系中的权力地位。性别不仅是一种生物属性，生育也不仅是一个生理事件，还在社会性别的塑造中被赋予了性别结构下的社会意义。本书关注的家庭再生育抉择，正是同女性生育息息相关的决策事件。故而从社会性别的角度研究再生育抉择，有必要从关于女性生育的经典论述中借鉴分析女性参与家庭再生育抉择的态度与实践。

一方面，在社会性别的区分下，生育作为女性独有的生理机能，有可能成为女性遭受性别压迫的原因。波伏瓦在其性别研究著作《第二性》中深刻指出了性别的社会建构，并论及生育强化了这种女性地位。社会性别的分化使男性是自我、处于主体地位的，而女性则是客体，处于“他者”地位。女性并非生来如此而是后天被建构为女人。尽管女性比男性在生育中占据更主要地位，但只有生育方能塑造女性的性别身份，“正是通过生儿育女，女人完整实现了她的生理命运”（波伏瓦，2015：646）。当男性要求女性放弃生育时，生育就“不再是神圣的职能”，反而成为“女性的缺陷”（波伏瓦，2015：656）。生育后的母亲又变成了客体，成为洗衣做饭的专职育儿机器。女性的客体身份充分暴露在社会性别下，女性解放和做母亲这两者是无法共存的。费尔斯通（Firestone）甚至比波伏瓦更加悲观。在《性的辩证法》中，她认为生育机制是女性受压迫的根源，是女性的生育功能导致两性的分化与不平等。只要自然生育依然存在，女性在性别权力关系中就始终处于不利地位。只有用技术改造生育机制（女性体外生育），女性才可获得解放。这种生理区别带来了社会性别分工，使得女性在劳动和生活上必须依赖于男性。不仅如此，孩子才是证明女性在家中地位的必要性的依据，女性在社会性别中的客体地位可见一斑。

同社会性别下的生育息息相关的，就是女性承担的母职。弗里丹虽没有直接探讨生育，但其著作《女性的奥秘》中影射了同生育和家庭相关的母职和妻职。所谓女性的奥秘，其实就是用社会性别形塑了女性形象：家庭主妇。奥秘论将女性角色局限于生孩子、做家务之内，给所有女性打造了同一种生活方式，并认为“女性的完美，就只存在唯一的一种定义，那就是主妇加母亲”（弗里丹，2005：31）。女性在这种社会性别建构中丧失了自我与规划，内卷于家庭之中，切断了与外部世界和未来生活的联系。安·奥克利进一步批判了这种性别规范下的生物性母职，认为它以三种不成立的信仰为前提：是女人就都要做母亲，母亲就都要生育子女，而子女则都需要有自己的母亲。女性想要生育，并不是因为她们具有生育功能，而更多的是社会和文化后天建构的。所谓母性本能也同样是后天习得的，而非天生具有的。因此，生育并成为母亲“是文化的建构，是一个带有压迫目的的神话”（帕特南，2002：114）。

朱丽叶·米切尔同意这种观点，认为在父权制社会，女性的生育被视为天经地义，女性的主要任务就是传宗接代和服侍丈夫，孩子则是女性创造出来的“物品”。这种观点一旦被广泛接受，女性在社会分工中自然就会处于从属地位。而这不是因为女性在生理上弱小，关键在于社会性别塑造的女性天职。在家照料子女不仅要付出大量时间和精力，还看不到任何外显价值。女性在生育中的作用被赋予了社会意义，在社会性别规训下只能付出无法参加生产而不得不依赖男性的代价。因此，如果说社会性别建构了男性和女性在日常生活中的不同角色，并强化了性别带来的社会分工及社会分层，那么生育则被视为是女性的事情，而且是女性在性别关系中遭受压迫的根源。

另一方面，虽然生育在社会性别建构中会令女性受到男性压迫，以至于成为性别不平等的某种根源，但一些激进主义女性主义者持有不同观点，认为女性的生育同其社会地位息息相关，是女性力量的源泉。里奇（Rich）在《女人所生》（*Of Woman Born*）中认为生育在父权制下被制度化了，“男人使女人信服，除非她做母亲，否则女人就不是真正的女人”（帕特南，2002：116）。女性如何生产也不是“简单的助产术”而是“政治的问题”（里奇，2008：143）。由男性医生构建的生育规则将女性主体性体验抛开，母亲也很难按照自己的意愿而必须依照男性意愿来养育孩子。不过，里奇积极地看待女性身体，将自己的身体视为力量的源泉，主张让女性驾驭而不是抛弃自己的身体，按照女性主义的价值来生养孩子，以避免社会性别中女性的客体化，实现女性追求自我需求的权利。

更多观点来自对生育技术的批判以及对社会性别下女性权力的关心。生育技术事实上将女性特有的生育权力机能通过技术手段从女性身体上剥离出来。体外受精等生育技术削弱了女性和生育的关联，通过生育这一生理机制将女性形塑为父权制下的“肉体”。工具化取向使得母亲身份大打折扣。女性连最基本的生育和母职都丧失了，何谈权力。德沃金（Dworkin）、科里亚（Corea）、阿尔·希布里（Al-Hibri）和罗宾·罗兰（Robin Rowland）都认为新的生育技术反而会增强男性对女性的控制。如果女性的生育能力被父权制下的生育技术替代，那么女性在人类历史上的人口再生产价值将不复存在。故而她们坚持让女性不要放弃自然生育的权力，只有这样才能在被建构的社会性别制度中找到自己的一席之地。

如果说上述都是从放弃生育带来的弊端的角度论证生育带给女性的力量，那么沃尔夫（Wolfe）则从更为积极的角度指出了生育本身可能成为女性权力的来源。她采用“子宫家庭”概念分析了台湾地区农村的女性与家庭，事实上看到了生育给女性带来的力量，女性不再只是受压迫者。嫁入夫家后，女性乐于生育孩子，这样便在大家族中形成了自己和孩子的“子宫家庭”。以母亲为中心的“子宫家庭”，在女性履行妻职和母职的同时强化着丈夫在大家族中的核心地位。女性在教育孩子中强化了自身同孩子的情感联系，日后再通过孩子扩大自己在男性统治的家庭中的权威。女性在父权制家族中找到了自己的一席之地，又巧妙地维系了男性统治。

可以看出，生育问题已经从一个本质上的生理问题，经由社会性别的重新糅合，成为一个充满社会属性的社会问题。从这个意义上说，生育是社会性别及权力关系的典型表现：既可能成为女性受压迫的关键原因，也可能恰恰树立了女性的特殊地位与权力。而生育展现出来的社会性别结构以及家庭中的性别权力关系，对研究家庭再生育抉择有着巨大的启示意义。不论认为生育是女性独一无二的权力，还是视生育为女性遭遇不平等的根源，社会性别理论对生育的讨论都紧紧围绕性别视野，将生育事件从生物属性推向社会属性，注重从性别不平等的角度来分析生育和女性社会分工、社会地位之间的关系，探讨女性解放的可能性。这就在内容上同分析今天的家庭再生育抉择相吻合，在主体上有助于看到女性角色及其实践，在过程上有助于看到不同性别在社会规训下的互动，总而言之，对当前新生育政策下理解我国城市女性在生育中的选择具有深刻的参考价值。

总的来说，社会性别通过社会和文化对两性发力，使成员在社会化过程中逐渐习得了对不同性别的特定角色期待，塑造了男性对女性的统治。社会性别理论为我们理解社会现实提供了一种不一样的思路，以性别为视角，看到了传统经济、政治等视角以外，长期存在于历史和社会生活中的性别差异。社会性别理论主张性别是个人后天习得、基于社会文化建构而成的行动规范和社会制度，反对生理决定论。不仅如此，社会性别理论还从分类系统中透视到性别的分层机制，关注性别权力地位的不平等，从而有助于我们在家庭生活和公共生活中重新审视两性互动关系。社会性别理论启示我们，可以在当代微观的家庭视野下，基于夫妻互动的性别视角，真正直面夫妻如何作出生育决定，观察妻子怎样面对生育事件并展现自己在再生育抉择中的作用。

（二）家庭权力与家庭决策

再生育抉择是夫妻面对新生育政策的一种新的选择，离不开家庭决策的过程。再生育抉择作为一项夫妻共同商议和决定的家庭事务，对再生育抉择的分析采用家庭权力与家庭决策理论的逻辑是十分合适的。家庭权力与家庭决策理论不仅能够帮助理解再生育抉择的结果是如何形成的，还能够作为分析框架来说明女性和男性在决策过程中的互动与性别力量，在很大程度上为在社会性别理论视角下理解再生育抉择起到具象化作用。家庭权力与家庭决策大致涉及两种理论思路：资源理论和父权制下的文化规范论。后期研究也基本围绕这两个理论的脉络展开。研究中，家庭权力常与夫妻权力替代使用，因为尽管家庭权力包含代际权力关系，但学者们主要是以家庭中的夫妻为主轴来分析家庭权力的。女性的再生育抉择主要在家庭中产生，生育意愿和再生育抉择的实现都需通过家庭权力的运用和家庭决策的过程来变成现实。故而本书希望借助家庭权力和家庭决策的视角来进行研究分析。

1. 资源理论及其延伸

生育抉择涉及家庭所有成员，但随着家庭的小型化、核心化趋势，夫妻关系俨然成为家庭关系的主轴，故本书探讨的家庭权力主要指夫妻权力。家庭权力的组成结构正如克伦威尔和奥尔森概括的，包括家庭权力的基础、实施过程和结果。家庭权力的基础主要指个人占有的资源，权力的实施过程集中体现家庭成员之间的互相影响，权力的结果包括谁作出决定和谁取胜（埃什尔曼，1991：449）。本书借用美国社会学家埃什尔曼对家庭权力的定义，即家庭权力是“夫妻各自的能力的影响，衡量权力一般以谁来做决定和谁来执行为尺度”。

资源理论始于布拉德（Blood）和沃尔夫 1960 年前后对底特律地区的调查。在他们的经典作品《丈夫与妻子：婚姻生活动力学》（*Husbands and Wives: The Dynamics of Married Living*）中，家庭权力研究从家庭决策展开，即家庭决策究竟由夫妻中的哪一方作出，具体操作化为家庭内部丈夫的职业选择、妻子是否参加工作、买房、买车、买保险、休闲度假、选医生、食品开销八项决策。基于对九百名已婚女性的访谈，研究概括出家庭权力的四种模式——丈夫主导型、妻子主导型、分权平等型和权力共享型，并发现决策的权力来源于夫妻资源。资源就是个人能提供给对方和家庭的可满足其需要的东西，教育、收入、职业和社会参与程度都是最常见的重要资源，主要来自家庭外部。这就建立了家庭权力的资源理论：夫妻双方谁能够为对方提供更多资源，谁就在家庭中拥有更多的权力（Lauer & Lauer，2000）。不仅如此，Centers 等（1971）发现丈夫的家庭权力除了受上述资源影响，还会随年龄增长而降低；夫妻家庭权力的对比也可能随着决策内容的不同而发生变化。Charlott（2002）则认为夫妻受教育水平、社会地位和对家庭的经济贡献等几方面的差距，是影响家庭权力的关键点。这就提示我们，夫妻资源比较的视角即相对资源，会对家庭权力产生现实的重大影响（McDonald，1980；Lennon & Rosenfield，1994；张丽梅，2008）。而家庭决策中的夫妻地位正是夫妻家庭权力的重要表征。

资源理论得到了研究家庭权力与家庭决策者的追随，并不断被拓宽和发展。希尔（Heer，1963）分析了婚姻外部资源对家庭权力的影响力和替代性，指出，丈夫提供的资源对妻子的价值与妻子在婚姻外部可获资源的价值相比差距越大，则妻子对婚姻的依赖程度就越高，在实际上提升了丈夫的家庭权力。这一解释是将家庭权力当作一种交换的结果。亦有学者沿袭此路，结合布劳和爱默森等的交换论对家庭中的交换和权力关系作出分析，发现婚姻外部替代品越少、经济资源越少的女性，越倾向于投入家务劳动以寻求交换平等，反而使自己对婚姻的依赖程度更高，导致女性家庭权力更低（Wither，1978；Davies & Carrier，1999）。罗斯柴尔德（Rothschild，1976）重视情感因素的作用，将婚姻交换中的资源分为社会经济资源和包括爱与陪伴在内的情感资源。女性在性别的社会分层中，经济地位资源弱于男性，只有拿情感资源作为交换，这就使得女性更多地依赖丈夫而放弃家庭权力。情感资源也在不少研究中得以呈现，比如情感上的承诺能在家庭权力关系中产生作用（McDonald，1980；拉曼纳等，1995）。

这种仅关注夫妻资源的资源决定论后来发展为文化背景中的资源决定论。罗德曼（Rodman，1967）在跨文化比较中发现，资源理论适用于性别平等观念较强的发达工业化国家，但在父权制文化背景深厚的地区，就必须同时关心特定文化下的夫妻权力规范，再结合夫妻相对资源来共同解释家庭权力。Rank（1982）和 Richmond（1976）的研究再次验证了这一点，资源较多的妻子获得更多的家庭权力，而丈夫并没有，原因是丈夫接受了更多夫妻平等的文化观念。如果文化中存在性别角色不平等的传统，那么即便拥有相对资源，妻子获得家庭权力的可能性也十分有限（Katz & Peres，1985；Blumberg，1991；Heike，2002）。文化背景中的资源决定论将文化纳入视野，拓宽了家庭权力的领域。

资源理论事实上分析了家庭权力的来源：从绝对资源到相对资源，从家庭内部资源到外部资源，从经济资源到情感资源，以及不能忽视的文化规范，学者们不断扩充了资源理论的范畴。家庭权力以家庭决策地位为主要表现方式，为后人分析家庭权力与家庭决策奠定了良好的基础。对于家庭再生育抉择来说，基于性别视角来考察夫妻之间家庭决策的制定和家庭权力的发挥，资源理论是一种值得借鉴的视角。

2. 性别视角下的文化规范论

如果说文化规范下的资源理论同时强调客观资源和文化规范的力量，那么性别视角下的文化规范论则抛弃了客观资源，更加承认文化规范的作用。这种视角认为，在以父权制为文化背景的家庭中，家庭权力注定是不平等的。而这种结合了性别视角的家庭决策分析，有助于推进本书在社会性别视角下看待家庭再生育抉择的生成过程。

父权制的社会结构在微观家庭内部同样得以体现，从而使得女性在家庭权力关系上处于劣势。吉莱斯比（Gillespie，1971）通过数据分析发现，社会结构的男性趋向使得女性在教育、收入等个人资源上处于下风，使家庭权力的差别不在于个人拥有的资源，而是社会文化和结构对女性的歧视，从而导致女性家庭决策权力地位低下。就算女性承担起为家庭提供经济支持的工作，传统的性别文化规范仍会使她们的家庭权力地位保持原状（Greenhalgh，1985）。更何况教育水平和职业地位越低的人，越有可能接受父权制的文化规范，那么处于社会结构边缘的女性就难以幸免（Dhruvarajan，1992）。在标志着家庭权力的家庭决策中，在夫妻性别定位较为平等的家庭，夫妻共同决策出现得更多（Sheth，1974；Qualls，1984）。家庭成员的性别观念越传统，女性拥有的家庭决策权就越少，权力地位就越低（Heike，2002）。用家庭决策作为客观标准来衡量夫妻家庭权力，中国城市家庭中仍表现出男性居高，性别在家庭事务中的影响突出，性别本身甚至已成为影响家庭权力的独立因素

（郑丹丹，2004；李静雅，2013）。

更重要的是，性别文化代表着父权制的意识形态，因而渗透在所有的观念、制度和行为之中（吴小英，2000），家庭权力的不平等似乎被合理化。Aafke（1989）称这种情况为隐性权力（hidden power）。隐性权力将本就不平等的性别意识正当化，并内化到妻子的心智结构中，其结果就是即便存在不平等的权力结构也会令人觉得理所当然。Tichenor（1999）通过对妻子的收入、职业等资源高于丈夫的家庭进行研究，发现资源理论根本无法解释妻子在家庭决策权力中的劣势地位。女性的家庭权力被视为“妻子在多大程度上对自己的行为有独立决定权，以及对其他家庭成员包括丈夫行为的影响力”（Warner et al.，1986）。但被性别文化规范建构的女性显然处于家庭权力的劣势地位，很难谈得上独立自主。传统的性别文化规范以隐性权力的方式建构了夫妻各自对角色分工的期望，他们对不平等的家庭权力地位便也习以为常。由此他认为在家庭权力与家庭决策中，性别是比资源更合适的解释因素。

家庭权力与家庭决策理论提示笔者，再生育抉择发生在家庭之中，同家庭其他事务一样，可以并且应当成为一项家庭决策。那么采用家庭决策的思路对再生育抉择进行分析，就不仅要关心这项决策的最终结果，更重要的是要像探讨家庭权力和家庭决策一样，关注再生育抉择的家庭权力过程以及其中的夫妻互动。对于女性而言，再生育抉择既是家庭当中的一件大事，也是女性自身的一件大事。对于这件私人领域中的大事，女性在这项家庭决策中占据什么样的地位，在多大程度上有着决定权，又怎样通过自身实践来在家庭决策中对丈夫形成影响力，都表征着女性家庭权力的状况乃至女性主体意识的发展。因而结合性别文化规范来看待家庭决策，有助于进一步探讨女性在再生育抉择这项家庭决策中的可能性与作用发挥，在家庭决策的分析范畴基于夫妻决策互动来探讨女性的主体性。可以说，家庭权力与家庭决策理论既可以支撑本书对再生育抉择的研究过程，又能够在这项特殊的家庭决策中重点关注传统性别结构对夫妻决策地位的影响，有助于完成关注女性角色实践的研究目标。

（三）个体化理论

个体化是一种当代的社会理论，是本书分析女性再生育抉择的视角之一。本书既然采用社会性别理论来看待新生育政策下的家庭再生育抉择，关注的是女性在这项家庭决策中能否发挥作用、怎样发挥作用，那么就需要将分析的目光置于更加宏大的个体化的时代背景当中，并结合这一时代背景进一步探讨女性为何能发挥作用的深层原因。个体化理论有助于在家庭决策的互动过程中突出女性个体角色，从女性自身视角来探讨女性主体意识的崛起，理解女性参与家庭再生育抉择的主体性动力。个体化意味着传统对个体的控制和支持逐步衰弱，取而代之的是，社会成员必须作为个体来积极主动地创造自己的身份与认同（贝克，2011；吉登斯，1998；鲍曼，2002）。随着社会的发展，进入"第二现代性社会"以来，个体与社会之间的关系发生了结构性的转变，催生了所谓的个体化趋向。那么在个体化趋向的推动下，女性作为社会成员中的个体，或许能够在不断推进性别平等的过程中，展现出自身在再生育抉择中的新的身份认同与家庭权力。

个体化是现代社会的一种个人选择，蕴含着个体与传统的脱嵌（从旧的社会结构中抽离）和再嵌入（以新的整合形式出现）。将社会成员视为个体是现代社会的一大特质。如果说传统是某种行为方式或习惯，那么在充满现代性的社会，个体化就是吉登斯口中的"去传统化"，是鲍曼眼里的脱域。当然，脱域并不意味着个体的绝对自由，而是一种个体与社会关系和社会制度的重构。个体化意味着传统力量在削弱，由个体来决定自己的行为，并证明其行动的合理性（Giddens，1991：98），"人们身份从承受者到责任者的转型和使行动者承担完成任务的责任，并对他们行为的后果负责"（鲍曼，2018：70）。而脱域是社会带来的结果，但再嵌入却成了个体的任务。如果说个体在从前可能利用自己的权力和资源来重新嵌入，那么在第二现代性时期，社会并没有给个体重新嵌入提供依据，所以"'把握自己的生活'包含着风险，因为它意味着遭遇种种开放的可能。个体必须准备与过去形成某种程度的彻底隔离，如果必要，个体还要想出新办法，以避免简单地用旧有的习惯来导引新的行动进程"（吉登斯，1998：83）。因此，现代社会中，个体被推到了自我决策的舞台，不得不通过把握未来和反思过去的经验来进行自主选择，经历自我实现和自我认同的过程。

乌尔里希·贝克（Beck Ulrich，2011）称个体化为“有关社会制度以及个体和社会关系的一个结构性的、社会学的转变”，出现于传统与现代的断裂中，需经历脱嵌—再嵌入的过程。传统社会能够为成员提供既定模式与社会支持，但个体在从传统中解放出来时失去了某种同传统的联系，使传统模式变得无迹可循。因此，高度现代性的社会就是一个个体化的社会，并非个体要进行自由选择，而是社会结构转型将个体推到了前面，个体需要也有权追求“为自己而活”，从一种“标准化人生”进入新的“选择性人生”。当然，这不是绝对地以自我为中心，而是重新卷入同他人和制度的联系中，故而需要在每一种具体情况下都重新与他人协商共同生活的约定，“通过从众来创造自己的生活”。脱嵌也不意味着原来的价值理念不再被使用，而是原来的价值理念不再是一种结构性的制约，转而成为一种个体可以选择的资源。因此可以看出，个体的主体性是非常重要的。

阎云翔（2012：328）将以上学者的个体化理论整合为三个主要观点：一是吉登斯说的去传统化或贝克说的脱嵌；二是鲍曼指出的强迫的和义务的自主；三是通过从众来创造自己的生活。中国的社会变革中展示出第二现代性的许多特征，出现了个体的崛起，即个体“越来越要求自我的发展、个人幸福和安全感，反对由来已久的集体主义道德说教”（阎云翔，2012：4）。市场经济的转型弱化了政治资本对个人发展的重要性，去传统化在现代社会中发生，个体实现了脱嵌，能够通过个人努力掌握技能、知识等资本来重新获得自己的地位，重新嵌入社会结构。尽管市场分配资源不一定使社会更加平等，再嵌入存在一定的困境，但自 20 世纪八九十年代以来，个体从原有体制中“松绑”，开始有了独立决定权，有了选择自己行为方式的可能。与西方不同，中国社会的个体化是市场和国家共同作用的结果，而非单单是市场的功劳；中国模式的脱嵌“主要表现在解放政治领域，即生活机会和社会地位的日常政治……个体努力实现自我的首要目标是提高生活水平和社会地位”（阎云翔，2012：342），而不是西方的生活政治，即日常生活中的生活方式以及身份认同层面。中国社会的个体化很大程度上是在国家的管理下，通过“利益导向”的软性管理和宏观上国家推动的体制变迁来共同完成的。个体会在国家已经设定好的范围内发挥自我选择能力，最终采取那些能体现自身诉求且有利于国家的行为方式，来书写自己的人生，创造属于自己的生活。

如果说个体化理论主要是在充满现代性的社会大背景下，探讨个体融入社会、作出选择的情况，是基于一种普遍的社会现象，那么对于本书而言，个体化理论则更加适用于参与家庭再生育抉择过程的女性。女性不仅存在于转型的社会当中，同时乘着社会地位和个体资源不断上升的东风，在生育政策的制度性转变中面临是否要再生育二孩或三孩的生育抉择问题。同传统生育制度和生育文化相比，女性可能正走在再嵌入新的生育文化的个体化之路上。同传统生育文化中女性缺失话语权的状况相比，新生育政策将女性及其家庭推上了再生育抉择的舞台，赋予了女性主体选择的权利和机会。个体化理论对理解本书问题更为直接的帮助在于，个体化的文化催生了一种自我控制的信念——一种“为自己而活”的愿望。个体化时期个人空间的价值被强化，女性逐渐摆脱了与家庭绑定的传统，她们的人生轨迹经历了一次“个体化的激增”，从“为他人而活”到要求“有一点属于自己的生活”，期待“为自己而活”。这种“为自己而活”的取向同样适用于新时期女性对家庭再生育抉择的参与过程。

个体化给女性带来了生活状况上的巨大转变。教育机会的改善使女性能够代表自己，并积极应对各种状况。工作和收入的提高让女性“拥有了自己的钱”，提升了她们维护自己权利的能力。外出工作还能引发女性的空间流动，强化其独立的个体意识。非农化带来了农村妇女职业分化，有利于女性获得独立经济身份，使个体逐渐取代家庭户成为农村的基本利益单位（金一虹，1998）。尽管生育的风险仍在女性身上，但女性对避孕和生育的选择权已比从前大大提升。对生育和身体的把控让女性在塑造自己的生活上拥有了更大的主动权。当女性对“有一点属于自己的生活”的需求越多，风险和不确定性就越大，就越有可能不把要孩子当成生命的必然，而是在深思熟虑地规划后才确立这一“饱含希望与痛苦的目标”（贝克等，2011：146）。这种生活和思想转变的导向启示我们，女性已经在社会发展的进程中获取了支持其个体化取向的基础力量，也在包括生育和就业等诸多方面有着个体化的实践。

那么，她们在参与家庭再生育抉择时，同样会显示出这一取向的作用。

再生育抉择涉及女性及其家庭，个体化时代家庭成员特别是女性同家庭的关系亦可从个体化理论中窥见一斑。在贝克看来，家庭虽然仍扮演着重要角色，但传统的家庭关系已开始瓦解，家庭正在由一种“需要的共同体”变成一种“选择性关系”，变成一种“个体的联合”。在中国社会，当个人身份和利益与亲属群体利益发生冲突时，更多的个体会选择重新界定与各种亲戚之间的社会关系距离，进而形成充满活力的实践性亲属关系（阎云翔，2012：15）。个体逐步成为家庭关系的中心，个体欲望、情感和能动性在家庭生活中的重要性上升。于是，标志着家庭权力的家庭决策需要在家庭内部个体成员之间进行协商与平衡。哪怕是不外出工作而返回家庭当主妇，也遵循了女性为自己而活的逻辑、通过家庭内部协商而完成，是女性面对风险时策略性地形成的身份认同（吴小英，2014）。因而，个体化带来的女性崛起打破了传统的家庭格局，丈夫的权力受到了限制，女性的人生轨迹中也出现了个人设计的逻辑，使得家庭团结的义务进一步瓦解（贝克等，2011：104）。

贝克也看到了女性个体化的局限。个体化选择不能依靠传统，但又不得不以一种新的形式与传统相连。今天的女性有着自己的想法和行动，制订着自己的计划和未来，同时又几乎得不到传统既成模式的支持。在现代社会，进入劳动市场令女性得到了经济独立，摆脱了对男性的依赖，的确增强了她们在家庭事务中讨价还价的能力，强化了家庭决策的决定权，其中最突出的要数生育决定权；但另一方面，不彻底的工业化使得女性陷入困境：在同传统角色决裂时又不得不与之重新产生联系。传统性别身份并未消逝，反而进一步强化，风险在家庭内部进行了分配，家庭中以夫妻一方为轴心，另一方就不得不相应地承担不利的方面。谁为家庭投入更多，谁就必须放弃个人一定的独立性，承担照看子女的责任。女性为了丈夫和家庭放弃职业就是这样的表现。但是从另一个角度来说，再嵌入的前奏毕竟是女性家庭地位和社会地位的提高，那么即便是同性别传统发生联系，仍可被视为一种再嵌入时的选择，凸显了个体的自主性。

无论如何，个体的崛起俨然成为一种趋势，个体化也逐步成为现代社会中个人生活的一种取向。对社会如此，对女性来说更是如此。个体化的局限虽然显示出女性在实践为自己而活、在作出自己选择时的无奈和困境，却不得不说个体化理论是一个切实反映现实的理论。从性别的角度上说，社会性别规训下的性别结构依然存在，个体化理论在论述女性地位和女性自主性时与本书的社会性别视角不谋而合。一方面，个体化使女性获得了同家庭的一种新的关系模式，彰显出共同体以外的某种个人取向，展现了女性意志；另一方面，女性个体仍处于个体化的进程中，在不断尝试再嵌入新的文化时也未能完全脱离原有的模式。而本书关心的家庭的再生育抉择，既包含着夫妻互动时的家庭权力发挥，涉及个体化进程中女性权力的基础，又从女性个体和家庭共同体的角度考察了女性对自身情况的掌控。个体化理论从工业化和现代化的维度分析了个体的崛起，指出家庭特别是女性在现代社会中的一种自主性，对本书中女性自主性和在再生育抉择中充分发挥作用有很大的启示。可以说，个体化理论在考察女性自主权及其同家庭的关系方面具有较强的适应性，有助于本书在社会性别的视野下分析女性在参与再生育抉择这项家庭决策中的地位和实践。

三、研究思路与研究方法

（一）研究思路

在社会性别理论的指导下，基于女性视角，探讨全面二孩、三孩政策后城市已育一孩家庭的女性如何作出二孩 / 三孩的再生育抉择。包括：作为一项家庭决策，女性在这一家庭决策中起到怎样的作用；女性如何在传统力量的制约和当代个体化的趋势中把握自我，作出再生育抉择。全书围绕“谁做决定—怎么作出—为何这样做”的基本思路进行探讨，并努力揭示出女性在夫妻权力、家庭—工作、生育观念、自身价值等方面的遭遇、认知及选择的逻辑。

1. 本书的基本架构

本书前两章是绪论与研究设计。首先以全面二孩、三孩政策等新生育政策的实施为背景，引出城市一孩家庭育龄夫妻面临是否要生育二孩 / 三孩的抉择问题。接着经过对国内外关于生育意愿和生育抉择的文献梳理，得出研究的可行之处与研究价值。然后对再生育抉择这一核心概念进行界定，并选定社会性别理论作为研究的理论视角，同时借助家庭权力与家庭决策理论和个体化理论，以对 38 名被访者的定性访谈资料为主，形成研究内容分析的基础。

第三至第六章是本书的主体，根据二孩 / 三孩的再生育抉择是“一种不同于其他重大家庭事务的家庭决策方式—这种方式在很大程度上体现了女性作主—女性在这种不受重视的领域作主，是何以可能的—女性在作主时，显而易见的主动性力量，以及潜在的外部力量共同作用”这一思路，逐步进行分析。

具体而言，本书主体部分首先在第三章借鉴家庭权力和家庭决策理论，将再生育抉择纳入家庭决策范畴，从家庭决策角度回答“谁来作出再生育抉择”的问题。研究提出应将生育视为一项家庭决策，由家庭决策过程中的夫妻互动来透视再生育抉择的生成模式，并发现再生育抉择在家庭决策中处于非正式的地位，家庭决策理论中的性别和文化规范而非夫妻相对资源，对再生育抉择中的夫妻作用更具解释力。这些都反映出女性在再生育抉择中扮演关键角色。

第四章从家庭权力来源和决策过程分析再生育抉择的夫妻互动过程，主要回答女性在再生育抉择中怎样发挥作用。女性能够在再生育抉择中起关键作用的家庭权力基础，来源于女性在家庭决策中话语权的上升，以及生育政策给女性带来的从“缺席”到“发声”的可能。在夫妻互动中，在社会性别结构中处于劣势地位的女性拿起“弱者的武器”，用非对抗方式来引导再生育抉择过程。研究强调，女性传统性别角色和以家庭为导向的性别化策略，使女性在再生育抉择互动中可以隐蔽地实现自身意志。

第五章进一步回答了女性为什么能在再生育抉择中发挥关键作用。从女性主体意识的视角，借助个体化理论，说明再生育抉择的深层原因是女性个体的崛起。女性从生育的传统中逐步脱嵌，在个体化取向的推动下慢慢在生育实践中展现出从“为他人而活”到“为自己而活”。基于“为自己考虑”“对自己负责”和“为自己而活”原则作出再生育抉择，女性在现代性社会中逐渐再嵌入新的生育文化并作出自己的选择。

第六章从社会性别视角，基于公共领域和私人领域分化中的性别不平等，论述了女性在再生育抉择中发挥关键作用时的潜在力量。这些力量表现在公私领域的分化中，也表现在私人领域的家庭决策中，在一定程度上代表了父权制。女性能够在再生育抉择中“作主”，一方面是女性的权力和责任，另一方面是男性的权力在“是否生育二孩/三孩”这一特殊事务上的让渡，是两性在社会性别规训下的合谋。

第七章是对整项研究的结论与讨论。本书力求形成最终的研究结论，回应开头提出的研究问题，并指出研究的进一步研讨价值和未尽之处。

2. 研究的技术路线图

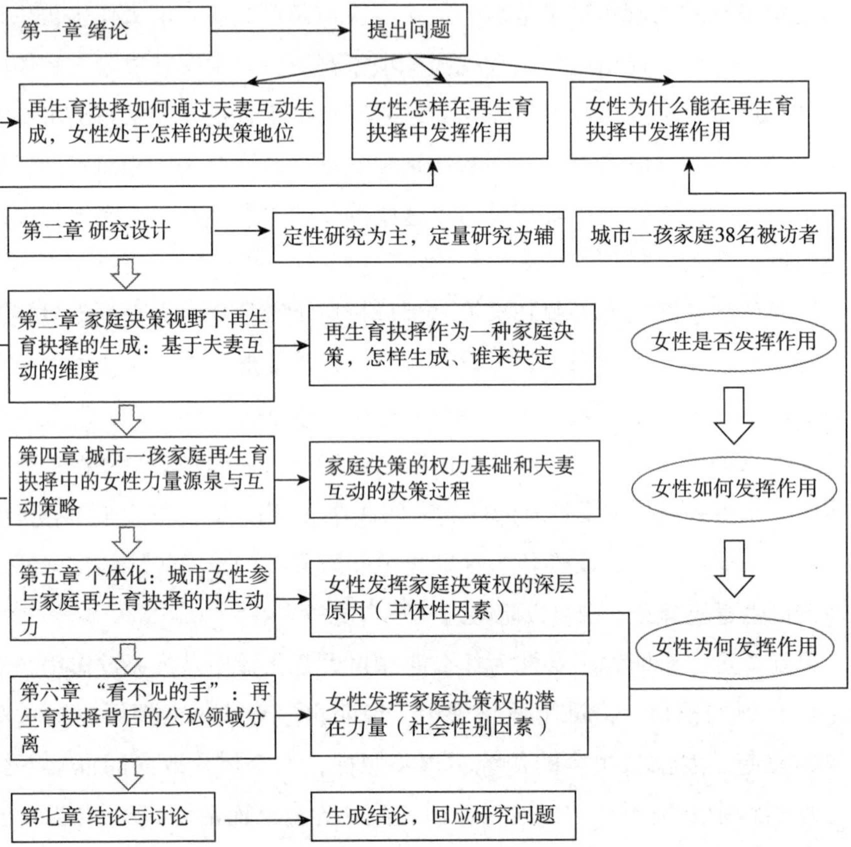

图 2-1　研究的技术路线图

（二）研究方法

1. 定性研究为主的研究方式

萝茜·史密斯（Rosie Smith）和安·奥克利都主张，女性主义的社会学研究应当为女性说话，而不仅仅是关于女性或由女性来做的研究（吴小英，2003，2005）。为了分析再生育抉择中的女性经验，"从女性的立场出发探索日常世界"，以看出新生育政策后女性在生育领域家庭决策方面的主体性和主动性，本书沿用了这种研究立场。在研究方式方面，定性的研究方法能够避免量化研究对研究对象的物化，因此"非结构式的访谈被认为更有利于跨越横亘在访问者与被访者之间的鸿沟"（吴小英，2005）。本书在方法论的选取上也正是基于这样一种价值观。而且，根据本书的目标，为了探讨全面二孩政策和三孩政策后女性如何作出二孩或三孩的再生育抉择，厘清再生育抉择中的夫妻互动过程，揭示女性在再生育抉择中的选择逻辑和地位作用，本书决定主要采用定性研究方式。可以说，定性的研究方式最符合本书研究问题的性质和研究的目标。

"定性研究是一种将观察者置于现实世界之中的情景性活动。它由一系列解释性的、使世界可感知的身体实践活动所构成……它们将世界转变成一系列的陈述，包括实地笔记、访问、谈话、照片、记录和自我的备忘录。在这种程度上，定性研究包含着一种对世界的解释性的、自然主义的方式。这意味着定性研究者是在事物的自然背景中来研究它们，并试图根据人们对现象所赋予的意义来理解或来解释现象。"（邓津、林肯，2007：4）对于本书而言，定性研究方式能够收集女性再生育抉择方面灵活生动的资料，不仅有助于厘清夫妻在进行家庭再生育抉择时的互动过程，也有助于从家庭权力的文化规范论视角分析女性在社会性别下的实践逻辑，适合为研究流程里女性在二孩或三孩再生育抉择中"谁做决定""怎么作出""为何这样做"等几方面问题寻找答案。定性研究方式有助于深化对女性的理解，对她们在再生育抉择中的行动逻辑进行解读，了解传统社会性别中"特定文化的实践和传统以及特定文化内部的社会互动"（风笑天，2017），因而成为贯穿本书的主要研究方式。

在以定性研究为主的同时，本书还适当采用了一定的定量研究作为辅助，以达成研究目标。定量研究可以发挥两大功用，一是描述较大总体的基本情况，二是找到变量间的相关关系。本书将再生育抉择作为一项家庭决策，探讨家庭决策的各方面因素特别是性别因素对再生育抉择的影响，比较适合在局部采用定量研究。借助笔者在内蒙古全区对 1400 余名城市育龄青年生育意愿的调查数据，本书选取了其中符合研究要求的 733 名被调查者的资料，以便在家庭权力与家庭决策理论视角内，观察文化规范论下的再生育抉择情况。这样，可以发现社会性别同再生育抉择之间的联系，进一步引发后文对女性的生育逻辑与夫妻互动的探讨。

2. 资料的收集

在具体的资料收集方法上，本书采用了定性研究领域内使用最多的实地研究中的无结构访谈法。无结构访谈也被称作深度访谈，它“并不依据事先设计的问卷和固定的程序，而是只有一个访谈的主题或范围，由访谈员与被访者围绕这个主题或范围进行比较自由的交谈……它的主要作用在于通过深入细致的访谈，获得丰富生动的定性资料，并通过研究者主观的、洞察性的分析，从中归纳和概括出某种结论”（风笑天，2018：351）。本书以“女性的二孩 / 三孩再生育抉择”为主题，围绕是否已经作出二孩或三孩再生育抉择、怎样与丈夫沟通互动而形成再生育抉择、在抉择过程中女性如何发挥作用、基于哪些因素而生成这样的决定等方面，对被访者展开访谈。访谈大多数为研究者事先有计划、有准备、有预约的正式访谈。研究者先通过电话或网络与被访者建立联系，说明研究目标和访谈内容，再根据被访者的情况约定合适的时间和地点，进而展开访谈。少数几次访谈则是在日常生活过程中，通过接近一般闲聊的交谈方式，与被访者进行的。每次访谈的时长在一个半小时到两小时左右，获得了充实且生动的访谈资料。基于新冠疫情原因，个别访谈采用视频、电话等方式完成。

本书的抽样方法采用适合定性研究的判断抽样和滚雪球抽样法。判断抽样也叫立意抽样，是定性研究中常用的抽样方法。它是“研究者根据研究的目标和自己主观的分析来选择和确定研究对象的方法”（风笑天，2018：143）。定性研究的抽样通常有理论引导取向，本书在社会性别理论和家庭权力理论的指导下，有目的地选择了那些已经生育一孩、已经作出是否生育二孩或三孩的决定、夫妻具有不同生育意见的女性来进行访谈。为了寻找更多、更大范围的访谈对象，研究还采用了滚雪球抽样的方式，通过向一些“知情人士”或“决定性个案”询问“您知道还有谁对这类事情特别了解吗”（陈向明，2000：109），使样本像雪球一样越滚越大，直到收集到足够的信息。这一方法帮助本书扩大了研究对象的范畴，使符合研究要求的研究对象数量增多，达到研究目的。

“质性研究者通常探究小样本，住在当地，深度研究。”（Miles & Huberman，2008：38）本书的访谈资料收集工作在内蒙古呼和浩特市城市居民中展开。选择这个调查地点，首先，由于研究者常年居住在这里，熟悉当地的风土人情，也具有寻找访谈对象的较高可操作性与合适性。作为研究的“局内人”，研究者与被研究者同属于一个文化群体，“享有共同的（或者比较类似的）价值观念、生活方式、行为习惯或生活经历，对事物往往有比较一致的看法”，这样不仅比较容易理解对方的情感和意义，还能在建构研究结论时“考虑到当地人看事情的视角，注意在尊重对方意见的基础上对研究结果进行解释”（陈向明，2000：134）。

其次，早在全面二孩政策普遍实施以前，内蒙古地区已经根据《中华人民共和国民族区域自治法》和《中华人民共和国人口与计划生育法》，制定了《内蒙古人口与计划生育条例》。条例规定，（一般而言）汉族公民一对夫妻只生育一个子女。蒙古族和全国总人口在一千万以下的其他少数民族公民，一对夫妻可以生育两个子女。因此在全国普遍实施独生子女政策的年代，在内蒙古当地，有两个孩子的家庭并不少见，这就为寻找进行过二孩再生育抉择的研究对象提供了方便。更重要的是，结合笔者的日常观察，在政策上符合生育二孩要求的群体中，好多人未必生育二孩；而在不符合生育要求的群体中，却总能听到渴望二孩的声音。那么在新生育政策落地后，所有夫妻都被提倡生育两个甚至三个子女，呼和浩特地区的育龄家庭又会作出怎样的再生育抉择就十分值得关注。那些曾经具有再生育意愿却因政策限制而不能生育的，是否会决定再生？那些曾经被政策允许生育却主动放弃二孩的，今天又是否会发生改变？可以说，全面二孩、三孩政策为研究当地再生育抉择带来了独特的契机。

最后，内蒙古地区同东南沿海地区相比，在经济社会发展水平上相对滞后，属于欠发达地区。一般而言，发达地区人们的生活方式和价值理念的现代性较强，而欠发达地区则是传统性更强。来自该地区的女性具备的传统性可能更多一些，有助于更好地观测传统的性别角色对女性家庭再生育抉择的影响。但同时，呼和浩特市又是内蒙古自治区的省会城市，在区内所有城市中占有经济社会发展优势，发达程度相对较高，因此比区内其他城市更加具有现代性。这里的女性也更有可能突破传统，不至于像传统的乡村女性那样完全缺乏再生育抉择的发言权。所以，研究选择了呼和浩特这一既有传统性又不乏现代性的城市，希望能够通过对当地女性再生育抉择的观察，透视处于传统性和现代性之间的女性的状况。

3. 研究对象的选取及基本情况

一是在城市一孩家庭中寻找研究对象。笔者认为，在全面二孩和三孩政策实施后，育龄夫妻主要面临的是再生育抉择，即是否要生育二孩或三孩。再生育抉择是生育意愿的后面一步，更加接近现实的生育行为。它不只是一种对孩子数量的理想设想，更是充分考虑个人意愿和现实情况后的最终生育决定。对于未婚群体和已婚但尚未生育子女的群体来说，没有婚姻经历就谈不上再生育抉择（只能探讨生育意愿），育儿体验的缺乏更是导致了再生育抉择关键因素的缺失。只有已婚且已育有一孩的女性才经历过婚姻中的育儿过程，能够对是否要再生一个孩子作出更加现实的决定，她们的再生育抉择更具有典型性。所以本书的访谈对象都是已婚已育的群体。

二是以夫妻生育意见一致性和最终抉择结果为重要的二元划分维度。为了了解再生育抉择不同的家庭中的女性是如何生成这样的抉择的，研究充分涵盖两种情况，根据婚育身份将访谈对象划分为两类：一类是选择生育第二/第三个孩子，另一类是依旧选择只生一个孩子。事实上，不论最终选择生或是不生二孩/三孩，都属于再生育抉择的结果。这样划分不仅方便进行对比分析，还在一定程度上跳出既有生育意愿研究只关心女性因成本收益考虑而不愿生育二孩/三孩的框架，从决定不再生和决定生育二孩/三孩两个方面来共同论证再生育抉择的形成。除作出不同再生育抉择的家庭外，研究还有意识地根据夫妻在再生育抉择中意见是否一致来确定访谈对象。对于夫妻意见不一致的家庭，女性是坚持自己的意见还是被丈夫劝服，能够在很大程度上服务于本书的目标，了解女性在再生育抉择中的地位。而在夫妻意见一致的家庭中，这种再生育抉择的一致性又是如何生成的，同样能够反映女性在再生育抉择中的作用。总之，根据为数不多的对再生育抉择的既有研究的启示，夫妻在再生育抉择中的互动和意见分歧能够反映再生育抉择的形成与结果，因此本书对研究对象的这种划分有助于探索再生育抉择的生成过程，也有助于厘清女性在再生育抉择中的地位和作用。

三是研究对象年龄上的合理分布。访谈对象以“80后”为主，还有6位“70后”和2位“90后”，在接受访谈时都处于49岁以下的育龄。风笑天（2016）认为，鉴于“大部分人的生育行为通常都只会发生在35岁之前……生育意愿调查对象基本上不应该是处于育龄末期（45~49岁）的女性，也主要不应该是处于育龄后期（35~44岁）的女性，而应该主要是育龄中期（25~34岁）和育龄前期（15~24岁）的女性”，这样才能真正有针对性地研究那些有可能产生生育行为的群体。结合这一观点的启示，全面二孩政策落地时，“80后”正处于27~36岁，“90后”前半期的群体也大致处于25岁以上，比较符合对研究对象的年龄要求。根据我国原有计划生育政策对晚婚晚育的鼓励，城市家庭生育第二个孩子很可能发生在母亲30岁之后，而到2020年“90后”群体才进入30岁，故而再生育抉择研究的访谈对象以“80后”为主体。研究还选择了几位“70后”女性，她们要么是坚决不愿生育二孩的，要么是不惧年龄局限、十分乐意生育二孩的，因而是再生育抉择中较为典型的案例，有助于实现研究目标。

四是面向不同职业的中等收入人群。从社会人口构成来看，家庭年收入在10万~50万元的中等收入群体处于经济收入的中间阶层，他们的生活状况也处于社会的中间水平，就业较为稳定，消费和其他需求通常能够得到满足并相对宽裕，因而能够代表大量普通城市居民。本书的被访者基本都是中等收入人群。这些研究对象既包括机关事业单位的公务人员，高校、中学、小学教师和医务工作者，也包括国企、私企和外企职员，以及就业相对灵活的个体户、销售职员和微商，当然还有全职妈妈。这些对象的职业类型、受教育程度和年龄都有所不同，对包括育儿在内的时间支配程度也不同。研究试图通过对研究对象的职业划分来涵盖不同群体，尽可能扩大研究对象的覆盖面，对各类女性都具有一定的代表性。研究对象的个案信息参见附录二。

根据研究目标，本书最终选择了 38 名访谈对象，包括女性 30 名、男性 8 名。研究主要探讨女性的二孩 / 三孩再生育抉择，希望通过深度访谈了解女性和家庭作出再生育抉择的过程，看到女性在再生育抉择中的作用发挥，故访谈对象中绝大多数都是育龄女性。一些研究曾提出，生育意愿研究常常忽略男性角色，所以本书找到了 8 名男性作为访谈对象。这几名男性均为被访女性的丈夫，从家庭中丈夫的角度来适当了解再生育抉择的情况，可能会提供更加全面、立体的信息，因此少量男性调查对象可以作为资料的补充。这些男性分别符合选择访谈对象的两个分类标准（再生育抉择和夫妻意见），而且恰好落在这两个标准生成的四个维度中（见表 2–1，即“一致 / 生”“不一致 / 生”“一致 / 不生”和“不一致 / 不生”），在一定程度上代表了四种不同情况下的男性声音。需要指出的是，本书的分析单位是女性，在性别视野下着力探索夫妻互动中女性的作用发挥，因而调查资料主要来源于女性。尽管家庭的再生育抉择也会受到来自父辈的代际影响，但代际互动并不属于本书的分析范畴。

表 2–1　访谈对象及其分类

夫妻意见	再生育抉择	
	生	不生
一致	12 人	10 人
不一致	8 人	8 人

第三章 家庭决策视野下再生育抉择的生成：基于夫妻互动的维度

本章主要从家庭决策的视角，通过将再生育抉择视为家庭决策的一个组成部分，探讨再生育抉择如何通过夫妻互动而产生、具有怎样的生成模式，并进一步厘清生育抉择在家庭决策中的地位和作用。基于家庭决策理论对夫妻在决策权力方面的论述，分析再生育抉择这项家庭决策中的夫妻作用与角色，为后文探讨女性在再生育抉择中的作用奠定基础。

一、再生育抉择是家庭决策的组成部分

本书中的再生育抉择，从家庭决策角度讲，主要是指新生育政策实施后夫妻作出的关于是否生育第二 / 第三个孩子的决定，特别是关注女性在二孩 / 三孩再生育抉择中扮演的角色。尽管强调女性角色，但再生育抉择不是广义上的生育权，因此并不特指所有女性（不论已婚与否）在生育方面具有的权利和面临的选择，不做法理和伦理上的讨论。它也不是全面总结家庭内部所有成员对再生育的态度，因而并不探讨纵向的代际互动，而是主要关心横向的夫妻互动。在这里，再生育抉择指从独生子女时代进入全面二孩时代、三孩时代后，已婚、已育一孩的女性及其家庭如何作出是否再生一个孩子的决定。也就是在全面二孩、三孩政策的背景下探讨是否再生育的问题。

（一）再生育抉择的内容属于家庭决策的范畴

家庭决策研究本身的分析热点目前主要集中在购买消费、生产就业、日常生活与钱财管理、流动迁移、子女择业择校择偶等领域，对生育的研究并

不多见。尽管新生育政策实施后对育龄人群二孩生育意愿的直接研究较多，但生育意愿不同于再生育抉择，在分析种种原因使得家庭愿意/不愿意生育二孩时，既有研究很少提及二孩再生育抉择由谁来作出、怎样作出。也就是说，在日常家庭决策和家庭决策研究中，再生育抉择常常是被忽视的。作为一项需要体现家庭成员态度、协调家庭成员关系、关乎家庭共同体未来的家庭事件，本书认为应当将再生育抉择视为一项家庭决策。

一般而言，衡量家庭决策的内容主要包括三方面的客观指标：家庭重大事务决策、子女事务决策和家庭日常事务决策。笔者认为，将再生育抉择放置于任何一种家庭事务决策的范畴中，都不无道理。首先，再生育抉择可以被视为一项家庭重大事务决策。通常，家庭重大事务决策往往涉及关乎家庭重大经济事件和消费问题的决策，也涉及丈夫、妻子和孩子的工作、求学等未来发展的决策。它们的共同属性在于以家庭为一个重要共同体，不论在经济层面、物质层面、社会关系层面还是家庭发展层面，决策结果都会极大地影响家庭个别成员乃至全体成员的未来，因而在生活中常被人们主观上认定为家庭中的大事。再生育抉择可以说是新生育政策实施后，决定一个家庭是否要增加成员的大事。它涉及的不只是家庭的物质和经济生产，还有人口再生产。人口问题在家庭内部会再一次同所有重大事务产生联系，再生育抉择因此理应被作为家庭重大事务决策来对待。或许这也是多数家庭考虑再生育时，将育儿成本收益的经济理性作为制约因素的最重要原因之一。

其次，再生育抉择也可以被视为一项子女事务决策。在以往的子女事务决策中，研究者和家庭更关心升学、求学时的居住、就业、结婚、买房等事关下一代的重要生活事件。孩子常常被视为尚不具备独立决策能力的个体，是家庭中夫妻关系的纽带，更是家庭的未来和希望，所以家庭对子女生命历程中相关事务的决策总是非常重视。转而看再生育抉择，它在事实上直接关系到下一位子女是否能够降临人间，是一种父母对未出世子女生命权的把握。从这个意义上讲，再生育抉择同女性是否有权利决定生育或流产一样，具有一种选择上的人性方面的价值，是一项重要的子女事务决策。不仅如此，下一位子女的生育不单纯是一个生育事件，而是一个将生育、养育、教育串联起来的家庭事件，甚至还关联到子女未来的婚姻。国家在出台三孩生育政策时就明确提出将婚嫁、生育、养育、教育一体考虑，从政策层面凸显了再生育抉择的重要性。那么夫妻抉择要不要再生育一个孩子，既是对子女生命权的负责，也是对子女整个人生的负责。要不要生育下一位子女的问题，从这个意义上看显然属于子女事务决策。

最后，再生育抉择亦可被视为家庭日常事务决策的部分。同家庭重大事务相比，家庭日常事务常常被视为家中的小事。它主要指代一些家庭日常生活中的开支、钱财管理、家务安排、子女教育等情况。家庭日常事务虽然与重大事务一样具有家庭决策的公共性，但似乎更加显现出日常性和普遍性。但这并不妨碍日常事务的频繁出现及其对家庭的价值，故而仍需要进行决策。研究表明，丈夫和妻子各自侧重不同领域的决策事务，家庭重大事务主要由丈夫来决策，妻子则对家庭日常事务拥有更多决策权（郑丹丹，2001；徐安琪，1998，2004；王金玲，2009；风笑天，2011），家庭日常事务的决策因而常被作为女性主导的决策。从性别角度讲，这或许反映出女性更多地主导日常事务而非家庭重大事务。而再生育抉择本身是同生育有关的事务，其涉及的孕育、生育、养育等子女事务，均直接地同女性有更为紧密的联系，将其归入由女性主导的家庭决策范畴也理所应当。既然再生育抉择涉及女性自身的身体与发展，又常常是女性在家庭决策中发挥作用的领域，那么将其视为一种家庭日常事务决策，在决策主体和决策内容方面均较为吻合。

从家庭决策涉及的范畴来看，家庭决策内容的三方面中都含有再生育抉择的影子。再生育既可以被作为一项关乎家庭未来的家庭重大事务，也可以被当作涉及人口再生产的关于子女的事务，同样可以被视为一项由女性主导的家庭日常事务。作为家庭日常事务时，尽管生育主体是女性，可家庭的再生育抉择却不仅仅是妻子自己的事情，而是关系到夫妻双方甚至不同代际家庭成员对家庭事件的共同决策。相比家庭日常决策事件，再生育抉择关乎家庭内人口的增长，不是一个短期性问题，而很可能涉及一个家庭全部的生命周期。故而可以说，再生育抉择是个人事务和家庭事务的交织，是夫妻事务同子女事务的交织，也是家庭重大事务和日常事务的交织。虽然在家庭决策常见的三方面内容中，再生育抉择常常被“置身事外”，但不可否认它隶属家庭决策内容的范畴，故而应当被视为一种家庭决策。

（二）再生育抉择的形成依赖于家庭决策过程

通过家庭决策来理解二孩 / 三孩再生育抉择，不仅要从家庭决策的内容上来剖析，还要从家庭决策的形成过程来审视。多数既有研究在未能有效区分生育意愿和生育抉择的状态下，往往只关心生育意愿或生育抉择的绝对结果，也就是家庭到底想不想、要不要再生育二孩或三孩，却忽略了该结果的形成过程。缺乏对家庭决策过程的关注，再生育意愿就只能停留在态度和动机层面，无法进一步延伸到同生育行为更为接近的现实层面，也就是没能形成一种事实性的客观决定。而当我们将再生育抉择视为一项家庭决策时，情况便不同了。想要将是否愿意再生育的态度落到实处，就需要进行关于再生育的家庭决策，就离不开决策的现实过程。

家庭决策的过程中一定存在家庭成员特别是夫妻之间的互动。决策的形成依赖于夫妻之间不断进行的讨价还价与相互影响，逐步达到结果的统一性，最后形成一项家庭决策的最终决定。对于一项家庭决策来说，离开决策过程来谈决策结果，无异于建造空中楼阁。因此，再生育抉择同其他家庭决策一样，离不开家庭成员特别是夫妻之间的决策互动。在生育政策推动、社会育儿精细化趋向和育儿成本压力过大等各方面力量的作用下，再生育抉择是一个值得家庭成员谨慎对待、认真思考的选择。作为一项涉及家庭人口再生产、关系到家庭资源分配和未来发展走向的重要决策内容，再生育抉择同样需经过家庭成员共同的、慎重的家庭讨论。成员之间的生育意愿能够在家庭讨论的过程中得到交换，不同生育意愿对家庭共同体和成员的未来影响能够在决策过程中得以论证，夫妻各自的生育主张在讨价还价的过程中得到了展现。可以说正是基于家庭成员的讨论，通过不同意见的调和与问题解决，在家庭成员互相影响的过程中，才最终形成了关于是否生育二孩 / 三孩的一种家庭决策。本书正是基于这一点，将关注的重点放在再生育抉择的形成过程以及其中的夫妻互动上。

夫妻的讨价还价意味着家庭决策过程中存在家庭成员的相互影响。在夫妻讨价还价的决策过程中，讨价还价的资本和力量从何而来，夫妻对家庭决策的参与程度如何，很大程度上需要从家庭权力的角度来透视。家庭权力有时被称为夫妻权力，是指“夫妇各自的能力的相互影响，衡量权力一般以谁来做决定和谁来执行决定为尺度”（埃什尔曼，1991：445）。作出决定即呈现为家庭决策的结果，而夫妻利用各自的能力在互动中相互影响，是制约谁来作出家庭决策最终决定的关键因素。不论是家庭重大事务决策，还是子女事务决策，抑或是家庭日常事务决策，都离不开家庭成员的互动与探讨，以及夫妻各自家庭权力的发挥。故而通常在家庭决策分析时，家庭权力会被认为是取得家庭决策权的最重要因素。为了取得家庭决策的作主地位，夫妻资源以某种必要条件的形式发挥作用。学者们大多赞成家庭权力取决于夫妻各自具备资源的多寡，认为个人拥有的年龄、教育、职业声望、收入等相对资源优势越大，越容易在家庭决策中依据自身意愿或偏好来影响配偶（伊庆春，2001；金一虹，1998；李静雅，2013；狄金华等，2013）。而夫妻在决策中的这一地位则必须通过夫妻权力的运作过程，也就是再生育抉择的互动过程来获得。

再生育抉择同其他家庭决策一样，离不开决策过程中家庭权力的作用发挥。尽管在日常生活中，人们不常将再生育抉择当作一项家庭决策来对待，但已有个别学者将其纳入家庭决策范畴，并对这项特殊家庭决策中家庭权力和决策过程中的夫妻力量进行探讨。王金玲（2009）根据第一、二次全国妇女社会地位调查的数据，将“是否要孩子”决策视为家庭权力决策中的一点，发现在城市妻子拥有较大的生育决策权。徐安琪（2004）同样运用该数据分析，认为“是否要孩子”这项生育决策绝大多数是由夫妻双方共同决定的。田瑞靖（2016）观察生育决策中的夫妻作用，提出妻子主导型家庭并没有减少二孩生育意愿，但丈夫主导型却可以提升生育意愿。所以，如果妇女还没有从父系婚姻的文化束缚中解放出来，妇女的生育也就不能完全由她们自己的意志来决定（笑冬，2002）。学者们为数不多的探讨，正是将生育的决策当作一项家庭决策，通过考察夫妻决策权力的大小来论证这项家庭决策的生成与力量互动。这也再次提出再生育抉择同其他家庭决策一样，渗透着夫妻的家庭权力。

既然再生育抉择是家庭决策的内容之一，那么就家庭决策展示出的夫妻决策权力的发挥状况而言，家庭决策深受家庭权力影响，再生育抉择过程也很可能离不开家庭权力的运作。从家庭权力和家庭决策的实施过程来看，“家庭权力的实施过程集中体现于家庭成员之间的相互影响，包括家庭讨论、决定事情、解决问题、处理纠纷和处理危机等方面”（埃什尔曼，1991：446）。再生育抉择不仅涉及一个家庭决策的结果，还涉及决策过程中夫妻互动形成的家庭讨论和决定事情，暗含着夫妻权力对互动过程的影响。而彼此能够对对方产生影响，意味着再生育抉择就是一个家庭决策互动中“谁来作主”和“谁来执行决定”的夫妻权力事件。在家庭中，夫妻当中的哪一方主导生育这一家庭决策，不仅关系着二孩/三孩生育决定的结果，能够展现再生育抉择形成的过程，更能在过程中体现出家庭的夫妻互动和权力关系，以及由此反映出的当今女性的家庭地位。正是在家庭权力发挥基础作用的情况下，夫妻对于再生育的家庭讨论和相互影响才会被塑造为特定的模式，再生育抉择也才成为显现家庭微观政治的家庭决策内容。可以说，家庭决策同家庭权力密不可分，再生育抉择则是这二者的典型表现。所以，再生育抉择作为一项家庭决策，其形成过程也不例外，同样隶属家庭决策的过程范畴。

再生育抉择作为一项家庭决策，既符合家庭决策的对象内容，又展现了家庭决策的形成过程，在更深层面映射出夫妻权力互动。在今天，当夫妻面临二孩/三孩生育的选择时，再生育抉择作为一项家庭决策已经被提上议程，对再生育抉择的研究有助于完善家庭权力与家庭决策的理论研究，更有助于厘清夫妻在生育二孩/三孩这项家庭决策中的作用。从家庭权力和家庭决策涉及的范畴来看，生育抉择是个人事务和家庭事务的交织，甚至是个人同家庭重大事务的交织，故而不应被家庭决策所忽视。既然再生育抉择的形成就是一项家庭决策的形成，这个过程中离不开夫妻二人的决策互动，也离不开家庭权力的发挥，那么本书接着就要更加详细地探讨再生育抉择是如何在夫妻双方的互动中逐步生成的。

二、新生育政策下再生育抉择的生成模式及其在家庭决策中的地位

既然再生育抉择可以被纳入家庭决策的范畴，而夫妻互动是家庭决策得以产生的主要途径，那么我们不禁要思考，再生育抉择这种家庭决策究竟是如何形成的呢？基于家庭权力与家庭决策理论视角，本部分主要依据夫妻在家庭决策中的互动方式和决定方式，采用类型化思维来讨论再生育抉择的形成过程，并从中勾勒出再生育抉择在家庭决策中的地位。

（一）再生育抉择的生成模式

再生育抉择作为一项家庭决策，常常是通过家庭成员特别是夫妻双方的互动来形成的。从动态的角度来考察家庭决策的生成，观察决策形成过程，不仅可以拓展资源理论中的静态因素对家庭决策的影响，还有助于观察再生育抉择中女性同丈夫的互动过程，以此来审视女性参与再生育抉择过程的状况。根据克伦威尔和奥尔森（1975）指出的，家庭权力和家庭决策的过程主要在于家庭成员的相互影响，在本书中主要涉及关于再生育抉择的家庭讨论和事情决定两个方面，其结果包括谁做决定和谁取胜。对于本书而言，再生育抉择结果本身不是主要关心的范畴。再生育抉择过程中的家庭讨论以及谁做决定，显著表达了这项家庭决策中的夫妻参与与夫妻互动，故而成为关心的焦点。基于对 38 名育龄青年的访谈，从夫妻互动方式和谁做决定两个维度，笔者将再生育抉择的生成过程与模式归纳为如下四种。

1. 共同商议、共同决定模式

“谈嘛肯定也谈过，就是电视里一播二胎政策什么的，我们俩看到了就会聊一聊这个事儿。然后顺便就说起来，哪个邻居、同事家里生二胎了。他（指丈夫）一般就是佩服这些人真有勇气！养一个就要操心吃啊喝啊，长大了学习就是个麻烦事儿，更别提以后还得结婚生子。我也说就是，反正有了孩子太操心了，绝对不能再生了！……我们俩达成共识了，不生，都讨论了多少遍了。我们俩属于互相强化，哈哈！”（X 女士，42 岁，外企职员）

“因为我们都想生，所以我一说咱们要不生个二胎？他就说行呀。其实平时他也敲打（旁敲侧击地提醒）过我，但也没正式地说让我再生一个吧。因为生不生其实还是我自己决定的。别人再说什么，你还得通过自己的理性分析，各种条件是否具备，才决定生不生。……我虽然是主要的（建议者），但还是家庭共同商量的结果吧。因为肯定还得商量。我俩都喜欢孩子！尤其他爸，一见着小孩就亲得不行。所以就想生两个孩子。”（T妈妈，32岁，半家庭主妇）

从以上被访者对决策过程的叙述可以看出，再生育抉择生成过程表现为夫妻双方的共同商议，以及最终结果的共同决定。围绕克伦威尔和奥尔森指出的家庭决策中成员对再生育的家庭讨论与谁做决定两个方面，不难发现这是一种双方都积极参与、共同在再生育抉择中发挥作用的类型。

在这种模式下，在再生育抉择过程中夫妻都表现出较高的参与程度。也就是说，不论采取怎样的形式，对于是否再生一个孩子的家庭讨论过程是存在的。在家庭讨论的互动过程中，夫妻双方都会发表各自对生育子女的想法，并谈论到再生一个孩子对家庭的种种影响，以及夫妻和整个家庭生活的变化，最终形成共同认可的抉择结果。家庭讨论中丈夫和妻子都有发表态度的权利，也都愿意将自己的观点充分阐释给对方，在彼此接受信息的互动过程中达到一种彼此认同的效果。如果是经过讨论后决定再生一个孩子，那么在共同商议时还会涉及孩子到来后夫妻需要做好的心理建设和生活准备。值得一提的是，夫妻会在一个特定的情境下来公开讨论再生一个孩子的事情。当然，这种公开讨论有时是较为充分的，更多时候看起来并非那么充分。茶余饭后常常是再生育抉择生成的情景环境，当看到电视等媒体中报道生育二孩方面的新闻，或谈及同事朋友家生育了二孩时，家庭再生育抉择会被“顺带”谈起。谈论的形式过程虽然看起来不够正式，但谈论中充满了夫妻双方对再生一个孩子的深思熟虑，讨论的形式相比其他模式而言较为正式。

这种再生育抉择生成模式下的决策形式主要为夫妻双方共同决定。夫妻双方没有表现出决策权力的悬殊，而是看起来势均力敌。当然，势均力敌地参与家庭决策未必暗示着夫妻双方的家庭权力处于同等地位。在访谈中笔者发现，这种互动形式充分考虑了夫妻双方的态度与意见，且一般多出现在夫妻双方对再生一个孩子的态度较为一致的情况下。因而不论再生育抉择的最终结果是生还是不生，夫妻双方在再生育抉择中都会积极参与商讨，并在共同认可下生成最终的再生育抉择。当夫妻双方在家庭讨论的互动过程中表现出较为一致的生育意见时，决策结果往往同时符合二人的意愿，那么再去论证究竟是哪一方的力量获胜似乎便没有太大的必要。可以说，在家庭讨论过程中夫妻的彼此认同使得决策过程中夫妻权力的运作空间变得透明，夫妻互动时的互相强化催生了一种共同的抉择结果。再生育抉择的过程模式就呈现出做最终决定的并非夫妻中的一方，而是双方的样貌。理论上说，这种夫妻共同参与、共同决定的家庭决策模式属于家庭决策的一种常态，但或许是由于再生育抉择的特殊性，不少家庭也会出现以下几类生成模式。

2. 一方为主、共同决定模式

“我吧，其实要不要都行。要吧，给孩子一个伴儿，挺好的；不要吧，现在培养一个孩子也不容易。反正他爸是不想要了，我也就不要了。……也算正式（商议过）吧，反正说过好多回，想起来就聊一下。但是每次我说起来，他爸爸都说不要。我是想，再要一个也挺好，但是他说不要，我就觉得不要也行，反正看他吧……我就说咱们要不也再要一个？反正孩子现在也大了。他爸直接说：‘不要！把我姑娘照顾好了就行了！’每次聊起来他都是这个态度，所以我也就决定不要（二胎）了。”（H 姐，38 岁，保险公司职员）

“老二是规划好的。想生在春天，带起来比冬天生的孩子好带。我是喜欢生一打儿的人，一个足球队不嫌多。……老二，他（指丈夫）是不反对也不是特别积极的态度。因为一胎难产剖腹产，所以老大上一年级时要的（老二）。他为了姑娘（老大），什么都行。”（A 女士，37 岁，高校行政）

从克伦威尔和奥尔森指出的家庭决策中成员对再生育的家庭讨论与谁做决定两个方面来看，部分被访者家庭的再生育抉择呈现为第二类模式：夫妻以一方意见为主、共同形成再生育的最终决定。

从家庭讨论中的夫妻参与来看，这是一种有时双方都会参与、更多时候仅有一方积极参与而另一方相对被动的类型。这种情况多发生在最初夫妻双方对再生一个孩子的态度并不完全一致的家庭中。通常，面对新生育政策的实施和周围人们的再生育实践，夫妻中的一方会对生育有比较坚决的态度，有些是特别坚持要再生一个孩子，有些则是坚决不愿再生。另一方的态度常常不太明朗，有时会持相反意见。虽然夫妻双方对待生育的态度不尽相同，但这类再生育抉择中很重要的一点是，夫妻会就再生育抉择进行商讨和沟通，而不是仅听凭单方的意见、形成被动结果。通过正式或非正式的讨论，对再生育抉择具有主导意见的一方会在商讨中对被主导方产生压倒性影响。基于对家庭情况和生育利弊的理性分析，被主导方接受并认同这种影响，使得再生育抉择最终能够在夫妻间达成共识。主导方态度的坚定性、参与决策讨论的积极性和讨价还价的能力，都成为其在夫妻互动中发挥重要作用的力量。尽管一方主导、另一方受到影响并认同影响，但被主导的一方也并非被迫接受。他/她同样在一定程度上参与到再生育抉择的讨论过程，并适当展示出自己的态度和理由，在商讨中逐步形成了对主导一方的认同，从而改变了自己最初的想法。可以说，这类再生育抉择是主导方和被主导方的一种"合谋"。而本书这一类的情况里，以女性意见为主导意见的不在少数。

由于夫妻在再生育抉择中的参与程度不同，最终双方对再生育抉择结果发挥的作用也不同。参与程度较高的一方，往往已经对是否再生育持有明确的态度，那么他/她就更愿意通过家庭决策过程来充分展现自己的意见，并在事实上形成更有竞争力的讨价还价。再生育抉择的过程则成为这一方实践自身意志、发挥家庭决策权利的有力途径。也或许是因为夫妻一方的生育意志已经很坚定，才促成了他/她对再生育抉择的积极参与。从某种意义上讲，积极地参与再生育抉择这项家庭决策，其实也为夫妻提供了一种无形的家庭权力，至少他们对家庭决策具有一定的发言权，而不是沉默寡言。相反，参与程度较低的一方由于态度不明朗，常常被另一方的观点所主导，在家庭讨论中最终形成一种无形的在家庭权力下逐步认同另一方观点的局面。可以说，参与家庭决策的程度和最终谁来主导的决策结果之间，呈现出一种相互影响的状态。在以夫妻一方意见为主、双方最终共同决定的再生育抉择生成模式中，最终的共同决定没有脱离双方商讨的过程，但决策过程中的主导意见侧重其中一方。

3."无所谓"模式

"人家反正咋样都行，就看我。……我要生，就生；我要不生，就不生。

反正生下来的话，也是我带孩子，所以他让我想好了，哈哈！”（J女士，40岁，个体户）

“老公好像也没有太大的需求，要或者不要。反正感觉（老二）顺其自然就要上了，就商量说要不要啊，那就要吧，挺简单的，没有因为这件事儿（花费）太长时间。……好像也没刻意地说是谁先提起来的，就是周围的人挺多要老二的。然后感觉好像顺其自然，自己也就要了，因为本来也没太排斥生二胎。”（Z朋友，34岁，私企员工）

以上访谈内容反映出再生育抉择的第三类模式。根据克伦威尔和奥尔森提出的家庭决策中成员对再生育的家庭讨论与谁做决定这两个方面，第三类再生育抉择模式在夫妻互动的家庭讨论层面，常表现为夫妻中一方（常常是丈夫）表示无所谓、怎样都行，最终决定的结果看似自然而然形成，实则主要依据另一方（常常是妻子）的意见形成。这类决策模式相比前两类而言具有特殊性，因为夫妻在决策互动过程中的参与程度大不相同，这是一种仅有一方相对积极参与，另一方呈现消极状态、近乎缺位的再生育抉择模式。当妻子提出将再生育抉择作为一项家庭决策议题加以商讨和论证时，丈夫往往表现出无所谓的态度，这就使得再生育抉择缺少了家庭决策中的正式讨论环节。尽管丈夫向妻子表达出“你愿意怎样就怎样”的观点，但丈夫在决策参与过程中的事实性缺位，直接导致双方在最后抉择中发挥作用的程度截然不同。看起来是丈夫将这项家庭决策的权力交给了女性，女性成为这一类再生育抉择模式的主导方。

第三类再生育抉择模式与第二类再生育抉择模式的区别在于，第二类模式虽然是以夫妻双方中的一方意见为主，但另一方经过讨论或协商也同意了主导方的意见，并最终形成了二人的共同决定结果。主导方虽对结果产生了更大影响，但被主导方同样比较积极地参与到了协商过程中，而并非放任不理。在结果形成的过程中，被主导方常常是经过认真思虑及讨论后，认同了主导方的意见，才形成共同决定的结果。总的来看，在双方决策意见和力量不完全等同的情况下，夫妻互动过程仍意味着家庭讨论环节的存在。而第三类再生育抉择模式中，夫妻中一方的观点是缺位的，对再生育抉择的参与也是近乎缺位的。也就是说，克伦威尔和奥尔森提出的参与家庭决策的过程中，夫妻之间的商议与讨论事实上被置于可有可无的状态，家庭讨论的环节在某种程度上直接被一方的决策结果所取代。当家庭再生育抉择被提及时，其中一方（主要是男性）几乎没有参与到再生育抉择当中，往往持有无所谓的态度：再生一个也行，不生也可以，怎样都行。态度的缺失引起了再生育抉择过程中极低的参与度，导致再生育抉择中的另一方呈现出较大的决策权力，决策结果也主要表现为符合了决策权力较大一方的意志。

在四种再生育抉择模式中，这一类模式显得格外另类，也引起了笔者的关注与思考。再生育作为一项家庭内部事务，理应由夫妻共同参与，更何况它关系到家里“多一口人”的添丁大事！多一口人不是多添一副碗筷的问题，从既往生育意愿研究中人们极度担心当今社会育儿成本过高而不愿再生育来看，在生育方面夫妻的经济理性占了上风，那就不可能不对再生育抉择进行慎重考虑。可为什么人们眼中家里的顶梁柱——丈夫竟然不愿发声呢？再生育抉择难道不被重视吗？这种情况下，再生育抉择作为一项家庭决策，事实上是为家庭成员所忽视的。而忽视者往往是丈夫。丈夫通常认为生育和养育子女是妻子的事情，跟自己的关系没有那么大。于是这种再生育抉择的结果也许是依据事实形成的自然结果，在更多情况下则依据妻子的意见而形成。可以说，这种再生育抉择的生成模式不仅缺乏家庭决策中家庭讨论的环节（即便存在讨论，其非正式程度也比较高），而且最终作出决定的一方几乎就是参与决策的一方。

4. 事实性共识模式

“倒是没有严肃地讨论过，但是从平时就能看出来。生了一胎都每天烦得不行，心情不好，压力很大。每天皱个眉头，担心这担心那的。还说了好多次‘谁要老二谁有病！’那我还能想要？我一看这架势，快算了吧。……言谈举止完全能表现出来，所以压根儿都不用讨论，生二胎这个问题已经被扼杀在摇篮中了。”（T 爸爸，36 岁，事业单位职员）

“好像谁也没想过要二胎，我就这种感觉，他也不想要。他是打心眼儿里不想要，我也是这样的，我们都很了解对方是怎么想的。……正式的（讨论）肯定一次也没有。基本上也就是聊天儿，聊到别人，或者在马路上看见人家带着两个孩子，然后我就说，看人家的两个孩子。有时候看着一个妈妈能带着两个孩子出门，我就说，看人家多厉害，我觉得我一个人带着一个孩子出门，都可累、可辛苦、可操心了。基本上就这样，正式的（讨论）完全没有。”（Q女士，36岁，高校教师）

“（再生一个孩子）这话题我们那会儿也不聊，他也不用给我做啥工作，是我想生，他也想要，一拍即合的事儿。我俩都有妹妹，本来就适应有兄弟姐妹。”（Z女士，35岁，公务员）

以上被访者家庭的再生育抉择呈现出与前面三类都不同的决策模式——夫妻双方对再生育的最终选择达成事实性的共识。

根据克伦威尔和奥尔森的家庭决策过程学说，从家庭讨论和谁做决定两个维度进行考察，发现第四类模式是夫妻并没有明显的商议过程，但在客观上已经达成一致的再生育抉择，因为对是否再生育一个孩子，夫妻之间已达成了事实性共识。事实性共识决策模式暗示着再生育抉择中直接的、正式的家庭讨论过程的缺失，使得家庭决策过程中看似缺少了商议环节。商议环节往往是家庭决策中夫妻讨价还价的场域，而没有显现出家庭讨论就难以直观展现出夫妻家庭权力的较量。客观上，事实性共识模式下夫妻双方对再生育抉择的参与度都不高，这一点令第四类模式异于前三类模式。但有趣的是，夫妻双方又潜在地发挥了各自对再生育抉择的作用，在现实互动中形成了彼此都认同的最终决策结果。研究中基于这种事实性共识而最终作出再生育抉择的家庭不在少数。事实性共识模式如何在夫妻双方缺少家庭讨论的互动的情况下，仍然能促成再生育抉择的结果呢？

在访谈中发现，这种事实性共识有赖于夫妻在再生育抉择以外的日常互动，互动主题往往直接或间接地涉及再生育话题。通常，夫妻在日常互动中会不经意地流露出对再生一个孩子的压力或反感，或是对独生子女身份的忧虑，抑或是基于自己兄弟姐妹的成长经历而感受到的多子女的优势。日常涉及生育、养育孩子的事件讨论总是成为夫妻潜在互动的评论区。被访者常提到，当夫妻双方都不愿再生孩子，每每谈论到朋友、同事家孩子的事情，或联系到自己孩子的抚育困境，便更容易找到共同语言——不想再生。随着生育政策的调整，夫妻对（别人家的）再生育话题也进行了一次又一次的讨论，形成了事实层面的共识。此外，在原有观点的引导下，夫妻中的一方对是否再生育，态度较为明朗，而另一方则很容易通过前者的言谈举止明确地了解其潜在生育抉择，久而久之潜移默化地理解并认同了前者的观点。再生育抉择尽管没有像其他家庭决策一样，在特定的时间、特定的空间、特定的情境下，在夫妻之间进行正式商讨，但日常生活的言谈举止与个体遭遇早已形塑了夫妻各自的再生育取向。这种取向经过日积月累的沉淀，已经造就了双方的潜在抉择，从而并不需要正式的商议和讨论，就能形成共同的再生育抉择。

缺少家庭讨论过程使得这种决策生成模式看起来不同于普通的家庭决策，也凸显出再生育抉择的特殊性。可以说，这种事实性共识虽然没有在正式情境中对自家是否生育孩子进行严肃论证，但在对社会话题的关注中、在日常的闲聊与对话、在夫妻双方的个体生命经历中，潜移默化地造就了夫妻较为一致的生育取向。而这种取向通过正式的再生育抉择以外的日常互动得以表达，久而久之实现了夫妻之间的互相强化，最终生成了事实性的再生育抉择。于是夫妻双方“一拍即合”，很容易就能形成再生育抉择的事实性共识。

（二）再生育抉择在家庭决策中的真实地位

基于以上四种再生育抉择生成模式，绘制出图 3–1。图 3–1 依据克伦威尔和奥尔森提出的家庭决策过程两个要素——家庭讨论和谁来决定——将四种再生育抉择的生成模式纳入四个象限。其中，横轴表征再生育抉择的家庭讨论的过程，代表着夫妻互动时存在正式商议与否；纵轴表示再生育抉择结果由谁来决定，从决策方角度区分是夫妻中一方为主做决定或是双方共同决定。

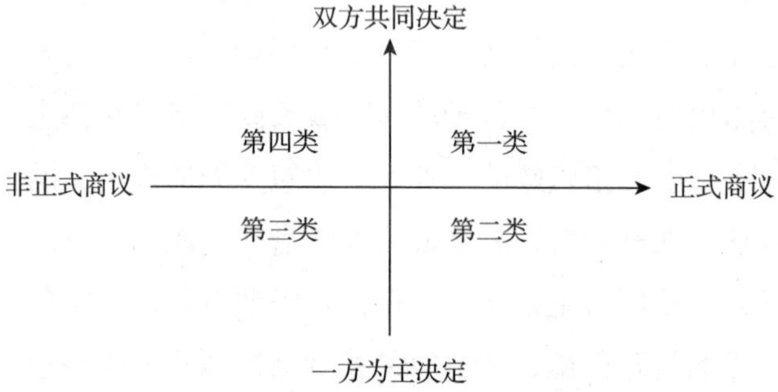

图 3–1　再生育抉择生成模式示意图

显然，从家庭讨论的夫妻互动过程来看，再生育抉择的第一类模式和第二类模式，不论观点异同或力量悬殊与否，夫妻双方都相对积极地参与再生育抉择过程，因此抉择中有比较明显的商议互动，据此将它们分别放于图3-1的第一和第二象限。而第三类和第四类再生育抉择模式，夫妻双方的正式商议不足，甚至缺少一个直接的讨论过程，故而将其分别划入第三和第四象限。从决策结果由谁来做决定的角度看，尽管第四类决策模式依赖于夫妻达成事实性共识，但这并不影响彼此均对最终决策结果产生重要影响，因而它同第一类决策模式一样，是由夫妻双方共同决定的。它们分别出现在第四和第一象限。而在第二类和第三类再生育抉择模式中，不论是一方在另一方的主导观点下被说服，还是一方干脆几乎不参与这项家庭决策，都表现为最终决策结果的形成主要依赖于夫妻一方的主导作用，在客观上就呈现出一方（往往是女性）在再生育抉择的家庭决策中获得了最后的胜利。因此将它们分别置于第二和第三象限。

通过对再生育抉择生成过程的模式分析可以发现，再生育抉择尽管属于家庭决策的一种，但是并不完全符合家庭决策过程的全部要素。一个典型的表现就是在家庭讨论的互动中，夫妻双方的商议环节有时是缺位的，有时虽然得以呈现却是比较随意的。这反映出再生育抉择在家庭决策中地位的特殊性：再生育抉择看起来处于一种非正式的地位。

具体说来，仍要将目光重新放在四种再生育抉择模式上。再生育抉择的第一种模式是夫妻共同商议、共同决定，从决策形成的商议角度讲，同其他几种决策模式相比，已经进行了相对充分的商议与讨论，并不缺少家庭讨论环节。然而，商议常常会出现在茶余饭后的非正式场合，虽经过夫妻共同讨论，却总是在看到新闻或别人家的生育相关事件后才被“顺带”提起。即使是四种模式中家庭决策过程要素最全面的第一种再生育抉择模式，似乎也没有摆脱较为随意作出抉择的特质，具有一定的非正式性。

第三种模式下，夫妻一方对于对方愿意再生一个或不愿意再生一个，似乎完全无所谓。这时再生育抉择的过程由一方主动参与并由一方完全主导，另一方的消极参与令家庭讨论环节被弱化，夫妻商议明显呈现出一种缺位状态。从表面上看，夫妻之间的再生育抉择互动过于简单，决策的权力都交给了一方，而事实上，这在很大程度上反映出，再生育一个孩子这件事并没有像家庭其他重大事件一样引起夫妻重视，至少一方在这项家庭决策中表现出了极低的参与度。夫妻商议环节的缺失使得再生育抉择不同于其他家庭决策，抉择结果的生成也因此具有了一定的非正式性。

而在第四种模式中，夫妻虽然最终达成了再生育抉择的事实性共识，但共识本质上是家庭决策的最终结果，共识的形成过程并非来源于夫妻之间的正式商议，而是日常互动中对彼此言谈举止等符号背后象征意义的理解，最终心照不宣地保持一致。可以说，第四种再生育抉择并非在家庭决策的“前台”这一正式场景中形成的，而是在更加广阔的夫妻生活的“后台”，外在于正式决策的日常生活与互动当中完成的。如果严格依照家庭决策过程理论的要素来看，正式的、直接的夫妻家庭讨论仍然未被看到，夫妻讨价还价的互动过程是缺失的。这就形成了一种不寻常的状态，就算事实性共识已经达成，可再生育抉择仿佛是家庭决策中的异类，无须提到正式商议日程。

只有在第二类模式中，夫妻一方才明确将自己的态度告知并试图说服另一方，体现了比较充分的家庭决策的商议特质，且夫妻之间往往经过了较为正式的交换意见，是四类模式中唯一对再生育抉择比较重视的。

由以上可以明显看出，再生育抉择似乎没有被家庭视为一种正式的决策。对再生育抉择的认知并不同于其他家庭重大事务决策。当家庭遇到重大事务时，比如重大消费、子女上学、夫妻工作等事件，夫妻双方通常会将其置于一个正式的“前台”情境，共同坐下来认真、正式地探讨这一问题并逐步形成讨论结果。此时的决策往往涉及家庭发展的重要事件，被赋予了影响家庭所有成员的重大内涵，故而是在特定而正式的情境中发生的。但再生育抉择形成的过程显示，它很少被当作一种正式意义上的决策。它常常是在看到新闻、茶余饭后等场景下被谈及，缺少隆重且正式的情境。再生育抉择的论证过程也不都是特别充分，有的人是凭借彼此的心照不宣，有的人甚至懒得关心这件事——对方爱怎么办就怎么办。看起来，再生育抉择对于家庭成员的重要性和关联度不尽相同，因而家庭成员对决策过程的参与程度也就截然不同。于是再生育抉择就这样在“不经意间”完成了。或许这就是在家庭权力的相关研究中，很少将生育决策囊括在家庭决策范畴内的原因吧。

家庭决策既体现了夫妻关系与权力，又涉及家庭重大事务和所有家庭成员的未来发展。其中，再生育抉择涉及家庭人口的再生产，而人口再生产又同家庭规模、成员互动、经济和日常生活息息相关，会进一步关系到家庭的各项决策。值得关注的是，再生育抉择本应是一项重要事件，但其在家庭决策中的地位竟稍显尴尬——它并没有受到夫妻同等的、应有的关注。在家庭再生育抉择的非正式性表现中，女性多呈现出高参与度，甚至对最终抉择结果发挥主导作用，而男性则多呈现出较低参与度。或许正如 Goldscheider 和 Kaufman（1996）所言，家庭领域中男性角色被侵蚀，在决定生育和抚养子女时，越来越有必要考虑男性的作用。这就提示对再生育抉择的探讨本应同时包含男女两性的因素，关注男性和女性如何对再生育抉择发生作用。笔者推测，在传统的性别分工和生育文化中，生育子女属于家庭内部而非公共领域事务，且孩子同女性之间的生理性联系更加显著，使得生育常被视为女性的事情。那么女性对是否再生育一个孩子自然考虑更多。这就不得不使我们思考，女性在再生育抉择这一不大被重视的家庭决策领域，为什么能发挥主导作用？她们是如何发挥这种关键作用的呢？

三、谁来决定：城市一孩家庭再生育抉择中的夫妻角色

既然再生育抉择可以被归为家庭决策的范畴，那么从家庭权力与家庭决策理论视角来探讨再生育抉择的形成就是一种可取的思路。家庭决策理论不仅蕴含着夫妻互动中的权力基础，也能够看到夫妻在再生育抉择中扮演的角色。故而本部分接下来想要探讨如下两个问题：第一，再生一个孩子的生育抉择，究竟通常由夫妻双方中的哪一方来作出？第二，如果将再生育抉择视为一项家庭决策，那么影响家庭决策的经典因素——夫妻各自拥有的资源和传统的性别文化——是否都会对再生育抉择产生作用？

（一）研究假设

家庭权力理论主要关心家庭事务决策，但对生育方面决策的讨论并不多见。基于家庭权力与家庭决策的资源理论，本部分拟借助笔者对内蒙古自治

区育龄青年二孩生育意愿的调查数据，探讨夫妻拥有的相对资源是否会影响家庭决策由谁作出。调查共发放并回收问卷 1463 份，根据研究需要，本书选取了其中处于生育年龄且已婚的 733 人。“80 后”在接受调查时正处于 30~40 岁的年龄阶段，很可能是已育一孩并涉及是否要生育二孩问题的重要群体，故占比较大。正如前文谈到的，不论是二孩还是三孩，其再生育抉择都具有一个共性，那就是与一孩生育不同。绝大多数中国青年夫妇的一孩生育像是一种自然行为，较少需要去抉择。但二孩和三孩既是时代的新产物，又同样给夫妻带来了新选择，故本书借助二孩生育意愿数据来进行论证。

家庭权力和家庭决策理论是建立研究假设的基本依据，本书第二章已有详细论述。简言之，家庭权力与家庭决策的资源理论指出，夫妻各自拥有的资源是夫妻家庭决策权力的重要来源，夫妻之间相比而言，资源越多的一方，越容易成为拥有更多家庭权力并主导家庭决策结果的一方。而家庭决策的文化规范论则认为，除了受到夫妻资源影响之外，包括父权制在内的文化规范同样是家庭决策中不可忽视的要素。传统的性别文化是制约夫妻家庭决策权力的潜在但关键因素。为了解夫妻在生育二孩方面的家庭决策地位，建立假设 1。

假设 1：再生育抉择与夫妻拥有资源多寡有关。夫妻中拥有资源越多的一方，越有可能作出再生育抉择。

除再生育抉择外，家庭其他事件的决策情况常常彰显了夫妻的相对资源，在家庭决策中占主导的一方很可能具有更高的经济和家庭地位，从而可能影响再生育抉择，因此建立假设 2。

假设 2：再生育抉择与日常家庭决策模式有关。在日常家庭决策中起主导作用的一方，更有可能作出再生育抉择。

根据家庭权力的文化规范论，育龄夫妻的二孩再生育抉择会受到家庭生育观念的影响，谁来作出家庭决策离不开性别文化的制约，故提出假设 3 和假设 4。

假设 3：再生育抉择同夫妻的性别有关。丈夫比妻子在是否生育二孩方面更有发言权。

假设 4：再生育抉择同性别观念有关。传统的性别分工观念越强烈的一方，越有可能作出再生育抉择。

此外，再生育抉择同其他家庭事务决策略有不同，作为一个生育事件，还可能受我国传统生育观念里多子多福文化的影响。加上家庭权力理论中，父权制文化规范论提到女性常常忽视自己在生育方面的决定权，故建立假设5。

假设5：再生育抉择同生育观念有关。越是倾向于生育更多子女的一方，越有可能作出再生育抉择。

（二）变量说明

夫妻中谁来作出再生育抉择是本书关注的核心概念，也是研究的因变量。本书采用问卷中“在生不生第二个孩子这件事情上，你和你爱人谁的意见影响（决定权）更大”作为衡量再生育抉择中夫妻角色的指标。该题目的答案设置为“1. 我的意见影响更大；2. 我爱人的意见影响更大”。

在家庭权力的资源理论视角下，本书选取问卷中的4个题目作为自变量来表征夫妻资源与家庭决策。一般来说，受教育水平、收入、地位和对家庭的贡献等都可作为夫妻资源的表达形式。故本书选用了问卷中“您的文化程度”和“您爱人的文化程度”两题作为表征夫妻双方个体资源的指标，其答案设置为“1. 大专；2. 本科；3. 硕士研究生；4. 博士研究生”。分析中将被访者文化程度同爱人文化程度相比较，形成“爱人高”“我高”“一样高”三个维度，以考察作为夫妻内部资源的夫妻相对文化程度。结合再生育面临的现实问题，本书还选取“如果你们再生一个孩子，你们双方的父母是否能够帮你们带孩子”一题来衡量夫妻所能获得的外部资源，其答案设置为“1. 双方父母都能；2. 只有男方父母能；3. 只有女方父母能；4. 双方父母都不能”。问卷中并未直接比较经济收入，但可以从日常家庭决策中透视夫妻的家庭地位，而家庭地位又在一定程度上反映了收入情况，故而本书选用了问卷中“您家庭事务决策中，通常以夫妻谁的意见为主”来衡量日常家庭决策模式，作为家庭决策中夫妻的一种相对资源，答案设置为“1. 丈夫意见为主；2. 妻子意见为主；3. 夫妻共同决策”。

基于家庭权力理论中家庭决策会受到性别文化规范的影响，本书还采用了问卷中的3个题目作为衡量传统性别文化和家庭生育观念的指标。首先，性别是父权制文化规范中的重要变量，这里被操作化为“您是孩子的父亲还是母亲”一题。其次，性别分工观念由问卷中的一个量表来表达，它是人们对孩子、家庭、工作等问题的看法，由13个题项构成。项目得分取值范围为1~4分，分数越小，表明对该项认同度越高。为了厘清夫妻责任观念，本书通过因子分析处理，将上述夫妻责任观念分解为3个部分：“男主外、女主内”“以孩子为重”和“顾家与自顾”。因子一“男主外、女主内”包括5个题项，共同表达了女性应以家庭为重、事业只能排其次，男性则更适宜在职场发挥作用的态度。因子二“以孩子为重”包括3个题项，充分体现了家庭特别是女性应当将孩子的事情放在首位，孩子成为家庭的中心的态度。因子三“顾家与自顾”则蕴含着相对均衡的观念，认为为人父母者既应顾及孩子也要顾及自我，并将女性居家照料孩子和在外发展事业放在平等的位置。最后，家庭生育观念主要体现为人们对生育孩子数量的认知，也暗含夫妻的性别差异。它通过由10个题项组成的量表来衡量。项目得分取值范围为1~4分，分数越小，表明对该项认同度越高。为了厘清人们的生育观念，因子分析处理后分解为2个部分：“一个孩子好”和“两个孩子好”。因子一“一个孩子好”包括6个题项，从一个孩子相较于两个孩子的益处及家庭理想生活状态等各方面，表明夫妻都倾向于生育一个孩子。因子二“两个孩子好”包括4个题项，从家庭经济、理想状态和生育影响等角度突出对两个孩子的追求。

（三）再生育抉择中的夫妻角色

对于家庭决策中谁对再生育影响（决定权）更大，表3-1最后一行显示，研究对象中有65.3%的人认为“我自己”的决定权更大，34.7%的人选择“爱人”的影响更大。可以看出，多数人心目中再生育的决定权在于自己。对于想生二孩的群体来讲，57.7%的人表示“我自己”拥有决定权；对于不想生的群体来讲，这一比例更高，74.2%的人认为仍以自己的意见影响为大。这表明，在不愿生育二孩的群体中，最终的再生育抉择往往更凸显个人意志。考察夫妻在二孩生育意见上的一致性，意见不一致的群体中表示由自己来决策的比例（59.3%）明显低于意见一致的群体（67.1%），这显示了再生育抉择中夫妻的互动与相互影响。就文化程度而言，不同文化程度被调查者中认为“我自己”在再生育抉择中影响更大的比例呈“U”形，大专程度比例最高（73.2%），博士次之（71.4%），硕士再次（68.8%），而本科最低（61.3%）。这体现出文化程度较低和较高的群体在再生育抉择中的影响力要大于居中的群体。从年龄上看，“70后”“80后”和“90后”中分别有60.5%、65.5%、71.4%的被调查者认为“我自己”是再生育抉择的主要影响者。这个比例随着年龄的降低而增高，因而在一定程度上表现出，相较于中年人，新生代青年对自身事务的决定权更大。

需要进一步发问的是，拥有决定权的“我自己”究竟是家庭中的哪一方呢？表3-1中性别身份这一行显示，被调查的父亲中有37.4%表示自己在再生育抉择中影响更大，62.6%则认为决定权在于爱人（即妻子）。而母亲则恰恰相反，有77.5%认为自己拥有再生育抉择权，只有22.5%的人表示爱人（即丈夫）影响更大。性别身份的交互分析清晰地展示出一个倾向：不论是男性还是女性，大多都认为家庭的再生育抉择主要依赖妻子，女性认同这一点的比例更高于男性。这提示了性别有可能是影响家庭再生育抉择的重要因素。变量关系通过了卡方检验，*P*值为0.00，表明再生育抉择同性别身份有关。而这种差异性是否会受到其他因素的影响，需要做进一步检验。

表3-1 再生育抉择现状

类别		谁对二孩生育意见影响更大/%		*N*	χ^2	*P*值
		我自己	爱人			
性别身份	父亲	37.4	62.6	222	109.9	0.00
	母亲	77.5	22.5	511		
文化程度	大专	73.2	26.8	97	7.06	0.07
	本科	61.3	38.7	406		
	硕士	68.8	31.2	202		
	博士	71.4	28.6	28		

续表

类别		谁对二孩生育意见影响更大 /%		N	χ^2	P 值
		我自己	爱人			
年龄组	“70 后”	60.5	39.5	172	3.87	0.14
	“80 后”	65.5	34.5	435		
	“90 后”	71.4	28.6	126		
夫妻意见一致性	一致	67.1	32.9	580	3.16	0.08
	不一致	59.3	40.7	150		
总计		65.3	34.7	733	—	—

（四）再生育抉择的影响因素：资源还是性别文化？

如果说前文提示性别是家庭再生育抉择的一个重要影响因素，那么纳入夫妻资源和文化规范后的再生育抉择会呈现什么情况呢？为了进一步检验这两个重要因素的作用，下面将夫妻资源和文化规范同时纳入 Logit 回归模型（见表 3-2）。

1. 夫妻资源与再生育抉择

从家庭权力与家庭决策理论视角，作为资源理论的表征，文化程度是夫妻自身拥有的典型资源，可以作为夫妻内部资源的一种。为了从资源理论视角看待夫妻比较，本书将文化程度进一步区分为“爱人高”“我高”“一样高”，以相对文化程度来表达夫妻的内部资源。从夫妻外部讲，哪方父母能够帮助照料二孩，也可视为再生育抉择中夫妻带给家庭的资源，从而提升夫妻在再生育抉择中的家庭权力。此外，日常家庭决策模式作为夫妻互动的常见形式，能够在很大程度上反映出夫妻的家庭权力地位，故而将其作为夫妻之间的一种相对资源，纳入本书的研究范畴。

模型 1 显示了夫妻资源同再生育抉择之间的关系。为体现夫妻二人中资源较多的一方更可能具有再生育抉择权，首先采用夫妻相对文化程度作为内部资源进行比较，从表 3-2 中可以看出，不论夫妻中哪一方文化程度更高，相对文化程度并没有给再生育抉择权带来显著变化。如果说文化程度在一定意义上同样象征着收入和地位，那么这种典型的家庭资源似乎并没有对夫妻在再生育抉择中的影响力发挥太大的作用。然后考察作为夫妻外部资源的父母育儿帮助。在青年工作较为繁忙、育儿标准日益提高、育儿成本逐步加大的今天，父母能够提供二孩/三孩的照料和帮助，往往是诸多家庭求之不得的外部资源。夫妻一方的父母提供育儿帮助，以提升夫妻一方的生育决定权，同样没有达到显著性水平。最后来看日常家庭决策模式中谁来作主，通过日常家庭决策来透视夫妻日常生活中的家庭权力地位。然而，日常的家庭权力地位差别并未直接影响夫妻谁来作出再生育抉择。

以上表明，最常用于表征夫妻资源的受教育水平差异并没能带来生育决策地位的差别；而与生育密切相关的各方父母提供的育儿帮助，也没有显示出夫妻外部资源的力量；作为日常家庭权力地位象征的日常家庭决策模式，同样不能影响再生育抉择中夫妻角色的作用。可以说，将夫妻资源全部纳入回归模型时，夫妻内部资源、外部资源和家庭决策地位这一相对资源，都没有对家庭的再生育抉择由谁作出产生显著影响。调整后的 R^2 仅有 0.026，表明单纯以夫妻资源作为再生育抉择的影响因素，能够解释的比例微乎其微。资源理论用于解释家庭的再生育抉择可能并不适合。假设 1 和假设 2 都没有得到证实。

2. 性别会产生影响吗？

除夫妻资源外，家庭权力与家庭决策理论中的另一视角文化规范论提示我们，渗透了父权制的文化规范有可能是夫妻资源以外的影响家庭决策的重大因素。结合再生育这一主题，此处以性别、夫妻责任观念、家庭生育观念作为文化规范的指标，在性别范畴来探讨文化规范中性别分工和子女数量期待对再生育抉择的影响。

从家庭权力与家庭决策理论出发，单独分析夫妻资源的影响似乎很难达到显著性水平，而前文在对夫妻资源和二孩抉择做双变量分析时发现，夫妻资源的差异往往会通过性别因素凸显出来。故建立 Logit 回归模型 2，在夫妻资源基础上尝试加入性别变量。表 3–2 显示，家庭中的夫妻身份（性别）同再生育抉择的确高度相关。相关系数为 –1.753，表明相对男性而言，女性更可能是进行再生育抉择的一方，她们更多表达了“我自己”对二孩生育决定影响更大。再看模型 2 中的相对文化程度、父母育儿帮助和日常家庭决策模式等夫妻资源，仍没有呈现出同再生育抉择的相关性。可见，夫妻资源对再生育抉择权的影响并不显著，但夫妻性别身份却是一个非常重要的因素。此时调整后的 R^2 为 0.230，相比仅包含夫妻资源的模型 1 提升得十分明显，进一步证明性别因素是影响家庭中谁来作出再生育抉择的重要变量。

那么性别因素又是如何在再生育抉择中发挥作用的呢？笔者认为，性别作为人的生物属性，其实已经被赋予了社会意义。根据家庭决策理论，进一步在模型中加入包括性别在内的文化规范，建立一个同时覆盖夫妻资源、性别和文化规范等因素的模型 3。表 3–2 的最后一列显示，夫妻之间的各类资源始终没有显示出对再生育抉择权的影响。至此可以进一步确定，假设 1“再生育抉择与夫妻拥有资源多寡有关。夫妻中拥有资源越多的一方，越有可能作出再生育抉择”并不成立。假设 2“再生育抉择与日常家庭决策模式有关。在日常家庭决策中起主导作用的一方，更有可能作出再生育抉择”也没有得到证实。而性别作为一个特殊因素，仍然在稳定发挥作用。假设 3“再生育抉择同夫妻的性别有关。丈夫比妻子在是否生育二孩方面更有发言权”得到部分证实。再生育抉择的确同夫妻性别有关，但相关系数为 –1.611，表明女性更认同“我自己”对再生育抉择具有更大影响，也就是说女性比男性在二孩生育决策方面更具有决定权，故丈夫比妻子更具有发言权的假设被推翻。在再生育抉择中，决策权主要在妻子。

3. 性别文化规范与再生育抉择

或许这种性别差异能够从文化规范中找到线索。模型 3 在夫妻责任观念这一文化规范中，尽管“以孩子为重”和“顾家与自顾”的观念都没有呈现出同再生育抉择的相关性，但“男主外、女主内”的传统性别分工思想显现出了与再生育抉择的显著相关。相关系数为 –0.327，表明对夫妻传统性别分工越是认可，再生育抉择就越有可能由“我自己”（多为妻子）作出。而夫妻内外分工的观念体现了父权制在家庭这一私人领域的影响。相比而言，是女性更认可传统分工，又是女性更多作出再生育抉择，笔者推测，再生育抉择很可能被认为是从属于性别分工分内的事。由于在家庭分工上男女有别，而生育又是同女性关联更大的事件，那么男性在再生育抉择方面影响较小，呈现出由女性作主的状态，很可能是这种传统性别分工固化的体现——女性只是完成了她的分内之事，男性则认为这件事与他无关。假设 4“再生育抉择同性别观念有关。传统的性别分工观念越强烈的一方，越有可能作出再生育抉择”得到证实。

模型 3 中还展现了文化规范中的家庭生育观念。在模型 3 中，生育观念对再生育抉择的影响主要表现在对一个孩子的认同上。相关系数为 0.424，表明越是主张“只生育一个孩子好”，则再生育抉择越有可能由爱人而非自己来作出。或许，认同只生育一个孩子的青年，压根儿就不会考虑再生一个的情况，也就谈不上再生育抉择了。由于生育观念不同，夫妻对再生育抉择的重视程度不同，最终表现为是否能够成为作出决策的那一方。假设 5 得到验证，生育观念特别是认同“只生育一个孩子好”的观念会对再生育抉择产生影响。这也许提示我们，对二孩 / 三孩再生育抉择的调查研究，最好以已育有一孩的女性和家庭为主。

表 3–2　家庭决策视野下再生育抉择的 Logit 回归模型

指标		模型 1		模型 2		模型 3	
		系数	标准差	系数	标准差	系数	标准差
相对文化程度（爱人高 = 0）	我高	−0.160	0.282	0.100	0.307	0.105	0.317
	一样高	0.066	0.274	0.284	0.299	0.321	0.308
父母是否帮忙带二孩（双方父母都能 = 0）	仅男方父母能	0.399	0.244	0.461	0.266	0.391	0.272
	仅女方父母能	−0.297	0.272	−0.023	0.293	−0.094	0.301
	双方父母都不能	0.046	0.190	0.212	0.207	0.220	0.217
日常家庭决策模式（丈夫意见为主 = 0）	妻子意见为主	0.151	0.278	0.317	0.304	0.515	0.315
	夫妻共同决策	−0.337	0.225	−0.120	0.246	−0.010	0.256
性别身份（男性 = 0）		—		−1.753***	0.179	−1.611***	0.189

续表

指标		模型 1		模型 2		模型 3	
		系数	标准差	系数	标准差	系数	标准差
夫妻责任观念	“男主外，女主内”	—		—		−0.327**	0.103
	“以孩子为重”	—		—		−0.150	0.093
	“顾家与自顾”	—		—		0.042	0.092
家庭生育观念	“一个孩子好”	—		—		0.424***	0.092
	“两个孩子好”	—		—		−0.013	0.100
常数		−0.446		0.199		−1.051	
−2 倍对数似然数		932.072		812.138		798.175	
调整后的 R^2		0.026		0.230		0.252	
N		733		733		733	

注：*** 表示 $P<0.001$，** 表示 $P<0.01$。

（五）小结：不能忽视的性别力量

从上文论述中可以看出，不论性别身份是父亲还是母亲，大多都表示再生育抉择通常由家庭中的女方作出。将再生育抉择视为一种家庭决策，同时考虑夫妻资源和文化规范时，夫妻相对文化程度、父母的育儿帮助和日常家庭决策模式等夫妻资源与再生育抉择的相关性全部没能得到证实。性别作为一个重要因素，在很大程度上解释了女性比男性更具有再生育抉择权。文化规范的作用依然存在，对传统“男主外、女主内”性别分工观念的认同会使得自己拥有再生育抉择权。可以说，同包括父权制和传统生育观在内的文化规范相比，夫妻资源很难直接对家庭的再生育抉择产生影响。从家庭权力与家庭决策理论出发，夫妻在进行再生育抉择方面的权力大小，更多地同包括性别在内的社会文化规范挂钩。因此，正如徐安琪（2004）所言，资源理论在西方较发达地区具有更强的解释力，在发展中国家，夫妻权力可能更多地受文化环境影响。

本书的资料收集地点在内蒙古呼和浩特市，这一身处北方的城市虽然是当地经济和文化相对发达的省会城市，但同东部发达地区相比，传统性更强，传统的生育文化观念和家庭当中的夫妻角色分工仍然在延续着。家庭权力的衡量标准是家庭决策由谁作出、能否成为决策者，这在理论上同夫妻资源有关。夫妻的相对文化程度也没有必然引起再生育抉择权的变化，值得注意的是，当对表征夫妻资源的相对文化程度进行性别区分时，妻子和丈夫的差异便浮出水面。不论夫妻谁的文化程度更高，女性和男性大都认为是女方作出了再生育抉择。性别的影响力显然大于受教育资源的影响力，决策权力的掌握更多与性别挂钩。Hindin（2000）指出，女性在家庭中的权力对生育态度和生育行为具有重要意义。作为其教育与就业的共同结果，女性参与家庭决策的程度越高，生育子女的数量越少（Mason，1987；Eswaran，2002；Weller，1968；Li，1993）。所以，资源对夫妻再生育抉择权力的影响，需要通过性别这一变量来发挥作用。而性别背后隐藏的机制涉及文化规范，我国传统的家庭和生育文化及社会性别规范，都会赋予性别以特殊的社会意义。离开性别单纯讨论夫妻资源对再生育抉择的影响，是不现实的，也是没有意义的。

四、小结

本章的目的在于厘清再生育抉择的内涵、形成模式与地位，从家庭决策视角来看待再生育抉择，初步探索夫妻特别是女性在再生育抉择这一家庭决策中的角色。沿着“将再生育抉择视为家庭决策—基于夫妻互动的再生育抉择的生成模式—运用家庭决策理论探究再生育抉择中的夫妻角色作用”这一思路，展示出城市一孩家庭中再生育抉择如何形成，并揭示夫妻的作用影响。

本章首先在家庭权力与家庭决策理论视野下，从家庭决策的内容、决策的权力过程等方面论述了再生育抉择可以作为一种家庭决策。尽管现有的家庭决策研究常常忽略了生育决策，但从家庭重大事务决策、子女事务决策和家庭日常事务决策等常规决策指标来看，再生育抉择都应当成为家庭决策的组成部分，是一项值得家庭成员关注和商议的决策事件，体现了个人事务和家庭事务、日常事务和重大事务的交织。再生育抉择结果的形成必须依赖家庭决策的过程，其中包含着家庭决策中夫妻讨价还价的家庭讨论互动过程，又包含着决策过程中夫妻家庭权力的发挥及其对决策结果的影响。因此再生育抉择又体现着家庭决策的过程。

从家庭决策视角分析再生育抉择的生成，根据克伦威尔和奥尔森提出的家庭决策过程中家庭讨论和谁做决定两个维度，具体化为调查研究夫妻在再生育抉择中是否进行正式商讨、最终由一方还是双方做决定这两方面。本书将再生育抉择的生成划分为四种模式：共同商议、共同决定；一方为主、共同决定；“无所谓”；事实性共识。四种生成模式中夫妻对再生育抉择的参与程度不同，发挥的影响作用也不同。可以看出，再生育抉择的形成过程并不完全具有正式的“前台”情境，也常缺乏或弱化家庭讨论中的商议环节，虽然形成了最终的抉择结果，却反映出它在家庭决策中处于某种非正式的地位。而在再生育抉择的夫妻互动过程中，女性的参与程度和作用发挥似乎较为突出。这就为下文探讨为什么女性能在这一不被重视的家庭决策中发挥关键作用埋下了伏笔。

最后借助家庭权力与家庭决策理论中的两大经典理论——传统资源理论和父权制下的文化规范论，本章探讨了夫妻在再生育抉择中谁来扮演决定性角色。基于调查数据，再生育抉择多由女性作出。夫妻相对文化程度这一内部资源、父母的育儿帮助这一外部资源和家庭日常决策模式这一比较资源，均不会对生育决定权在夫妻中的哪一方产生显著影响。对传统“男主外、女主内”性别分工观念的认同则会提升自己的再生育抉择权。当将资源和性别文化规范等因素全部放在一起时，性别这一变量始终呈现显著影响，故在很大程度上解释了为什么女性比男性更具有再生育抉择权。同性别文化规范相比，夫妻资源决定论并不适用。这提示我们在再生育抉择这一家庭决策中不能忽视性别的力量。

第四章　城市一孩家庭再生育抉择中的女性力量源泉与互动策略

再生育抉择常常以非正式的形式生成，男性对再生育抉择的关注似乎要少于女性，女性在这种家庭决策中处于决定者地位。前文显示，同家庭决策中夫妻拥有的资本相比，参与再生育抉择的主体的性别显得更为重要。本章希望探讨的是，女性是怎样在再生育抉择中发挥关键作用的？用家庭权力和家庭决策的话语来说，就是分析使女性能够主导再生育抉择的权力基础和权力实施过程。女性凭借哪些条件、通过怎样的方式、基于何种策略，才能在再生育抉择的夫妻互动中获得主动？以下将从家庭决策中的夫妻互动维度，结合社会性别理论对女性在性别结构中的位置的分析，来探讨女性如何获得再生育抉择的话语权，又是如何将自己的性别劣势作为一种优势，最终实现在再生育抉择中凸显自己的主张。

一、话语权的提升夯实再生育抉择的基础

再生育抉择作为一项家庭决策，体现了家庭内部的夫妻权力，同夫妻双方的话语权密切相关。话语权就是哪一方在这个问题上具有更多的发言权，能“在这个问题上说上话”，并对此产生更大的影响。从家庭决策方面来说，它既包括“谁做决定”，又包括“谁取胜”，因此关系到最终的家庭决策结果。从第三章来看，女性常常是进行再生育抉择的一方。她们能够对再生一个孩子产生关键影响，首先是因为其具备在家庭决策中发挥家庭权力的基础，故而离不开女性话语权的提升。而这种话语权的提升同女性自主权的提升不无关系，也得益于生育政策的调整和传统生育文化的转变。

（一）自主权的上升为女性带来力量

尽管在家庭权力与家庭决策理论中，资源理论一度被批评为仅考虑经济、职业等外显化的因素，而忽略了文化和其他隐藏因素，但不可否认的是，夫妻资源作为夫妻对家庭这一集体的基本贡献，或多或少仍会对夫妻互动产生影响。也就是说，夫妻各自具备的资源仍在一定程度上对家庭决策发挥着不可忽视的作用。在再生育抉择这种特殊的家庭决策中，女性具备的资源或许并未以某种直接的方式对再生育抉择结果产生决定性影响，但一定帮助女性获得了更多的话语权，以便她们能够在再生育抉择中发挥作用。以下主要围绕女性受教育水平的提升、劳动力市场的参与、社会与家庭地位的提高，来阐明再生育抉择中哪些重要资源提升了女性自主权，成为女性得以在再生育抉择中发挥作用的重要力量。

1. 受教育水平的提升

在生育意愿研究中，女性接受教育和受教育水平的提升，已经被公认为影响女性生育意愿的重要因素。“关于女性受教育程度的影响，国内外研究已经反复证实了在生育率下降时期，女性受教育程度越高，生育率下降越早、下降速度越快这一普遍规律。”（郑真真，2019）这些研究更多采用定量分析的方法，使受教育水平同生育率或女性生育意愿之间的关联性得到统计学验证，但很少阐明受教育水平推动女性作出“少生孩子”这种抉择的机制。Folbre（1983）认为忽视家庭内部的权力关系是生育理论中的“致命疏忽”。而这种权力的一种体现就是教育水平，教育水平反过来又影响着妇女在家庭中讨价还价的能力。从某种程度上讲，与其说是否决定生育孩子多是基于对子女的考虑，不如说女性作为生育孩子的主体，自身应当获得更多关注。接受教育正在推动女性获得更大的自主权。

女性受教育水平的提升在家庭决策、再生育抉择中发挥作用，大致基于以下三个方面。第一，受教育水平的提升使女性具有了更高的人力资本。McDonald（2013）指出，只要不生育孩子，年轻女性就能够同男性共同在职场竞争，在这里人力资本因素非常重要。美国学者舒尔茨认为，人力资本指的是具有经济价值的人类能力，包括学习能力、完成有意义工作的能力、进行各项文体娱乐活动的能力、创造力和应付非均衡的能力。同历史上女性群体受教育机会较少、受教育程度较低相比，今日的城市女性在接受教育方面拥有与男性相同的权利，故而越来越多的女性接受了程度越来越高的教育。女性通过接受教育培养了自己的学习能力、增进了学科基础与专业知识，又在教育实践中锻炼了自身的实践能力，在很大程度上为自己积累了人力资本。而学校教育本身就是个体社会化的重要场所，自身的创造力、活动能力和与人交往的互动能力同样在学校教育中得到增强。也就是说，这些被称为人力资本的有价值的能力已经通过教育而被女性获得。

第二，受教育水平的提升使女性具有更强的维护自身权利的能力。如果说父权制文化下以家庭为中心的女性传统角色将女性生活与互动的范畴限定在家庭以内，遮蔽了女性放眼看世界的目光，使她们失掉了更多用知识来思考的机会，那么接受教育使女性在这些方面得到了相当大的解放。不论从知识层面还是从社会层面，这些资本都为女性提供了大量可供参考的经验与价值观，使女性能够运用教育之所学感知到自身权利，并能够发觉包括性别群体在内的各类群体在维护权利方面的力量不均衡。同时，当权利可能面临损害时，女性有维护自身权利的意愿和实践。这些都得益于女性在接受教育的过程中积累了更多的人力资本，并因此成为她们能够与男性坐在一起甚至讨价还价的重要资本。

第三，女性受教育水平的提升使其不断质疑传统的性别角色。当女性从教育和知识中获得更多的见识后，不同的历史和社会情况可能会对她们的思想产生冲击，新的价值理念和生活方式可能会对她们产生吸引力。既然在接受教育方面女性能够同男性保持一致、获得同样的机会与权利，那么在其他方面，难道不应如此吗？女性可能会反思自身角色，所谓“真正具有女性特征的女子就不会追求自己的事业、受高等教育、享受政治权利”（弗里丹，2005：2）究竟是一种社会教化还是一种性别压迫？即便面对父权制文化对传统女性角色的赞美，受过更多教育的女性也很可能对此保持警惕。在家庭生活领域，包括家庭决策在内，同样也不例外。毫无疑问，受教育水平的提升为女性在再生育抉择中谋求自身利益而不陷入父权制生育文化的牢笼打下了基础。

需要指出的是，受教育水平的提升并不一定总是制约女性继续生育孩子的意愿。受过高等教育的女性会有更强的生育意愿，因为她们有能力和权力、更均衡的家庭劳动分工、更高的经济资产和打破传统角色的能力（Mills et al.，2008；Brodmann et al.，2007）。准确地说，应当是教育提升了女性实现自身生育意愿的能力，即自主权。之所以受教育水平越高，女性生育的子女数量表现得越少，很可能是因为长期受困于父权制生育文化中的女性终于可以凭借教育优势而不再成为“生育机器”，不再因生育而被压迫。笔者认为，尽管在多数定量研究中受教育水平的提升被论证为生育率降低的重要因素，但这一结论的生成往往忽视了文化制度，特别是父权制的文化传统。在缺乏社会背景和文化背景的语境下单纯讨论受教育水平的提升，事实上是将复杂的事情简单化了。如果性别不平等的隐性制度依然存在，女性即便提升了受教育水平、提升了自身人力资本，甚至意识到了传统性别角色使自己处于不利地位，也无法完全逃脱这种父权制文化的束缚。在这里，笔者想要指出的是，受教育水平的提升未必是女性彻底解放的外显化标准，但不可否认，越来越多的受教育经历的确为女性增添了力量。女性可以借助越来越多的知识和技能积累，增进自身对社会的思考与反思，强化自身改变现状的能力——她们拥有了更多的自主权，也拥有了越来越多同男性谈判和讨价还价的能力，故而可以提升女性在家庭决策中的话语权。

2. 参与劳动力市场与获得经济收入

马克思主义的一个经典观点是，经济基础决定上层建筑。想要在家庭决策中具有话语权，或是在社会生活中具有特定地位，经济地位是首先需要考察的因素。用韦伯的社会分层观点来看，在经济、权力和声望“三位一体”的评价标准下，“钱袋的鼓瘪”作为衡量一个人经济水平的依据，同样能够决定人的社会分层地位。那么是否参与劳动力市场并且获得（更高的）工资报酬，就成为女性在性别关系中的一个关键要素。很难想象脱离劳动力市场、脱离社会且没有任何经济收入的女性，能够获得与男性平等的社会地位。故而女性参与劳动力市场、获得经济收入是提升女性自主权的重要途径。

首先，参与劳动力市场的最直接表现就是给女性带来了价值的外化经济表现，即工资。如果从社会性别分工来看，男性创造价值的主要阵地是国家和市场，那么工资收入这种货币表现形式作为一种象征符号，既证实了男性创造出的价值，又在现实生活中帮助他们实现了养家糊口的工具性目标。而在这种社会分工中，女性并没有进入创造明显价值的生产领域，而是被留在家庭这一私人领域，主要职责就是进行家务劳动、生儿育女、伺候丈夫——女性看起来并不是社会生产中的必需力量。马克思主义女性主义敏锐地指出，由于“家务劳动是没有报酬的，所以女性被认为是不事生产的，完全依赖男性的收入过活。男人也因此获得对女性的统治权力”（满珂，2013）。故而女性要获得解放、提升自己的话语权，必要途径就是进入社会主义劳动力市场，从事那些被认为属于社会劳动、能够创造社会价值的工作，进行有偿劳动。今天的城市女性多为职业女性，她们参与劳动力市场的程度较高，更重要的是，通过这种方式获得了外显化的劳动报酬，以此向社会证明了自己的价值。工资收入不仅是女性在生产领域价值的呈现，也使她们在家庭领域作出了经济贡献，奠定了经济地位，从而为女性在家庭内部人口再生产的再生育抉择中获得话语权打下了基础。

其次，参与劳动力市场显示出女性和男性在劳动方面的性别平等，体现了女性具有在公共领域创造价值的能力。从社会性别理论视野来看，父权制文化传统强调基于生理性别的社会分工，“长期以来形成了一整套与性别相关的社会惯例和制度习俗”：男性主要在家庭以外的劳动领域，负责挣钱养家，“女人在家庭中的责任是‘相夫教子’、照顾好全家老小，不需要到社会上抛头露面”（吴小英，2009）。这种“传统话语”渗透到宏观社会和微观家庭领域，使男性和女性各自安于现状，并认为这种性别角色分工是合理的。在这里，女性同公共领域的劳动是脱节的，她们的全部价值都停留在私人领域。同时正如上文所述，私人领域的劳动属于一种无偿劳动，女性劳动的价值难以得到体现，这就使得女性进行的劳动看起来是一种天职、是这种性别先天就擅长并且理所应当做的事情。这显然忽略了女性在社会生产和人口再生产中的劳动价值，形成了一种事实上的性别不平等。故而，女性参与到劳动力市场中，与男性从事同样的工作、获得同样的报酬，正是保障男女平等、实现个人自由选择的必要途径，女性以此摆脱受压迫的地位。劳动层面的性别平等推进了经济层面的性别平等，强化了女性作为个体生存基础的经济地位。而女性事实上在创造双重价值——生产劳动价值以及人口再生产和家务劳动价值——故而在家庭领域内部，“规范了婚姻生活中隐匿的一种权力关系”（吴小英，2002）可能会松动，创造劳动价值带来的女性自主权的提升，给女性在人口再生产的再生育抉择过程中增加了筹码，增强了她们讨价还价的能力。

不仅如此，参与到劳动力市场当中还给女性带来了家庭以外与同辈群体相处的机会，增加了社交的可能，开阔了家庭主妇颇受局限的视野。在家庭内部，女性的社交范围十分有限，讨论的议题也大多围绕着家庭事务。而在参与劳动力市场的过程中，女性的同辈群体范围扩大，同事和不断扩大的社会网络都会对女性产生各种影响。同辈群体中多数成员的行为会对群体内的个人形成一种参照作用，同辈群体的价值观也会内化为群内个体的价值判断，从而个体会在与群体内成员的互动过程中，不断影响并调整自身的思想和行动。在再生育抉择中，家庭以外的同辈群体常常成为女性的参照对象。不少被研究者提到，自己周围同事、朋友的二孩生育行为或多或少会对自身再生育抉择产生影响，不论这个影响是积极推进再生一个孩子还是不再生育。同辈群体对再生一个孩子的优势或劣势的判断，会潜移默化地影响女性自身的价值判断。当然，女性也可能在与同辈群体的互动（包括劳动领域的工作）中找到自己新的价值，发现家庭领域以外更有趣的世界。开阔的视野和社交网络形成了无形的资源，强化了女性在家庭内部与丈夫沟通的能力，也在一定程度上提升了她们在家庭决策中的参与度。

3. 社会地位与家庭地位的提高

贝克尔认为，决定生育的内在机制不是孩子的质量，而更加需要关心母亲的质量，因为母亲的社会地位和家庭地位对于生育方面的决策具有重要影响。这就点明了女性在生育抉择中的重要性。而对于女性是否能够在家庭的再生育抉择中发挥作用，其重要基础正如贝克尔所言，在于母亲的教育和收入带来的社会地位的提升。

接受了更多教育的女性，其收入水平及其提升有助于其获得更高的社会地位，在家庭中也更具有话语权。一方面，社会地位和家庭地位的测量指标通常被普遍定义为受教育水平的提升、劳动力市场的参与、获得工资收入等可观察的方面。换言之，正是基于前文论述的教育和就业收入这两个要素，女性才有可能为自己提升社会地位奠定基础。这一点在国内外学者的研究中都得到了广泛认可。因为“当教育机会遍及多数女性，加上制造业与服务型产业的快速发展，在女性外出就业并将薪资所得贡献于家庭经济逐渐成为一种趋势后，对于女性家庭地位的提升应有相当助益”（陈玉华、伊庆春、吕玉瑕，2000）。另一方面，“女性普遍参与社会经济活动提高了她们的社会地位，使她们在决定生育和避孕方面具有更大的自主权”（计迎春、郑真真，2018）。也就是说，在父权制文化传统下，作为生育主体的女性一度由于自己的社会地位和家庭地位低下而失去了发声机会，无法在生育方面很好地表达自己的意愿，甚至一度被这种性别框架压迫，仅仅展现出一种家庭内部的工具性价值。而受教育水平提高并参与到社会生产劳动中大大提升了女性在市场领域的价值，反映在家庭内部就表现为家庭地位的提高。在家庭各种事务的处理中，生育（包括避孕）同女性关联最密切。能够在自己的生育事件中发声、有效地控制自己的身体，的确是女性家庭地位提升的重大表现。

更值得提出的是，“大部分女性通过从事有酬劳动有了收入，不仅增强了她们的自主能力，而且提高了在重要事务上夫妻共同协商的可能性，包括在生育和避孕方面的协商”（郑真真，2019）。社会地位和家庭地位的提升使得夫妻之间有了协商的可能，打破了既往男性统治的局面，在包括生育抉择在内的家庭决策中为女性提供了讨价还价的机会。尽管在家庭决策中，女性未必总能作为最终的决策者，性别平等的路还很长，但女性至少通过家庭地位与社会地位的提升，得以在家庭决策中占有一席之地。特别是在关乎女性自身身体、事业与家庭的再生育抉择中，不言而喻地，这一点一定会成为女性得以发挥影响的重要基础。

（二）从缺席到发声：生育政策的调整为女性提供了机会

尽管有学者指出，现有对生育率下降的研究“往往更多关注国家政策干预的作用，忽视或低估了女性在生育率转变中的历史作用”（计迎春、郑真真，2018），但不可否认，国家政策的调整特别是我国生育政策的调整确实给女性参与再生育抉择带来了契机。生育政策在某种程度上降低了传统父权制生育文化对女性的束缚，从家庭外部给女性带来了解放。

1.“在场的缺席”：传统生育文化中的女性

正如李银河（2009）在中国传统生育文化研究中所表达的，“人人都要生育，还要多多生育，生育男孩”。多子多福和男孩偏好是中国传统生育文化的特征。这种传统生育文化凝结着显而易见的父权色彩：一方面，个人在面临生育困境时更容易感知到生育男孩的意义，并通过亲属网络的集体认同得到了对生育男孩的强化（李卫东、尚子娟，2012），使得子女一出生便处于“与生俱来”的性别不平等关系中，女性于是自出生起就处于不利地位。另一方面，女性作为给男性家族传宗接代的重要角色，具有很强的工具性——女性与生俱来的生育功能将其置于生育关键位置，生育更多后代特别是男性后代似乎成为女性的天职。相反，如果未能完成家庭的生育任务或不能实现既定生育目标，就会在道德判断上被贴上“不孝有三，无后为大”的标签。无法实现传宗接代功能的女性，其价值就会降低。

尽管生育政策不断调整、生育文化逐渐转变，可这种传统生育文化在今天还在一定程度上存在着。当有的女性尚未作出最终再生育抉择但先怀了孕时，常会被家人和亲友建议她生下这个孩子。被访者 JL 女士本来没有打算生二孩，当发现意外怀上二孩时，她的丈夫以自身非独生子女的身份，极力说服她生下这个孩子：“你看你就是独生子女，现在没有兄弟姐妹多不好。”因为多子才容易多福，她的家人和朋友也都建议她生下二胎。“我家人也鼓动我要。身边所有人都让我要。而且我周围都是生二胎的。然后我就决定要了。”尽管在最终的再生育抉择中 JL 女士没有完全缺席，但是可以发现，传统生育文化仍可以通过女性的丈夫、家人和亲友对女性的再生育抉择产生潜在影响。从夫妻互动的角度来看，“我没想着要，他（丈夫）坚决要”，最终形成的再生育抉择就是生下了第二个孩子。

尽管传统生育文化正在被改变，但仍可以从访谈中发现根植于传统生育文化的性别角色规训。随着时代的发展和女性社会地位的提高，特别在现代性强于传统性的城市生活中，女性“缺席”的情况正在得到改善，但在某些时候仍没有完全摆脱父权制生育文化的影响。根据美国社会学家奥格本提出的文化堕距，文化同其他事物一样都会发生变迁，其中物质文化的变迁速度要快于非物质文化。而生育文化是一种人们对待生育的价值观念，价值观作为一种非物质文化，具有较强的稳定性。虽然这一点在乡土社会中积淀得更加深厚，但只要是传统生育文化存在的地方，这种认知和现实情况就不会凭空消失。更何况生育政策的调整是近些年发生的事情，女性社会地位和自决能力的提升也不能一蹴而就，故而作为价值观念的生育文化的彻底改变也需要一定的时间，需要经历一个过程。加之随着城乡人口流动与迁移，城乡人口在价值观和生活方式上不断渗透、相互影响，城市生活中仍有部分人或多或少地有着同样的生育情结。

事实上，作为生育主体，女性是生育事件中不可缺少的组成部分。但非常讽刺的是，女性在传统生育文化中反而缺少话语权——不论是多子多福还是生育儿子，女性在其中很少能表达自己的意愿，更不用提进行生育抉择了——她们成了“在场的缺席”。即便是在城市生活中，没有结婚、没有生育的女性，也很可能会被社会视为“异类”，哪怕她们在职场发展得风生水起，也依旧很难“弥补”缺乏婚姻关系和不生育后代带来的“缺陷”。究其原因，总是离不开传统生育文化中女性被分配的角色与责任。除了家庭内部，女性在其他方面特别是公共领域的贡献常常是被忽视的，最被重视的仍是女性履行其性别职责的领域。公共领域和私人领域的长期分离，性别的规训同劳动分工的交织，在很大程度上成为形成传统生育文化的内生动力，共同造就了女性以家庭这一私人领域为主要活动场所的社会文化。因此，为了维系自身的地位并实现生活的价值，传统生育文化中的女性似乎只有通过生育以及操持家务等性别天职的实践，才能找到自身在社会结构中的位置。

如果说传统生育文化对特定子女数量和性别的偏好，形塑了女性在生育抉择中“在场的缺席”之局面，那么女性理所应当地安于现状，从事着以生育后代为主要事务的家庭生计活动，又反过来强化着传统生育文化中的性别规范，使得女性长期在家庭内部事务和家庭决策中处于特殊地位。社会性别规范将生理性别打造为社会性别，性别角色将女性定位于生育的天职。劳动分工把女性活动领域主要限定在家庭内部，无形中剥夺了女性在其他领域创造价值的可能。在这种性别规范的长期实践中，传统生育文化得到了强化。稳定的生育文化帮女性决定了子女的数量甚至性别，其中不乏为了追求性别而客观上增加生育子女数量的情况，女性要做的就是按照文化规范提供的行动指南来不断重复自身传统角色。这一切似乎都是自然而然的，在文化结构的推动下，女性根本无须对生育抉择有过多的思考。故而在传统生育文化中，不论是对于第几个孩子的生育，女性往往都是缺少发声机会的。

久而久之，这种性别角色的分工与实践形成了一种被大众接受的生育抉择过程，生育抉择甚至成为一个毋庸抉择的抉择，更使得女性难以在生育的家庭决策中凸显自己的主体地位。传统生育文化提供的生育指南将女性和男性都限定在特定的角色规范下，家庭的再生育抉择事实上成了一种文化视野下的抉择。生育抉择涉及女性自己的身体，本应是女性表达话语权的重要途径，但显然，传统生育文化很少给予女性参与生育抉择和引导生育抉择的机会。女性在传统生育文化中处于“在场的缺席”状态。

2. 在场与发声：生育政策调整带来的新契机

上文已经论述，受教育水平的提升、劳动力市场的参与和女性社会地位的提升，给女性参与家庭决策打下了基础，增强了她们在再生育抉择中讨价还价的能力。随着社会转型与城市化的推进，传统生育文化也在悄然发生变化，或者说，女性越来越多地受到现代生活方式的影响，越来越多地进入城市、进入职场，在社会当中找到了自己的一席之地。生儿育女不再是女性唯一的社会功能，传宗接代也不再是女性全部的社会责任。在一定程度上，社会的发展给女性带来了生育领域的解放。当然，由于家庭仍然是社会的最基本单位，特别是在老龄化社会来临的大背景下，家庭的人口再生产仍是十分必要的，生育孩子和作出生育决定就仍然要同家庭特别是女性产生联系。正当女性游走于传统与现代之间时，生育政策的改变为女性在再生育抉择中从缺席到发声带来了新的契机。

回顾生育政策的变迁，从 1979 年开始，国家就提倡和宣传独生子女政策，到 1980 年，在全国城乡正式、全面地实施一对夫妇只生育一个孩子的计划生育政策。中国从此进入独生子女时代。对于夫妻而言，只需根据政策要求生育后代，无须有过多的生育抉择。然而这一政策不仅是生育政策的转变，对于女性来说，还改变了女性的生育实践和家庭地位。在政策的制度性规约下，家庭生育后代的数量得到了极大的限制，传统生育文化中以多子为目标的生育状态被打破。"国家控制人口增长的宏观目标和广大妇女少生的个人愿望相契合，同时由政府提供的避孕节育服务给了她们更多选择。"（郑真真，2019）传统生育文化中女性在家庭和生育方面的工具性地位、以生育后代为终生使命的岁月终于一去不复返。即便生育抉择变得单一，女性不必为此过多发声，可女性可以依据自身和家庭的实际情况同丈夫共同决定生育孩子的时间。不单如此，独生子女政策还具有划时代的意义。"'从少生到只生一个'的史无前例的生育革命开始"（风笑天，2021），带来了生育文化的转型，人们在价值观念上接受了"只生育一个孩子"。生育价值观的稳定性在某种意义上形塑了一种不同于传统的新的生育文化，使得生育抉择的单一性逐步变成一种稳定的生育观念乃至生育实践，被越来越多的家庭所内化。这种生育抉择的单一性虽淡化了家庭对生育的决策，却令女性开始摆脱由来已久的父权制生育文化将女性置于工具性地位的局面。

2013 年底国家启动单独二孩政策，夫妻二人只要有一方为独生子女，就可以生育第二个孩子。风笑天（2021）认为这是"'独生子女政策'第一次出现了松动"，也是"生育政策的第一次调整"。单独二孩政策事实上从制度层面将家庭再生育抉择带上历史舞台，给部分家庭包括女性提供了再生育抉择的机会。只要符合政策条件，女性及其家庭就可以根据自己的意愿和决定来生育第二个孩子。独生子女时代对家庭生育选择的限制减少了，三十年来部分具有再生一个孩子意愿，却囿于政策而无法实现生育意愿的家庭开始做一道限定项目选择题。这在客观上使女性也具有了一定的选择权利，因为再生育抉择从一种无须决策的状态逐步被一些家庭提上议事日程。当然，女性的选择还是一种有限的选择，其在家庭再生育抉择中参与性和主体性的发挥局限于具有独生子女身份的家庭中。而女性作为再生育和养育的重要主体，受教育水平和经济地位逐步提高，不仅有了参与再生育抉择的意愿，还有了参与再生育抉择的可能。对于符合政策条件的家庭，女性开始从原先"在场的缺席"变成"在场但不缺席"，再生育抉择相较独生子女时期，具有了去标准化的可能。

2016年国家开始实施全面二孩政策，只要是育龄夫妻都可以合法地生育第二个孩子。同单独二孩政策相比，女性及其家庭不再受独生子女身份的限制，获得了更多的生育选择自由，再生育抉择也被全面地铺展到各类家庭中。只要有二孩的生育意愿，女性就有可能根据自身意愿来选择生育二孩。因而全面二孩政策堪称“生育政策的第二次，也是影响范围更大的调整”（风笑天，2021）。如果说独生子女时代，生育一个孩子更多的是人生的一种体验，是生命历程中的一个组成事件，顺其自然多于深思熟虑，谈不上需要进行生育抉择；那么在全面二孩时代，女性和家人在政策的推动下常常不得不去思考，究竟要不要再生育二孩。而且生育政策的松动给出生于独生子女时代的育龄家庭带来更大冲击，使得本来感到只生一个孩子理所当然的独生子女们要去适当考量再生育抉择。再生育抉择几乎被所有的育龄家庭提上议程，女性则面对更多的选择，拥有更大的空间去发挥自身作用。随着性别分工领域边际的淡化，更多的职业女性在生育抉择中不得不同时考量自身职业发展和家庭再生育问题。此时，她们不仅在场，没有缺席，而且必须发声。可以说，独生子女时代使女性获得了工具性的身体解放，全面二孩时代则令女性的生育意志得到了充分表达。从全面二孩政策开始，女性在再生育抉择中的地位和作用变得非同寻常。

全面二孩政策为女性提供了普遍的选择机会，三孩政策的实施则再次突出了家庭再生育抉择的重要性。2021年5月31日，中共中央政治局召开会议，为了优化人口结构、应对老龄化社会的挑战，提出进一步优化生育政策，审议通过了《关于优化生育政策促进人口长期均衡发展的决定》。会议宣布实施一对夫妻可以生育三个子女政策及配套支持措施。三孩政策出台。其实在后独生子女时代，是否生育三孩的决定或许更受到女性关注，因为这不仅关乎生育主体，也关系到照料主体，在养育更精细、教育更精致的当今社会同样关系到女性和子女的未来。而在家庭分工中，“无论是孕育孩子、生育孩子、哺育孩子，还是抚养孩子和教育孩子，女性在现实中都承担了远多于男性的职责和工作，也毫无疑问地付出了远多于男性的时间和精力”（风笑天，2022）。显然，再生育抉择不单是一个家庭的决策，更是一个女性对自己生活的决策。既然是否生育三孩对女性的影响更大，那么生育孩子的家庭决策就必须倾听女性的声音，社会制度设施建设中必须考虑到“关爱女性”。这就提示我们，哪怕是女性不重视再生育抉择，现实也会对女性发出新的“提醒”，使女性充分参与家庭再生育抉择，并在抉择中思考更多且积极发声。女性在再生育抉择中的发声客观上加强了对自身的关注和关爱，也使得家庭决策中的女性权力得到进一步发挥。

如果说在传统乡土社会“养儿防老”“多子多福”“传宗接代”（朱国宏，1998）的传统生育文化指导下，女性只管保持“在场”即可——实践生育价值观，不断地生育子女以满足生育文化对她们提出的要求——而不管（或者说无法顾及）自己是否能够在生育事件中展现自身的态度；那么在生育文化悄然发生变化的过程中，生育政策的调整则带给女性更多发声的可能。从传统生育文化中主张女性应当多生到无须多生，再到根据家庭意愿进行有限的选择，女性经历了一个从“在场的缺席”到工具性的解放，再到可以实现自身意志进行自主选择的过程。“当个体利用总体上符合年轻人和女性利益的新法律、国家政策和制度变迁时，他们已经接受了国家所施加的种种限制，并且内化了国家设定的社会主义的框架下的个体发展方向。”（阎云翔，2012：20）尽管阎云翔称之为国家管理下的个体化，但不可否认，在这个过程中女性的主体性的确得到了突出，这是个体与制度结构的互构。制度性的调整以国家宏观结构的方式发挥着影响，女性则在时代的洪流中，于家庭的微观生态中逐渐找到自己的一席之地。

二、以“弱者的武器”进行再生育抉择

除话语权外，对于是否再生育一个孩子，夫妻之间的互动也显得非常重要，因此进行讨价还价是女性获得生育抉择权力的一种途径。社会性别理论认为，在父权制的性别结构中，性别不平等的存在是常见态势，而女性往往处于弱势地位。从性别这一独特视角来看，男性和女性之间的性别不平等以及他们之间的劳动力分化，都可以从权利的视角来评估，这些权利包括政治的、经济的，也存在于再生产方面（Mcdonald，2000）。而生育抉择正是涉及家庭人口再生产的重要决定。在家庭内部，女性的弱势地位一方面体现在夫

妻关系中，即夫妻之间相比，妻子可能处于弱势地位；另一方面则体现在代际关系中，即在长辈与青年夫妻之间，青年夫妻当中的妻子有可能在孝道先行的传统家庭关系中处于潜在的弱势地位。

斯科特提出的“弱者的武器”或许能策略性地改变这一地位。在著作《弱者的武器》中，斯科特挖掘到了一种处于弱势地位的群体的互动技术。基于对马来西亚农民的田野调查，他发现，处于弱势地位的农民并不是同压榨他们的利益者进行公开对抗，而是采用一种迂回策略，以低姿态的反抗技术来反抗剥削者——他们常常以装糊涂、开小差、偷懒等各种形式，来进行一种具有事实性但又非对抗性的反抗。可以说，这种独特的反抗方式的确奏效，既可以避免公开反抗面临的集体风险，又能够另辟蹊径地切实维护自身利益。从表面上看，农民们处于劣势地位，但这些所谓的小聪明使他们真正获得了斗争的胜利。受此启发，笔者在研究中着重观察了被访者特别是女性在再生育抉择形成过程中的作为与努力。

基于此，女性在再生育抉择的讨价还价中，除教育、就业等方面带来的自身自主权的提升外，还会采用一些方式和策略，使自身在再生育抉择中产生重要影响，乃至实现自身意志。作为所谓的弱者，女性在再生育抉择中表现出优势，最常见的一种手段，就是采用“弱者的武器”。这是女性在家庭决策中主动采取的同丈夫的互动方式，即承认女性在性别结构中的劣势地位，在夫妻互动中保持弱者角色，隐蔽地坚持自己的态度，来强化自己在再生育抉择中的影响。像马来西亚的农民一样，在有可能面临再生育抉择风险时，女性常以非正面冲突的方式完成再生育抉择。从夫妻互动关系来看，这可以被称为在一种性别不平等的关系中女性隐性的抗争。

（一）隐蔽地强化

36 岁的 Q 女士和她的丈夫都是独生子女，由于工作关系，3 岁的儿子白天全都是 Q 女士来带，晚上丈夫会做一些力所能及的如换尿布、冲奶粉等事情。他们家庭的再生育抉择很早就形成了。因为在生育了第一个孩子后，Q 女士就多次、不断地向丈夫强化自己不愿再生第二个孩子的态度，逐渐获得了丈夫的认可，形成了事实性的再生育抉择。

被访者再生育抉择事实性共识的产生，大多同Q女士家庭一样，基于女性对再生一个孩子和养育孩子的不易的频繁强化。正如她所说，“（正式的讨论）肯定一次也没有。基本上也就是聊天聊到别人，或者在马路上看见人家带着两个孩子，然后我就会说，看人家的两个孩子。有时候看着一个妈妈能带着两个孩子出门，我就说，看人家多厉害，我觉得我一个人带着一个孩子出门，都可累、可辛苦、可操心了！”每当在小区里或马路上看到独自带孩子的母亲，Q女士都要结合自己带孩子的难处感叹一番。Q女士和丈夫还会不时地聊一聊那些生二孩的同事朋友的情况：“有的时候就说一下谁家生二胎了，然后就感叹一下，哎呀，好厉害呀，多辛苦呀！有的时候说说花费方面——还是有钱。”

显然，向对方反复陈述自己的境遇和观点，能够在事实上达到一种强化的效果，最终隐蔽地实现自身的生育意志。或许是由于生育的女性化和照料的私人化，家庭再生育抉择中往往是由女性对丈夫进行隐蔽的强化。隐蔽地强化形成再生育抉择的途径通常有两种，一是女性向丈夫陈述自己的育儿困境，二是女性给丈夫讲述他人的育儿遭遇。当前城市家庭不论是生育一个还是多个孩子，常离不开父母长辈的照料帮助。像Q女士那样在父母帮助下育儿的家庭不在少数，可即便如此，Q女士们也总是感到力不从心。故而正如上文所述，她总是在同丈夫的聊天中不经意间表达出自己育儿困难的体验感，反而并不直接诉说自己最终的再生育决定。而丈夫们相比妻子，参与日常育儿照料更少，更容易在潜意识中将育儿当作女性的事情，那么当妻子经常性地渲染一孩抚养的不易时，丈夫便比较容易通过这种强化而逐渐接受了不再生育或慎重考虑再生育的决定。

结合日常育儿经历中与他人交往时获得的信息，女性参与再生育抉择、强化自身生育意志的途径之二是不谈自己，“看别人家”。虽然“基本很少说（自己家是否要生育二孩的事情），但是有时候会谈论别人家生二胎的事儿”。全面二孩政策和三孩政策颁布的几年来，生育政策的松动一改独生子女时代的标准化生育模式，要不要再生孩子顺理成章地成为人们日常闲聊时信手拈来的话题。在频繁提及这个话题的闲聊中，女性同丈夫的聊天表面上是称赞那些生育二孩家庭的“厉害”和不辞辛苦，事实上暗示给对方的意思是“我做不到像他们那样”，也就是通过一种间接的方式不断表达了自己不打算再生育一个孩子的态度。久而久之，作为参照群体，当别人家的情况，特别是带孩子的辛苦与付出被多次灌输，丈夫很难不想到别人家的今天很可能成为自己家的未来，事实性共识就通过隐蔽地强化方式自然而然地形成。故而如同Q女士那样，女性并不需要同丈夫进行正式决策，更不需要为了不再生二孩而同丈夫讨价还价，就能够形成最终的再生育决定。

更重要的是，像Q女士一样的被访女性普遍采用的强化策略，并不是直接在再生育抉择中输出自己的观点，而是将自身遭遇与亲朋好友家庭进行对比，用自己孕育一孩的体验和他人再生育面临的各类情况特别是困境，来映射自身家庭的未来。这也是本书称之为隐蔽地强化的原因。这种强化的隐蔽性使得再生育抉择同其他家庭决策有所不同，也体现了女性运用自己“弱者的武器”来引导决策结果的策略性互动。家庭决策特别是家庭重大事务决策时，一般会采取较为正式的方式，家庭成员共同讨论并形成最后结果。在讨论过程中很可能是家庭权力的优势一方获取最终的决策权，影响决策结果。而再生育抉择作为一种特殊的家庭决策，其本身就因为生育的特殊性而被认为是同女性关联更紧密的家庭事务，这也为女性能够通过隐蔽地强化来主导再生育抉择走向提供了可能。正因如此，女性在再生育的家庭决策中占有了显著的性别优势，能通过自身的一孩生育和养育体验来潜移默化地强化自身态度。而这一性别优势事实上是通过社会性别规范中的性别分工——生育养育后代的女性化——这一劣势转变而来的。这在一定程度上呼应了第三章中提到的，夫妻的相对资源固然是家庭决策中影响夫妻权力的关键因素，但对于再生育抉择而言，性别或许才是更需要关注的因素。

再生育抉择属于一种家庭决策，虽然女性常常在其中起到关键作用，却并不意味着抉择中没有夫妻互动。也就是说，女性采用“弱者的武器”来参与再生育抉择时，丈夫并非在这项家庭决策中完全失声。尽管有时丈夫在一定程度上会缺席，但最终结果的形成离不开夫妻二人的共同作用。只是本书发现，在互动过程中，夫妻双方投入的程度不尽相同，最终对再生育抉择结果的影响力也不同。恰恰在具有特殊性的再生育抉择中，妻子对这项家庭决策的参与程度似乎更高，丈夫的参与是在同妻子主导的互动中进行的。看起来丈夫在互动中稍显被动，妻子则以“弱者的武器”作为参与再生育抉择的无形资源，凭借隐蔽地强化策略间接地获得了某种家庭权力。隐蔽地强化更像是将夫妻作出家庭决策时进行正式商议的时间和空间透明化，用一只“看不见的手”悄悄推动夫妻作出再生育抉择，而其中又暗含着女性的力量。隐蔽地而非直接地，不断强化而非一锤定音，女性巧妙地运用了“弱者的武器”，并采取了这种能够使自己在决策参与中获胜的策略方式，无形中引导了再生育抉择过程。再生育抉择作为一项家庭决策，其非正式性的特征在一定程度上正是通过女性隐蔽地强化策略形成的。

在作出再生育抉择的互动中，为了实现自己的意志，女性事实上采取了这种隐蔽的形式，通过在日常生活中不断向丈夫强化自己的意志来反复表达自己的生育态度，在不知不觉中推动再生育抉择的快速完成。经过这种强化式地一次又一次地重复，女性最终“润物细无声”地表达着自己的主张。隐蔽地强化策略的显著优势在于，可以避免在家庭决策中产生直接冲突，预先降低决策失败的风险。如果妻子与丈夫的生育意愿不一致，强化策略能够在不与丈夫和家人产生直接对抗的前提下，逐步输出自己的意志，使自己的意见占上风。如果还谈不上意见不一致，并未产生明显决策冲突，但丈夫对生育的态度并不明朗，那么为了实现自己的再生育抉择，女性同样可以通过强化策略来默默地进行观点渗透。夫妻互动时采取隐蔽地强化方式，甚至很难察觉夫妻在决策中的讨价还价，再生育抉择就在悄无声息中完成了。在笔者看来，这种讨价还价过程的隐匿性并非源于女性缺乏参与家庭决策的权力，反而表现出将性别弱势作为再生育抉择中讨价还价的无形资源。可以说，在性别不平等的关系中为了获取再生育抉择中的最终话语权，女性并没有强势输出自己的意志，而是采用这种低姿态方式，提升了获得再生育抉择决定权的可能性。

（二）性别责任的转移

作出再生育抉择时，“没人管孩子”是不少被访者共同提到的关键词汇。被访者 YD 女士就是这样说服丈夫的。当被问到夫妻二人怎么作出再生育抉择时，YD 女士说道："讨论过（是否生育二孩的事情）呀！老说这个事儿呢。他是想要（生二孩），他一直都想要。但是我跟他说，我不想要，你要是要的话，就必须雇个保姆。一直把我拴在家里，我可受不了。雇个保姆咱们就再生一个。"然而考虑到社会上常有保姆虐儿事件，再加上顾及家庭经济条件的因素，"说起雇保姆来，他也知道现在条件还不太合适"。其实 YD 女士的丈夫也为在再生育抉择中实现自己的生育意愿而作出过努力，提出或许可以请孩子的爷爷奶奶来帮忙照料。但 YD 女士一针见血地指出："第一个孩子你妈都没怎么帮忙，还指望第二个呢？"于是"他也就不说话了。其实他知道他自己的妈啥样。他爸妈吧，就是只顾自己，别的啥也不管"。显然，在妻子不承担再生育的照料任务时，丈夫对再生育抉择就失掉了较大的决策力量。

事实上，研究中很多女性常常提到再生育后的照料问题，向丈夫询问家中长辈能否参与照料，以及丈夫本人能够承担多少照料任务。当再生育抉择的商议进行到这一步时，女性至少不再是独立承担二孩或三孩照料责任的主体，丈夫需要为再生育抉择中自身意志的结果承担起未来相应的育儿责任。此时女性参与再生育抉择的逻辑是，"我并非不同意再生孩子，而是要看照料条件是否允许"。在双方参与再生育抉择的商议时，假如丈夫提出能够满足这些照料条件或能够找到替代方案，克服照料和养育孩子中的困难，那么再生一个孩子就是可行的；否则就要作出不再生育的决定。丈夫为了实现自身的生育意志，就需要主动去考虑再生育后的照料问题甚至制定出一套令夫妻双方都满意的方案。不难发现，再生一个孩子的照料困境被女性成功转移到丈夫身上，或者说被转移到可能解决这个问题的保姆、长辈等替代照料者身上，而对后者的安排其实也离不开丈夫的准备和努力。于是，育儿的性别责任的商讨与分配成为再生育抉择中女性参与决策的又一重要途径。

显然，再生育的后果对夫妻双方来讲是心照不宣的。在 YD 女士的分析和引导下，丈夫也切实感受到保姆照料和长辈照料的路都行不通。丈夫无法说服自己的父母来帮助他们照料二孩，于是在父辈帮助育儿的外部资源方面就几乎失掉了这项家庭决策的权力来源。再生一个孩子的照料任务只能靠夫妻自己承担。而妻子已经照料了一个孩子，精力有限，很难或者也不愿再将全部精力投入二孩或三孩的照料中。丈夫本身则由于工作限制，不具备照料孩子的条件。当然，回首第一个孩子的生育和养育过程，丈夫的事实性参与相较妻子而言也确实较少。育儿经历的缺乏降低了丈夫投入二孩或三孩照料的经验值，也使得丈夫质疑自己能否承担起再生育后的照料责任。考虑再三，虽然心有不甘，可最终丈夫还是作出了和 YD 女士相同的再生育抉择——不再生育二孩。

本书中很多被访者认为，养育孩子比生育孩子要耗费更多的心血、花费更多的成本，因而生育以后要面临的新生活情境才是更加需要考虑的因素。同既往研究强调的抚养子女的巨大经济成本相比，照料孩子对家长提出的时间和精力要求，事实上是一项更大的挑战。而现实往往是只将这一重大挑战交给女性——女性在照料孩子方面付出更多，男性的投入相对较少。有学者指出，减少生育是女性避免冒险、减少对不确定的私人依赖（男性伴侣依赖）的一种方法，这同样不失为女性的一种策略（Adler，1997）。女性承担母职会增加自身在劳动力市场的机会成本，同时可能减少劳动收入，甚至因此而失掉工作。而男性不仅很少受到照料孩子的困扰，可以由父母长辈来帮其分担，还会更加投入工作中，享受父职溢价并以此作为对家庭的主要贡献方式（许琪，2021）。

在现代城市生活中，女性不仅存在于家庭领域，同样存在于工作领域。因而对于工作女性来说，再生育引起的照料问题是一个家庭必须直面的问题，尤其是在女性比男性面临更多工作家庭冲突的情况下，再生育后的照料问题更是再生育抉择中不得不讨论的话题。于是，照料孩子的性别责任成为女性在再生育抉择中讨价还价的重要方式。通常，女性事实上已经在心中拥有了自己的决策结果，但由于家庭决策需要夫妻双方的参与，故而女性仍然是在与丈夫的互动和沟通中不断引导再生育抉择的走向。她们借助自己在家庭和工作领域性别分工中的弱势地位，将再生育后的照料责任作为再生育抉择时同丈夫讨价还价的策略。对于那些不大愿意再生孩子的女性来说，在再生育抉择时就开发出了这种应对方式，即将原本多由女性承担的照料责任战略性转移，将再生一个孩子后可能面临的照料困境作为说服丈夫的重要依据，并站在对方的角度，结合家庭条件分析男性和家庭在照料子女时可能付出的代价，使对方最终同意自己的观点。

有意思的是，同样基于性别照料的责任分工考虑，对于一些家庭来说，丈夫在参与再生育抉择中的态度是“只要你（妻子）想好了，你就生”，前提是生育和照料主要是妻子的性别责任。而对于另外一些家庭而言，这种性别角色似乎反过来了。妻子在再生育抉择中的态度是“你（丈夫）愿意生，那么你要准备好各种条件”，特别是照料责任必须由丈夫来主张和想办法实现。前者主要出现在丈夫对是否再生育持有无所谓态度的家庭中，表现为女性处于再生育抉择中典型的主导地位。后者则更多地出现在男性有着或强或弱的再生育意愿，女性则持有不一致的态度，最终同样表现为女性扮演了再生育抉择中的主导角色。两类家庭中丈夫和妻子在再生育抉择中的参与程度不同，再生育意志也不同，但却殊途同归地表现出女性的主导作用更强。究其原因，仍离不开社会性别规范下家庭内部的性别责任分工。那么女性利用这种性别分工作为“弱者的武器”，就显现了她们为在再生育抉择中争取更大话语权而进行的努力。

在同丈夫讨价还价的过程中，工作女性并不会采取强硬的直接冲突方式，而是会对夫妻在照料子女中的角色分工的客观事实加以分析。YD女士表面上并未同丈夫产生激烈冲突，也并没有完全拒绝丈夫的生育意愿，而是将丈夫代入照料孩子的情境中，令其自己体会是否具备再生一个的条件。丈夫在感受到理想无法照进现实时，便会主动放弃。女性于是利用自己处于弱势地位的角色，在不产生家庭决策直接冲突的情况下，将再生育抉择的决定权交给对方。这就使得女性家庭权力的发挥呈现一种“无声胜有声”的状态，在传统意义上具有更多家庭权力的男性，反而未必能在再生育抉择中主导最终结果。在这种策略指导下，女性很少在一开始就直接亮明自己不打算继续生育的态度，而是循序渐进地引导决策过程。于是在再生育抉择的夫妻互动过程中，随着照料的性别责任的转移，女性客观上同样将再生育抉择的权力交到了男性手上。再生育抉择看似充分考虑了丈夫的意见，在夫妻二人的共同论证下完成，可事实上是女性采取性别责任转移的方式，悄然实现了自身的生育意志。表面上再生育抉择的权力在丈夫一方，而事实上再生育抉择则是在女性无形的推动下完成的。

（三）无声的抗争

在本书夫妻生育意见不一致的众多被访者中，40 岁的 J 女士具有较强的典型性。她之前已经育有两个孩子——12 岁的大儿子和 2 岁的小儿子，后来又生育了第三个孩子——在接受访问时刚刚出生 6 个月的小女儿。对于 J 女士一家来说，再生育抉择主要指向要不要生育第三个孩子。当她怀孕后决定生育第三个孩子时，遭到了丈夫、婆婆、娘家人的一致反对。她轻描淡写但又暗藏喜悦地告诉笔者：“他们都不同意我生（第三个孩子）。我婆婆当时知道我们怀老三了，气得不让生，说：‘都俩儿子了，还生啥呢！’哎呀，后来气得都这么拍桌子了（拿手比画拍桌子）。人们也都觉得俩（孩子）行了，不用再生了。”

由于已经生育了两个孩子，且两个孩子都是儿子，因此即便没有坚决地反对，J 女士的丈夫也并不特别支持她再生一个。众所周知，日常照料孩子的任务男性承担较少，主要由女性来完成。当女性个人无法独立照料孩子时，家里的长辈（孩子的爷爷奶奶或姥爷姥姥）就是坚强的后盾。在 J 女士的老家，婆家帮忙带孩子是一种文化传统，她的丈夫也认为自己母亲帮忙带孩子是再平常不过的。换言之，在这种父权制传统中，婆婆替代了丈夫在照料孩子中的角色。可以想见，反对最为强烈的是她的婆婆，甚至已经到了面对面争吵、拍桌子的地步。丈夫更像是被跨越代际的父权制家庭关系推到了“前台”，成了婆婆生育意见的代言人。此时，女性的弱势地位似乎被越发放大。她不仅要在同丈夫的互动中表达自己的意愿，还要在婆婆代表的代际关系中找到自己的一席之地。要想在再生育抉择这项家庭决策中取得最终决定权，必须想办法采取某种特殊的方式，很可能要产生直接争执甚至对抗。

跟笔者预想的不同，J 女士并没有跟婆婆和丈夫就是否生育第三个孩子产生激烈冲突。刚开始她还会简单说一说自己想要个女儿，讲一讲生育第三个孩子的好处。在发现这种方式并不奏效时，她开始改变策略。任凭婆婆发怒，几次三番地让她不要生这个孩子，她就是不言不语地应付过去。丈夫也指出这个事情的严重性，冷冰冰地提醒“你可得想好了”。J 女士仍然默默不语，初心不变。“我后来就不跟他们说了。说也没用，干脆就不说。反正她也就是生气，也不能咋样。再说，生下来也不用她养，都是我自己带。”在多次被劝说后，J女士将应对方式调整为，既不试图说服他人，也不为他人所改变。看起来似乎缺少了家庭决策中的讨价还价过程，在决策形式中也较少呈现出夫妻的直接互动和正式沟通，但这并没能影响再生育抉择的作出。

承认自己的弱势地位，采用弱者的方式选择不发声，以沉默的方式来应对一切声音，是女性参与再生育抉择时的又一弱者武器。弱者武器的特点就在于，女性并不否认自身在家庭决策中的弱势地位，也没有获取更多家庭权力的空间，但就再生育抉择而言，她们执着于自身意志，采用夫妻相对资源之外的其他方式来帮助自己获取再生育抉择的最终胜利。尽管在面对面互动中，J女士并不占上风，可在J女士心中，再生育抉择早已形成。丈夫和其他家人虽可以对再生育抉择加以评判或发表意见，但哪怕是面对丈夫和婆婆代表的典型的父权制家庭权力，再生育抉择既然已经作出，基于个人考虑，J女士在反对声中仍波澜不惊地坚持自己的决定。弱者的沉默同样能够在不平等的性别结构中给女性带来力量。在并未改变能令其增加自身家庭权力的受教育、经济收入等各类资源的情况下，女性仍努力借助自身的性别特点，通过把握在性别结构中的地位与分工，来坚持自己在家庭再生育抉择中的决定。

同一般的家庭决策相比，再生育抉择的形式由家庭成员一般性的商议和讨论，逐渐变成了以一种事实性的行动替代夫妻讨价还价的方式。而这种事实性的默不作声，不像一般决策互动中的观点交锋和彼此否定那么激烈，反而成为处于弱势地位的女性的一种有力武器，成为女性在再生育抉择中形成主导性意见的有效途径。事实上，家庭决策的形成不一定依赖直接冲突的解决，意见不一致下冲突的优势者也未必是家庭决策最终导向的一方。无声的抗争向我们展示了女性通过弱者的特殊方式同丈夫互动，最终形成家庭决策结果的过程。有声的抗争和辩论在家庭决策中是常见的，夫妻各自具有的相对资源也无疑会在一定程度上带给各自参与家庭决策的权力。但还有些时候，无声的抗争同样能够在家庭决策中发挥作用。无声不代表不参与再生育抉择，更不代表女性对再生育抉择没有表达的权力。相反，无声的抗争作为一种隐蔽的对抗方式，以一种特殊的夫妻互动形式展现出一方的态度。相比正面对抗或苦口婆心地劝说，或许沉默的坚持反而更有利于女性在再生育抉择中占据先机。可以说，女性恰当地采用了这一“弱者的武器”，用事实性的沉默给自己塑造了一种新的参与家庭决策的模式。

当然，家庭决策总要形成最终的一致性的结果，客观上表现为夫妻中的某一方取胜。而在再生育抉择这种特殊的家庭决策上，取胜的一方则未必是看起来在夫妻资源或家庭地位中占据优势的一方。具有主导能力的人最终能否在再生育抉择中发挥决定权，也非常有赖于这项家庭决策的参与构成。当女性采用无声的抗争模式来参与再生育抉择时，尽管没有发声，却始终没有缺席，甚至一直以特殊的形式保持着较高的参与度。以无声的方式坚持自己的生育意志，关键在于一种持续性，沉默的时间久了，对方也就很少再提及再生育的事。故而表面上不激烈反对丈夫和婆婆的看法，但客观上女性却在再生育抉择中产生了最关键的影响。性别的弱势若加以利用，完全可以彰显女性的意志，即以“弱者的武器”来持续地、高度地参与再生育抉择。这提示我们，家庭决策中的夫妻互动，在某种程度上要比夫妻各自拥有的资源更加重要。而夫妻互动中女性讨价还价的筹码，也从静态的夫妻资源扩展到互动方式本身。当女性凭借无声的抗争这一“弱者的武器”作为新的互动方式时，她们便获得了持续而有力地参与到再生育抉择中的家庭权力，决策时夫妻双方冲突的风险亦可以被降低。

无声的抗争是女性在再生育抉择中面临冲突时可能采用的行动方式。可以说，这是实践自己意志时一种坚决而直接的方式。“因为女性自己的需要，掌控、权利、信心和安全，都是人的基本需要……当社会否定女性这些基本需要为其基本权利时，她就会把家庭当成获得权力、控制、身份、自我认定的通道。”（弗里丹，2007：66）在研究中笔者观察到，不论是愿意再生育一个孩子，还是不愿意再生，当女性的意志同丈夫甚至长辈不完全一致时，女性有时会表现出一种固执的坚持。与隐蔽地强化和战略性责任转移等方式相比，这种互动形式看起来相对强硬。但需要指出的是，即便在本质上属于“固执己见”，女性也很少同丈夫或其他家人产生面对面的正式冲突。她们采取的是一种半迂回策略：对家人的意见不置可否，保持静默，在悄无声息中达到了反对的效果，实现了自己的意志。故而以这种方式参与再生育抉择，女性其实是在用某种事实上的实践作为自己讨价还价的筹码。这种实践虽不同于那些显而易见的决策资源，却同样能够在家庭决策中发挥女性权力。

（四）身体即权力

上文提到在无声的反抗中获取家庭再生育抉择“胜利”的J女士，除采用以不变应万变的沉默方式外，还使用了另一种方式，即“先斩后奏”——先怀孕再说。本来就对再生一个女儿有着较为强烈的意愿，发现怀孕后J女士才将想要再生一个孩子的想法告诉丈夫和家人。在J女士看来，“孩子在我肚子里，我说了算。别人再说啥，孩子还是在我肚子里。我反正就说我想生个姑娘。我婆婆还说：‘万一不是姑娘，又是个儿子，那你弄上三个儿子咋办呀？’我说要是三个儿子我也认了”。孩子由女性自己生、自己养，哪怕丈夫和婆婆坚持反对她生育，她仍然底气十足，因为身体是女性自己的。

与J女士的经历相似，35岁的D女士同样在再生育抉择中充分展现了自己的意志。不同的是，D女士选择不再生育，准确地说，是中止生育。其实D女士的丈夫曾不止一次地向她透露出再生一个孩子的渴望。常常在看电视、看新闻的时候，丈夫会提起“你看新闻里那些失独老人多可怜”“谁谁家又生了老二，是个闺女”这样的事情。D女士本身并不反对生育二孩，她觉得“一个孩子也挺好，两个孩子也挺好，都行”。然而D女士却最终作出了不再生育的决定，她轻描淡写地告诉笔者：“其实我之前流产过一个。他想留下，但我说我喝药呢，就不要了。”由于怀孕和生育第一个孩子的时候落下了头晕的毛病，D女士生下孩子后很长一段时间都在吃药调理。故而明知丈夫愿意生育二孩，D女士仍选择坚持自己的再生育抉择，放弃了已经怀上的孩子。客观上讲，并非完全是健康原因没能留住孩子，而是D女士主动选择放弃。与其一直听丈夫在耳边吹风，不如中止怀孕，自己控制自己的身体。丈夫虽然伤心、不满，但结果已经成为事实，也不能怎样。

如果说家庭决策中的直接讨价还价不容易奏效，女性再怎么摆事实、讲道理甚至是发生面对面冲突，也敌不过丈夫和其他家庭成员的反对，采用民主式的少数服从多数的决策形式也很难使女性在再生育抉择中取胜，那么不如“快刀斩乱麻”，借助自身的生理优势，先怀孕（或中止怀孕），再表达并坚持自己的决定。在法律的保护和新生育政策的支持下，丈夫和家人没有足够的理由强制女性放弃生育（或生育）。此时，身体即事实，事实战胜了无休止的讨论与反对，客观结果成了再生育抉择的结论，也使得家庭决策表现为一种较为平缓的、非直接对抗性的、较少在桌面上被正式讨论的特殊呈现。不论是怀孕还是流产，子宫和身体都把握在女性自己手里，最终要不要生下孩子，最直接的生理决定权也在女性。在家庭成员发表意见的同时，女性仍然可以利用自身的性别优势，对最终的再生育抉择产生关键性影响。处于弱者地位的女性以身体参与家庭决策，这是女性参与再生育抉择并最终取胜的一大武器。

先天的生理构造塑造了女性身体和生育孩子之间天然的联系，同时赋予了女性在生育中特殊的决定权和自主权。很多时候，这种决定权体现为女性对怀孕和流产的自主权，也就是说，体现为女性能否主动地依据自身意志来把握生育。在传统生育文化中，女性受到既有父权制下性别角色规训和家庭分工的制约，难以在生育抉择中发出自己的声音，哪怕身体和子宫是属于女性自己的。但今天，这种局面得到了很大的改变。受教育水平和经济收入水平的提高提升了女性的社会地位，不仅使她们具有了自主决策的基础，还激发了她们更强烈的主体意识，令她们逐渐在家庭决策中展现自我意志、自主决定自我事务并能够把握自己的身体。女性的身体既属于自我的身体，亦属于社会的身体。社会的身体承担了社会交往的功能，在社会结构中扮演了某种文化性的角色，同时也在很大程度上受制于这些文化，特别是父权制下的文化传统。社会的身体使女性被置于他者的地位，被当作一种对象来处置，缺乏对身体的把控。当身体不再作为一种生育的工具存在，也不再单纯承担家庭领域中妻子和母亲的生理性功能时，身体的自我属性就被凸显了出来。

身体的自我属性暗示着女性和身体的关系发生了新的变化。与其说身体是一种被他人特别是男性权力处置的对象，不如说身体已经逐步回归女性本体，承载着女性的主体意识和自我决定，是女性自我表达的主体性方式。毋庸置疑，女性在生育事件中扮演着至关重要的角色，不仅是再生育抉择的主要导向者，还是孕育和生育孩子的主体实践者。既有研究表明，女性在生育事件中选择怀孕或是避孕，包括是否需选择、如何选择避孕措施，都是女性自主权的表现，是女性在再生育抉择中发挥作用的体现。在访问中笔者也发现，女性常常将这一先天生理联系作为实践自己意志的武器。当女性能够对自己的身体特别是自己的生育拥有更多的话语权，能够把身体当作主体来对待，她们就能有效地参与再生育抉择，并通过把控自己的身体，用怀孕或者避孕（流产）的事实来说话，“快刀斩乱麻”式地解决再生育抉择中的纷争，或是预防再生育抉择中可能出现的冲突风险。

此时，再生育抉择似乎再次显现出它在家庭决策中的特殊性。如果说多数家庭决策事务的内容是关于资源分配与事务安排的决定，夫妻运用各自的资源进行某种内部较量，资源相对较多的一方容易拥有更大的家庭权力，进而在家庭决策中发挥更大作用并主导决策结果；那么在再生育抉择中，除教育、经济和社会地位等常见夫妻资源外，身体似乎也成为女性一种独有的资源。这一资源虽然难以在传统生育文化中发挥作用，甚至一度成为导致女性不利地位的因素之一，但在今天，女性主体性和自主性的提升改变了身体的属性，使之成为发挥女性家庭权力，特别是再生育抉择权力的主体性工具，或者说是一种“弱者的武器”，因为再生育抉择的确同女性身体及其对身体的自主决定关系密切。从社会性别的角度来说，女性虽然仍没有完全逃离性别劣势，但对身体资源的控制显著提升了女性再生育抉择的家庭权力，增加了女性在再生育抉择中讨价还价的筹码。当生育或不生育已成事实，女性就无须通过言语不断地与家人讨价还价，避免了因自身劣势而在讨价还价中处于不利地位，也可以被视为一种讨价还价的新形式。因而有时候，处于弱者地位的女性并不一定没有发言权，恰到好处地运用“弱者的武器”反而能让自己在家庭决策中占有一席之地。

总的来说，再生育抉择有时在冲突已经产生后才发生，有时在冲突尚未产生时就已经发生。但不论夫妻的生育意见是否一致，回顾以上几种女性同丈夫进行再生育抉择互动的方式，可以发现几种方式的共性：女性在再生育抉择形成的过程中，更多地采用了非直接对抗性的隐蔽地反抗策略。不管怎样，“弱者的武器”常常是为了避免或应对直接冲突带来的风险。女性并没有不承认自身在性别结构中的弱势地位，因而并没有采取硬碰硬的方式来获取再生育抉择中的主动权。相反，基于这种弱势地位的现实，反客为主，将弱势地位作为一种有力的武器，在非对抗性关系中默默获取了再生育抉择的话语权。在夫妻互动过程中，女性是自己生育战略的制定者，她的权力（即声望和价值感）来自生育，会通过生育来影响家庭结构，以此使自己的权力最大化（Patel，1999）。再生育抉择和家庭权力起到彼此促进的作用。在实现家庭权力的过程中，生育给城市女性带来力量，并最终增进女性自身在再生育抉择这项家庭决策中的话语权。而女性话语权的提升，或许会在未来进一步巩固其在再生育抉择方面的家庭权力。

三、“贤妻良母”与家庭导向的性别化策略

正如吉登斯（1998）所言，在充满现代性的社会中，“策略性的生活规划变得特别重要”。女性形成自己意志导向的再生育抉择时可以通过隐性的抗争来谋求最后的决定权。这种同丈夫互动的方式能将决策时成员的冲突程度降至最低。如果说这种低姿态的隐性抗争是应对可能存在的决策冲突风险的有效方式，那么当决策风险并不明朗时，女性同样可以通过某种方式来引导再生育抉择的方向。此时，强调自己的女性身份和母亲身份，以及这一身份在家庭结构中的位置，围绕性别角色建立一种家庭导向的互惠关系，常常成为女性的一种策略选择。社会性别在再生育抉择中发挥着作用。

（一）“贤妻良母”身份的巧妙利用

女性参与家庭再生育抉择时，会通过向家庭成员强调生育是女性的天职，来引导再生育抉择的方向。对于不少愿意再生一个孩子的女性来说，她们常用的策略就是强化这种贤妻良母的传统性别角色。研究中笔者发现，一些已婚女性非常认可母亲与孩子的亲密联系是与生俱来的。37 岁的 M 女士目前辞职在家专职带两个孩子，她当时希望二胎能再生一个女儿。在再生育抉择之初，M 女士就强调了自身会在再生育抉择和养育子女中发挥主要作用：“带孩子的事儿也不用他（指丈夫），所以他多一个孩子，别的什么都不影响，那肯定愿意呀！我一说（生二胎），他肯定就同意，没啥好不同意的。关键还是

看女的，我觉得。因为生孩子带孩子毕竟都是妈妈的事儿。你自己得想好了，规划好了，决定生不生。”正是基于这种天职观，女性降低了男性在养育环节中的价值，突出了女性在生育和养育子女方面的不可或缺性，客观上为把握自身在再生育抉择中的话语权增加了可能性。

事实上，既有子女的照料经历已经预示了第二或第三个孩子的养育情况，大部分很可能都是“妈妈的事儿”。对于这些，M女士坦言：“当时其实也想到这些了，已经做好了心理准备，挺累的。肯定是主要靠我自己。”虽然已经想到非常辛苦，却依然能够主动克服，可以说达到了不辞辛苦来生育、养育子女的程度，因为她坚定地认为“只有一个孩子肯定不行”。而丈夫在生养孩子中付出较少，所以根本没有理由反对。在生育孩子之后，女性理所应当要履行母职，主动承担起养孩子、主持家庭内部事务的责任，认为这才是一名称职的妻子和母亲应当做的事情。女性化被动为主动，使传统的社会性别角色恰恰成为女性在再生育抉择中获取话语权的筹码。

女性的社会性别更主要的是作为妻子、母亲的女性身份。故而在再生育抉择中，她们往往凸显并借助了性别角色中“贤妻良母”的身份。“贤妻良母”的角色定位对女性提出的要求是配合好家庭中的丈夫和子女，是一种社会建构的女性标签。这种家庭内部传统性别规范，要求女性具有集体主义取向、为家庭及其成员考虑更多，并将生活重心放于家庭领域。所谓“贤妻”，在传统的性别角色分工下主要是操持好家庭内部事务，客观上做好丈夫在外工作的“贤内助”；所谓“良母”，则直指社会对母职提出的传统要求——照料并教育好子女，成为一位社会认可的“好母亲”。虽然贤妻良母是父权制下性别分工的表现，在一定程度上弱化了女性的社会地位，将女性的价值局限在家庭内部，但在一定程度上，扮演好贤妻良母的角色能够增加女性在家庭中的决策资本。女性可以借助这一角色同其他家庭角色的关系，来表达家庭人口再生产同各家庭成员之间的关联与影响，特别是表明自己在生育事件中的价值，干预再生育抉择过程，以此来实现再生育抉择的最终目标。

社会性别使得性别不再是一个单纯的生物属性，它建构了性别规范与两性关系，也建构了女性。长期以来，女性的主要活动领域被认为是家庭领域，家庭属初级群体，是一个成员以情感为纽带、频繁进行互惠式交往的互动圈。在家庭内部进行再生育抉择，同样是家庭成员特别是夫妻之间的一种群体内互动。要想在家庭决策中产生决定性影响，需要在家庭成员关系及其发展中寻找平衡，同时不能打破既有的性别规范。而已经具有一定自主性的女性，正是基于社会性别策略，寻找在再生育抉择中发力的突破口。或许，这种性别化策略会受到批判，因为女性似乎仍处于传统的性别区隔框架中。要想完全走出父权制的规约，就意味着女性必须彻底摆脱这种性别规范下贤妻良母的身份。但是，女性进入公共领域的时间要晚于男性，公共领域和私人领域中的性别不平等存在已久，一蹴而就地完全突破既有性别身份和文化规范属实缺乏可能性。为了有效参与再生育抉择并发挥主导作用，女性除从夫妻资源角度不断提升社会地位以获取家庭决策权力外，关注性别本身、利用既有结构中的身份地位来实现自身意志，未尝不是一个良好策略。

对贤妻良母身份的巧妙利用，可以在家庭决策中显现出女性的特性和气质。家庭决策总是被看作夫妻之间力量的比较、资源的竞争，家庭决策场同样是一个夫妻展开家庭权力较量的场所，似乎只有权力更强的一方才能获取家庭决策的最终胜利，充满了男性气质。再生育抉择显然具有不同于其他家庭决策的特殊性，其决策主体和决策对象都由女性参与和承担，决策结果也同女性本身具有生理性和社会性的关联。故而在再生育抉择这项家庭决策中，女性有理由也有必要恰到好处地运用自身的女性特质，来积极参与并对决策结果产生符合自身意志的影响。正是由于在发挥家庭权力时，女性的“一些权力是通过家庭得到的，通过她们身为人母以及性别特点而有的能力得到的”（弗里丹，2007：64），所以当女性意识到这一点时，当然可以顺理成章地将女性角色本身作为一种资源，作为平静地而非冲突性地进行讨价还价的筹码。因此，再生育抉择中的女性因素，使女性不再需要“像男人一样”，而是需要“像女人一样”。再生育抉择也不必展现为夫妻力量的较量，而可以采用在既有性别规范框架内，通过合理的夫妻互动来实现女性生育意志、体现女性主体性的隐蔽方式。

在不打破既有性别角色框架的同时，利用贤妻良母的性别角色参与再生育抉择，这种性别化策略是女性在性别结构中探寻主体性和自主性的表达。

这种策略的实施提高了女性在再生育抉择中充分发挥作用和主导决策结果的可能性。从社会性别理论视角来看，生育既可能是对女性的束缚，甚至是女性受压迫的根源，也可以成为女性力量的源泉——因为女性具有独特的生理结构、生儿育女的特殊能力。为了避免男性对女性的控制，特别是避免男性对女性生育的干涉，女性应当正视自己的身体，通过加强自己对生育的控制，突出生理身体在生育方面的不可替代性，来抵抗性别不平等。而在父权制下的性别关系中，女性虽然受到社会性别的建构，但巧妙利用这一点，通过传统父权制下女性的家庭角色扩大对再生育抉择的影响力，同样可以在最终的决策中获胜。正如Murphy（2003）所言，就算没有逃脱父权制规范，女性受儿子偏好和国家生育政策的双重挤压，也会用母职的规范来要求获得资源和权力，以帮助自己实现照料和工作角色。这是女性在父权制下的一种生存策略。

（二）“以孩子和丈夫为中心”的家庭导向

基于贤妻良母的身份，女性性别化策略的实施沿袭着性别结构中的女性角色特质，帮助女性在再生育抉择中实现其生育意志。对于决定再生育一个孩子的女性来说，向丈夫和家庭阐述多子女优势，特别是强调再生育对既有子女和丈夫的好处，是一种常见方式。

“对于老大来说二胎是最好的陪伴，也是很好的教育。陪伴、分享、责任、成长，对性格上都有好处，尤其是长大后。”被访者A女士（36岁）在再生育抉择中通过不断渲染二孩的优势，来说服丈夫支持自己的生育决定。这种劝说的核心突出了对既有子女的关注，正如风笑天（2018）所言，给孩子一个伴儿是多数城市家庭生育二孩的重要动机。通过论证二孩对一孩的帮助，女性很容易获得丈夫的认可。35岁的Z先生同妻子达成再生育的共识，他结合个人经历谈道：“我爸过生日，我请客吃饭，我妹买酒（笑）。两个孩子关键时候可以商量解决很多问题。”而再生育抉择的形成正是在妻子的启发下完成的。

不仅如此，作出再生一个孩子的抉择，对女性自己、对丈夫都有着积极的功能。“两个孩子，你在教育陪伴他们的时候也会学到很多东西、提升很多方面。有些事情就连你自己都无法想象。你内心会很强大。”（A女士）为了更好地获得丈夫的支持，有的女性甚至会将生育子女代入一种道德评判。“我们那儿的人家好多都有两个孩子，有的还有三个呢。你要是孩子少了，还让人笑话呢。”显然，多子女不仅有利于孩子发展，也是家庭在亲友中获得面子和尊重的途径，否则就会显得格格不入，使丈夫和家庭陷入舆论的旋涡。

当女性站在孩子和丈夫的立场对再生育抉择苦口婆心地进行论证时，男性容易进一步强化对孩子负责的动机，并理解再生育对自己和家庭的好处。有兄弟姐妹的男性自然而然地结合自身体验而直接感知出多子女的好处，没有兄弟姐妹的男性则更能从妻子的论证中得到启示，最终得出多子女的明显优势，进而同意妻子的生育意见。其实，这种论证本身未必在于通过讨价还价而说服丈夫，而是将家庭作为一个共同体，突出孩子和丈夫在这一共同体中的价值，而再生育抉择的方向始终围绕着这一价值。郑真真（2015b）指出：“对是否生第二个孩子，妇女会比其他家庭成员有更多生育成本方面的考虑。”以孩子和丈夫为中心来衡量时，再生育的收益显著高于成本，那么在家庭决策时丈夫便顺理成章地与妻子站在同一阵营了。于是家庭中便形成了这样一种再生育抉择的景观：妻子看似在与丈夫的决策互动中“缺位”，却实质上参与并影响了再生育抉择的方向。这种“缺位”并不是指女性不参与再生育抉择，相反，女性在这项家庭决策中始终保持着较高的参与度。而这种参与的特点在于，维系传统性别分工中女性角色以家庭为中心的特性，事实上是一种性别化的决策参与策略。

不仅决定再生孩子的女性是这样，对于那些不打算再生孩子的女性来说，以孩子和丈夫为决策中心，同样是她们（妻子和母亲）参与再生育抉择的方式。作为女性，S女士一直在陈述自己履行母职的不称职：“我也觉得对孩子付出的实在是太少了。我家孩子长这么大了，我一直都特别忙，主要都是姥姥和奶奶带。我觉得自己是个不合格的妈。”出于职业原因，S女士每天上班都是早出晚归，至少12小时在单位度过，“其实算一算真正跟孩子在一起的时间很少”。同丈夫说起生育打算时，她常常提出，如果陪伴这一最基本的时间资源都不能全部给予唯一的孩子，那么可以想见，未来的时间、精力和其他资源需要在多子女中进行分配，显然更难以满足。丈夫也非常理解她的工作情况，而他也是一位朝九晚五的工作者，如果妻子无法照顾孩子，自己同样不能很好地承担照护责任。为了给孩子提供更好的陪伴与照料，也不增加丈夫和长辈的负担，S 女士在对传统女性和母亲角色的自我否定中，没有花费很大力气就得到了丈夫的支持。在检讨自身“失职”中强化了孩子和丈夫的重要性，既使对方感受到了妻子对自己的重视，又将家庭的客观现实有理有据地铺开。女性为孩子和丈夫考虑，践行了母职角色，同时获得了对再生育抉择的最终影响力。

此时，孩子的优质成长和多子女带来的问题是女性与丈夫进行再生育抉择互动时的又一论证工具。若将再生育优势作为说服丈夫支持自己再生育抉择的要素，那么再生育的劣势同样可以成为劝服丈夫支持自己不再生育的理由。二者的共性在于，不论再生育抉择的结果如何，抉择过程都充满了女性对孩子和丈夫的深切关爱。如果说女性的价值主要体现在家庭之中，那么再生育抉择涉及的是家庭的人口再生产，就一定是女性应当着重考虑的问题。既然生育意味着成为母亲，女性就必须履行作为一位母亲所应承担的责任与义务，必须充分考虑到孩子的成长与生育对丈夫的影响，考虑到整个家庭的发展。这些考虑虽是父权制文化传统下女性的道德指南，但也是当今社会生活中许多母亲的心声：一切为了孩子，为了这个家。由于“视照料为女性的‘天职’和天然禀赋”（吴小英，2020），在面临多子女照料问题时，基于对子女优质社会化的考虑，停止再生育则不只是女性自己的考虑，而是家庭的最佳选择。

顺理成章地，不论是否愿意再生一个孩子，女性都可以将这种道德指南作为再生育抉择中一种讨价还价的策略。在这一策略中，女性本身并不是中心，孩子和丈夫才是衡量与决策的中心，故而这种“全身而退”的互动策略事实上能够达到“以退为进”的效果。事实上，阐述多子女的家庭情境及其对孩子、丈夫与整个家庭的影响的，更多的是女性参与再生育抉择时采用策略的具体内容。更重要的是，女性在阐述的过程中会努力使丈夫充分感觉到，在新生育政策实施后，妻子在非常认真地对待再生育抉择问题，在努力扮演好贤妻良母的性别角色。她站在孩子的视角，对孩子未来的生活与发展进行全面的考察；她站在丈夫的视角，通过明确妻子角色任务和子女照料情况，将丈夫成功带入预定情境中。这种以家庭为中心的导向暗含着女性遵循了她“理应遵守”的社会性别规范：再生育抉择中以子女和丈夫为考虑的重点，自己则并不是决策的中心，而是配合决策的对象。作为妻子和母亲，女性的表现堪称称职，充分体现了传统父权制文化中女性对家庭事务的付出。习惯于传统社会性别分工的男性自然对这样的状态感到合理和满意，再生育抉择也就在事实上按照女性意志的导向发展下去。

况且，“当个人对未来选择不知所措、处于不确定状态时，文化可以为个人选择提供行为与决策选择的参照系与标准”（吴莹等，2016）。尽管生育政策近年来一再调整，但对丈夫而言，很多时候他们对是否再生一个孩子并无明显态度。这一点在本书的不少访谈对象家庭中都有所体现，从上一章论述的生育抉择的生成模式中也很容易看出。从社会性别规范给男女两性设定的行动框架来看，生育的抉择的确同女性的关联更为直接，这就给女性参与再生育抉择提供了更多可能性。对于家庭而言，毕竟父母倾向于将儿童价值与自己的生活进行比较，并在少数量、高质量的孩子和较高的物质生活水平之间作出选择（Cochrane，1975），这是多数家庭经济体衡量是否再生育的普遍依据之一。既然女性已经将孩子和丈夫视为家庭中心，对生育和家庭的发展进行了充分分析，丈夫便没有理由拒绝这种善意，女性则更容易通过家庭导向策略来深度参与并主导再生育抉择的方向。

（三）“为长辈着想”的道德策略

当女性具有积极的再生育意愿并期望在再生育抉择中实现意志时，她有可能通过向丈夫论述儿女双全、两个（或以上）孩子才是理想生育状态，来获得丈夫的支持。重要的是，儿女双全并不仅仅是从自己、从丈夫的角度出发，而是基于大家庭系统、从长辈视角进行的考量。将对长辈的考虑纳入再生育抉择中，是中国特殊的亲属关系文化环境的结果，也是社会快节奏发展、政策推动再生育和城市工作夫妻生活空间变化三者共同作用的结果。

在本书中，被访者多为“70后”和“80后”，还有少量的“90后”，他们的父母多为“50后”和“60后”。长辈们所处世代不同，常常都有兄弟姐妹，故不少老人在一定程度上对传统生育观念是较为赞同的，认为家庭中生育两个（甚至两个以上）孩子才是一种最佳状态。“每次我回老家，她（母亲）都会说这个事，让我们再生个老二。有时候打电话，还会问‘咋样啊，怀上没啊’什么的。”33岁的WX女士在自己母亲经常性的“问候”下，领悟到了老人对自己生育二孩的期望。虽然公公婆婆并没有直接向WX女士提起生育二孩的要求，但“我听邻居说，有一次孩子爷爷在楼下聊天，说我们这肯定还得要老二的”。长辈对二孩的期望同WX女士自己的生育意愿不谋而合，使得她和丈夫只进行了为数不多的讨论，便就生育二孩达成了一致。

对于另外一些女性而言，不再生育孩子是她们的选择。考虑到长辈将代替自己承担起照料子女的重任，她们会给丈夫分析再生一个孩子对老人生活和家庭关系的影响，并以此作为推动丈夫认同自己观点的讨价还价的策略。

36岁的L女士有一个2岁的女儿，她称女儿是由自己母亲“一手带大的”。L女士直言不讳地说她根本不会再生二胎，因为“老人退休了还没好好享受就天天给带孩子，我也是真不忍心”。L女士的丈夫对是否再生育其实并没有明显的意向，但L女士在再生育抉择时跟丈夫说，自己“不想让老人太累，现在孩子不像我小时候那会儿了，现在要学的要干的太多了”。丈夫也感知到了这一点，因为夫妻二人在女儿的照料和培养上的确投入很多时间和精力。同那些“丧偶式育儿”的家庭相比，L女士的丈夫已经算是一个好爸爸，晚上下班后“孩子一般都是他管”。为了彻底打消丈夫再生育的想法，L女士甚至对自己进行了道德评判——对于辛苦帮助自己照料孩子的父母来说，“如果要老二就是我太自私了”。在这个理应孝顺父母的年龄，不能因自私而再生育的态度，使丈夫同自己在道德上站在了同一边。于是在子女道德与事实的共同施压下，丈夫和L女士达成了一致——不再生育孩子。

访谈情况反映出当代城市家庭进行再生育抉择时不得不考虑的现实问题——儿童照料，而儿童照料在现实中总离不开长辈的帮助。再生育抉择关乎家庭内部子女产出，在生理联系和后天照料中，相对男性而言，女性一般要承担更多事实性任务。但城市女性不仅是家庭中的母亲，也是劳动力市场中的劳动者，正如前文所述，在这种性别分工的格局下，她们不得不成为工作家庭冲突的主要承担者。为了“在夹缝中求生存”，对于生育子女后的养育和照料问题，女性及其丈夫只能向父母发出寻求帮助的信号。而家庭中的长辈恰好接近或已达到退休年龄，似乎理所当然地接过了接力棒，在很大程度上成为照料孙辈的坚实后备力量。现实生活中，的确有不少家庭的儿童特别是幼儿是由老人照料的。老人们或本就同子女居住在同一城市，每天进行通勤式的育儿帮助；或从自己的家乡特地来到子女所在城市，专门照料孙辈。故而从某种意义上讲，不管生育几个孩子，工作母亲在家务和育儿方面的职责事实上已代际转移到了长辈身上。

正如沈奕斐（2010）在她对上海家庭的研究中所言，“老人主要承担‘妻子’的角色，承担主要的家务。因此健康能干的老人就成为了稀缺资源会被分配干净”。从家庭决策的视野来看，长辈的育儿帮助无疑成为夫妻互动时的重要外部资源，那么再生育抉择的作出不论从理论上还是现实上都应当充分将长辈的情况作为决策的依据。既然男性对子女的照料本身相对较少，有时甚至缺位，再加上城市中工作繁忙，生育子女后的照料和家务不得不依赖于长辈，那么已经看清这一点的女性就会在再生育抉择时将长辈的情况作为自己的筹码。长辈能否帮助年轻家庭照料孩子，不仅成为影响育龄家庭是否有意愿再生一个孩子的重要因素，也令女性察觉到，需要深刻把握长辈与生育之间的关系，这样有助于在二孩或三孩的再生育抉择中更大可能地实现自己的生育意志。换言之，对家中长辈在帮助照料孩子方面的考虑，成为女性进行再生育抉择时同丈夫讨价还价的策略思路。

长辈提供育儿照料还涉及另一个层面的问题。在家庭代际和性别分工方面，照料孙辈事实上更多的是由外婆或奶奶来完成的。由于“女性承担家务被看作是自然的，因此老年妇女往往相比较老年男性更加抢手”（沈奕斐，2010）。于是，再生育抉择的夫妻互动就必定面临由长辈来照料二孩或三孩，究竟是对长辈的孝顺，还是对长辈生存空间的挤压的问题。被访者中期望父母在晚年能够拥有自己的生活，不至于因帮助自己照料幼儿而失去自我的，并不在少数。在这个个体化的时代，不仅年青一代有为自己而活的意愿，处于时代浪潮中的父母长辈同样也受到为自己而活思潮的推动。至少在子女看来，父母特别是老年女性应当有属于自己的生活，而不是从年轻到年老都将自己全部奉献给家庭。有能力和条件的父母对子女进行向下的代际支持，有时反映的是家庭共同体内部的代际互助，但从另外一个角度来看，则反映了年长的父母仍需对子女进行投入，似乎违背了传统的孝道。成年子女不能为父母提供向上的代际支持，反而仍需挤占父母退休后的生活空间，不论是对于身处传统文化中的育龄女性还是她的丈夫而言，都违背了道德规训。那么站在道德立场，避免长辈因照料孙辈而降低生活质量、忙碌了一辈子到了晚年还得帮子女带孩子，就成为女性在再生育抉择中说服丈夫的重要理由。

不仅如此，长辈除在育儿照料中发挥事实性的工具性功能外，对子女的再生育期待同样在再生育抉择过程中占有一席之地。再生育抉择不只是女性的再生育抉择，也不只是丈夫的再生育抉择。女性与丈夫的主体互动，结合长辈意愿，共同塑造了再生育抉择的最终模样。当女性能够有效地将自身的生育意志同长辈的再生育期待相结合时，女性对再生育抉择的影响力就能够得到更加充分的发挥。在生育政策从独生子女向全面二孩、三孩过渡的社会背景下，女性常常以自身和长辈所处的时代背景为依据，基于生育政策调整这一社会转型中的个体体验，努力通过自身生育二孩或三孩的实践来弥补身处独生子女时代的父母的遗憾。这也成为她们在再生育抉择的讨价还价中为长辈考虑的重要策略表现。

顺应长辈的生育期望，很容易在再生育抉择过程中促使丈夫和妻子达成生育共识。39岁的YH女士出生于20世纪70年代末，刚好赶上了国家推行独生子女政策，父母没能再生第二个孩子，因而父母对他们夫妻二人要二孩是非常支持的，仿佛能够通过子女来实现自己未能实现的愿望，是对自己既往生育意愿的一种弥补。在笔者访问的独生子女家庭中，不少被访者都表示父母曾谈起过这样的意向。而且YH女士的父母已年近七十，经历过几次突发的疾病和住院，YH女士认为，“要是家里老人病了，照顾老人，独生子女很吃力”。不单YH女士向丈夫表明了生育二孩的意愿，她的丈夫在照料老人时也有过切身体验，这就增加了丈夫对她再生育抉择的认可度。可以说，像YH女士这样的家庭非常多，个人的再生育意愿加上特定时代背景下父母对子女再生育的期待，共同在动机层面激发了育龄家庭再生育的积极取向。生育政策的调整又赋予了家庭考虑是否再生一个孩子的可能性。而个体在时代中的遭遇、当前面临的现实养老问题则共同发力，成为不少女性推动其家庭作出积极的再生育抉择的直接动力。当女性看到这种代际关系和生育的时代性，将对长辈意愿的考虑纳入再生育抉择过程中，便将两代人同时放在了家庭道德框架之内，更有助于自身在决策参与中发挥关键作用。

从代际关系上讲，两代人在再生育抉择中达成共识，显示出该家庭决策是在多数人的认同下作出的。这使得再生育抉择彰显出一种家庭决策的民主倾向，即便没有在正式场合进行隆重的论证，也同样兼顾了大家庭中各方的意见，故而并不影响再生育抉择最终结果的形成。那么，不管丈夫的生育态度是否明朗，再生一个孩子的再生育抉择也很容易在这种情况下获得家庭决策的最终胜利。毕竟，在再生育抉择中考虑长辈对家庭的生育期待，顺应长辈的生育意愿，既是对老人的孝顺，又是对女性自己生育意志的有力支持。作为老人的女儿或儿媳，听从长辈的建议是尊敬长辈的基本表现，也是女性恪守性别规范的表现。可见，以长辈生活质量、再生育期待和家庭代际关系为讨价还价的依据，女性将自己和丈夫同时置身于“为父母考虑”的道德框架中，使再生育抉择顺应中国传统的孝文化，是她们实现对再生育抉择的重要影响的又一策略。

总的来说，不论是为了丈夫和孩子，还是基于孝道而充分考虑辛苦了一辈子的父母，都是女性在再生育抉择中采取的以家庭为导向的性别化策略。而这一切都围绕着女性的社会性别——在家庭中扮演贤妻良母的角色。当前的生育抉择，是一种被女性发展后的生育抉择。尽管生育和养育自古以来被视为女性的天职，但女性在多大程度上具有生育的自主权，却是一个悬而未决的问题。天职很可能带来不假思索或无须思索的生育抉择，但今日的生育抉择已在一定程度上体现了女性的特质，跨越了历史的门槛。

家庭导向的性别化策略以一种看似矛盾却又着实奏效的形式，帮助女性在再生育抉择中发挥作用。这种策略既强化了女性在生育事件和家庭关系中的定位，又似乎淡化了女性在整个关系中的地位。所谓强化，指的是女性强调其在传统性别分工中的角色，以家庭为中心，充分为孩子、丈夫和长辈考虑。这看起来是一种家庭导向的集体主义取向，女性的传统社会性别角色显得非常重要。而所谓淡化，则体现为她们以一种移情式思考的方式，将丈夫和其他家人代入生育和养育子女的相关情境中，使他人潜移默化地感受到，女性并不是为了自己才作出这种决定，女性在家庭中的角色位置显得那么微不足道。在这种巧妙的互动策略中，现实结果呈现为在一切为了家人的主张下，女性隐蔽地实现了自己的再生育抉择。

再生育抉择策略的运作过程也是女性家庭权力的发挥过程。作为一项家庭决策，与其一味地主张自己认为的生育多孩好或不再生育更好，彰显自身在再生育抉择中外显化的主导作用，有可能使对方反感，最终导致决策失败，不如站在对方的角度移情式地思考，避免喋喋不休与个人强势带来的风险。这会使决策的另一方感知到这种再生育抉择对自己及家庭的好处，同时妻子又是那么“顾家”与“体贴”，从而主动愿意配合妻子的决策。女性尽管并不在家庭决策的权力地位上占上风，可已经在实质上获得了家庭决策的胜利。将自身置于家庭关系的框架中，突出自己作为妻子和母亲的社会性别，使自己在再生育抉择中的位置和导向停留在家庭成员都能够接受的性别规范与道德框架内，不失为女性在再生育抉择中得以发挥关键作用的一种性别化策略。

四、小结

本章以社会性别的视角和家庭决策理论为基础，分析女性怎样才能在是否再生一个孩子的家庭决策中发挥自己的作用，回答了女性以何作出再生育抉择这个问题。本章的逻辑是，首先说明女性在再生育抉择中发挥作用的权力基础，然后解读女性在同男性的夫妻互动中采用了何种方式、运用了怎样的策略来助力自己的再生育抉择。这体现了家庭权力运作的过程。

前文既已论述了再生育抉择的生成模式，并揭示了女性在再生育抉择中比男性占更主要地位这一现实，在一定程度上看到了再生育抉择及夫妻互动的结果；那么从家庭权力理论来看，权力发挥作用的基础和权力实施的过程正是本章关心的重点。话语权的提升不得不说是女性能够在家庭决策中占有一席之地的重要基础。随着社会的发展，女性受教育水平、工资收入和社会地位的提高，改变了女性的家庭地位，也共同为女性带来了参与家庭决策的话语权。国家生育政策的调整又将女性置于历史的洪流，改变了女性在传统生育文化中在场却不能为自己的生育抉择发声的局面，在社会制度层面为她们提供了从缺席到发声的机会。以上两点是女性家庭权力的重要来源，为其在再生育抉择中发挥关键作用奠定了基础。

从社会性别视角而言，尽管在性别关系中处于不利地位，女性仍可以拿起所谓“弱者的武器”，积极地同丈夫进行互动来参与并主导再生育抉择这项家庭决策。基于承认自己弱者的身份，女性通常在家庭再生育抉择中采用非对抗性的方式与丈夫进行决策互动：以隐蔽地强化来凸显自己的生育意志，通过性别责任的转移来说服丈夫认同自己的生育决定，运用无声的抗争在静默中坚持自己参与再生育抉择的主张，将身体作为权力形成新的参与家庭决策的资源。这些互动方式降低了女性与丈夫发生正面冲突的风险，通过突出女性特质来实现对再生育抉择的积极参与。而这几种方式既是女性参与家庭决策的途径，又在事实上使女性获取了家庭决策权力新的资源，使她们以一种女性的方式表达了自己在再生育抉择中的态度，并在再生育抉择中发挥主导性作用。

不仅如此，女性在传统社会性别框架内，有效地利用了“贤妻良母”的角色身份来参与再生育抉择。通过强调这一社会性别角色，女性巧妙地运用母职和妻职同再生育之间的关系，在不突破传统性别结构的同时隐蔽地引导了再生育抉择的过程，使之呈现出符合自身生育意志的结果。在“以孩子和丈夫为中心”的家庭导向下，不论再生育抉择的结果如何，都体现出女性是为了孩子和丈夫的生活发展来参与这项家庭决策的，客观上将女性置于决策考量的边缘位置，却突出了女性在以家庭为中心的定位中积极参与再生育抉择的角色实践。“为长辈着想”的道德策略是女性参与再生育抉择的又一思路，将长辈育儿照料和生活空间质量、长辈的再生育期待等纳入家庭代际关系中，并以此作为自身参与再生育抉择的重要考虑，在弱化自身角色的同时突出了为长辈考虑的传统道德，容易在同丈夫的讨价还价中取胜。这种性别化的互动策略在维系原有性别结构的同时彰显了女性的自主性，帮助女性在家庭决策的微观政治中发挥关键作用，体现了家庭权力的运作过程。

第五章　个体化：城市女性参与家庭再生育抉择的内生动力

女性之所以愿意采用性别化策略，利用性别关系中“弱者的武器”来为自己在再生育抉择中谋求家庭权力和决策影响，同女性自身话语权的提升密不可分。更不能忽略的一点是，在现代化的今天，女性日益从性别不平等的关系中获得解放，作为个体的女性已经在崛起。现代社会的个体化特征不仅普遍存在于广大青年身上，也同样体现在处于育龄阶段的中青年女性身上。与传统中“为他人而活”相比，女性从传统生育文化和生育制度中慢慢脱嵌，基于对自身的考虑和对未来风险的应对，在再生育抉择中淋漓尽致地表现了个体化社会中“为自己而活”的取向。如果说话语权的提升是前提和基础，性别化策略的运用是权力过程，那么，女性在现代风险社会中的个体化选择则是推动女性深度参与再生育抉择的深层动力。

一、生育的去标准化：风险社会中的女性、生育和家庭

全面二孩政策和三孩政策实施后，家庭被打开了一扇再生育抉择的大门，不再只有独生子女时代的标准化选择。去标准化生育（特别是生育子女的数量）模式诞生，也给女性个体化选择带来了机遇。同中国传统生育文化中的多子多福、延续香火不同，同独生子女时代无须任何选择地只生一个孩子也不同，全面二孩、三孩政策后的再生育抉择是一种女性个体崛起后的再生育抉择，也就是阎云翔口中的国家管理下的个体化。去标准化事实上是女性同时从传统生育文化和独生子女时代生育文化中脱嵌的一种趋向。

（一）传统的生育制度

早先的生育制度是以家庭为生产生活单位基础而建立的生育制度。朱国宏（1992a）称其为一种“多、男生育价值体系”，多子多福、母凭子贵、养儿防老是生育的意义，也体现了父母对子女性别与数量的期望。这种生育价值体系有其独特的物质基础，同当时的社会发展紧密关联，自给自足的小农经济需要特定数量和性别的后代。为了实现家庭在生产和经济方面的自我满足与自我发展，人口的多少特别是儿子的多少不仅关系到家庭的劳动力与经济状况，也关系到父母在老年时期能获得的代际支持，还关系到整个家族香火与资源的延续。在这种传统中，“多生育儿子是必要的，而多生育本身还是其手段”（朱国宏，1992a）。显然，传统生育文化是一种典型的父权制生育文化。如果说生育是满足家庭需求的一种手段，且家庭需求常常由男性一脉所展现，那么女性在其中扮演的角色就极具工具性。这种生育文化是社会性别在生育领域的体现，女性嵌入这种生育传统中，除了按部就班地完成自己的本职任务外，很难对家庭的生育抉择产生关键影响。

20 世纪七八十年代以来，独生子女作为生育政策的要求，进入了家庭和个体的视野。中国传统的生育文化随之进入转变时期，女性也逐渐从多子多福的生育传统中脱嵌。如果说改革开放带来了市场经济，使社会发展在市场层面产生重大突破，那么一对夫妻只生一个孩子的独生子女政策，则从国家层面对个体和家庭产生了重大影响。小农经济被摧毁，家庭原有的生产功能弱化，人们在大家族中的互动关系发生转变。在工业化和城市化的迅速推进下，国家迎来了社会经济的发展与变革。这些条件的变迁推动了生育文化的转变。在国家人口政策的干预下，多子多福的生育观念转变为少生、优生，随之而来的，表现为国家层面生育率的持续下降。

“人口控制不仅是一种政策行为，也是一种文化行为。”（朱国宏，1992b）物质层面的经济发展与国家层面的制度要求同时发力，催生了一种新的生育传统：只生一个好。在本书的访问对象中，不少女性甚至包括她们的父母，都持有这种观念。不难理解，作为社会与时代的产物，父母是独生子女政策的践行者，子女则是独生子女时代的产物。在同社会结构的互动中，两个世代的个体均受到结构的制约和影响，既体现在行为上，也表现在观念上。这种生育价值观似乎更具有现代取向，家庭也越来越趋于核心化。在向现代生育文化过渡的过程中，女性也实现了对传统生育文化的脱嵌，再嵌入新的生育文化中，被时代的洪流推向只生一个孩子的标准化生育模式。

（二）去标准化与再嵌入：从“为他人而活”到“为自己而活”

在充满现代性的今天，尽管不能说传统已经消失殆尽，但社会和经济发展更上一层楼，人民生活已进入小康，同过去相比发生了翻天覆地的变化，国家的生育政策与人口情况也已产生了转变。全面二孩、三孩政策的相继出台直接打破了旧的标准化的生育模式，给了家庭新的选择，女性要再一次从传统中脱身，不得不再嵌入新生育政策，踏上建构新的生育文化之路。

对于今天的女性而言，传统生育文化的内涵又一次发生了改变。它既包含着多子多福的“过去”，又包含着只生一个孩子的“昨天”。如果说传统为女性生育提供了一个标准——多子或独子——那么今天这个标准消失了，标准答案变成了填空题，而这个填空题的答案是依据女性和她们所在的每一个家庭的具体情况来拟定的。原有生育传统为女性提供的可供参考的历史轨迹都不复存在，既失去了赖以生存的社会基础，也不一定能够继续符合家庭对生育的需求。家庭的再生育抉择在老龄化社会到来的大背景下显得格外重要，个体被推到了决策的舞台，必须给出自己的答案。正如鲍曼和贝克指出的，社会迫使个体作出自我决定，人们需要成为独立的个体，需要对自己的人生负责。反观女性自身，现代社会中城市女性走出了家庭、走进了公共领域，越来越高的受教育水平和经济收入推动了女性社会地位和家庭内话语权的提升，使得女性可以不受制于传统生育文化，具有了充分发挥自主性的可能。通过再生育抉择进行再嵌入，女性开始打造一种新的生育文化，而这正是她们个体化取向的表达。

除对生育本身的价值判定发生变化、从生育文化传统中脱嵌外，女性对家庭关系和子女的认知同样发生了变化。女性在家庭和家人的关系中进行了再嵌入，这种变化反过来影响着女性的生育观念、家庭关系和对自身价值的判断。在费孝通先生看来，生育制度是从种族延续的需要而衍生出的互动文化体系，生殖和抚育都非常重要，婚姻和家庭的存续同生育和抚养后代存在直接关联。基于一种结构功能主义的视角，费孝通先生认为，“两性分工和抚育作用加起来才发生长期性的男女结合，配成夫妇，组成家庭”（费孝通，1998：122）。换言之，家庭在本质上是一种社会分工协作的结果，是能够不断推进社会繁衍和延续的合作团体。男女通过缔结婚姻关系，共同担负起抚育他们所生的孩子的责任，进而组成家庭。女性就需要在这种家庭关系导向中不断向家庭负责。

这种家庭导向的模式或许在当代城市生活中松动了，或者至少成为一种添加了更多可能性的新传统。郑丹丹（2018）提出，我们的父辈（特指1950—1979年出生的世代）“会根据亲情和人伦原则尽力赡养自己的父母，但对自己的子女则无限地投入”，甚至“将人生意义凝聚于代表未来取向的子女”身上。相比而言，子代在这一取向上则有所不同，特别是当代的城市女性，增加了一些个体层面的为自己的考虑。父辈在家庭关系投入中只面向子女，大多将资源向代表未来的孩子全力倾注，或许同所生育子女数量较少的客观情况有关。而本书访问的当今一代青年女性，会同时面向子女和自己，而非将自己置于无关紧要的角落。在再生育抉择中，她们既关注自己，注重自我的主观体验和愉悦，通过自身家庭权力的发挥来争取个人诉求的实现；又面向子女、面向未来，注重对子女的培养和发展，并以此作为再生育抉择的动力或策略。同绝对意义上的个体主义不同，“中国的个体化是没有个体主义的，是被动且投身于家庭联系的”（郑丹丹，2018）。这就解释了为什么今天的女性也会像父辈一样并不降低对后代的关注。

当女性再嵌入生育制度与家庭关系时，表现为一种嵌入家庭集体的个体化，这也是个体在新时代的一种策略性选择。或许女性的这种个体化会因其嵌入家庭集体的特性而成为一种不彻底的个体化，或者说是在生育政策推动下、阎云翔所说的国家管理下的个体化。事实上，在贝克那里，个体化本就是一个还没有完成的持续过程，传统的形式仍然会在某些领域或人群中继续存在，重新嵌入只是在传统与个体化并存的进程中，人们的一种动态趋向。年青一代的城市女性同自己的母辈生长于不同的时代，她们能够与丈夫共同决定是否要孩子、要多少孩子。我们至少可以发现，女性已经从传统中那种母亲的、唯一的命运中解放出来，并且可以有意识地发现甚至打破传统性别规范中那套男性标准。女性从传统中逐步脱嵌，在个体化之路上建立起一种对个人的考虑，某种意义上也是从传统的性别规范中逐步脱离。她们在再生育抉择中，正如贝克所说，要努力地“为自己而活”。

因此可以说，面对现代社会中新的形势和新的政策，“为自己而活”而不是单纯地“为他人而活”的个体化取向，会成为女性在生育抉择中的重要导向。个体化的取向体现在再生育抉择方面，包含着比以往显著增强的女性对身体的高度关注、对自身发展的关注，以及对精神追求的关注等。这些关注事实上囊括了两个方面，一是去掉再生育可能带来的不良影响，二是增进同再生育相关的女性生活的积极效应。总的来说，都是紧紧围绕一条主线，即“为自己而活”。个体化取向会指引女性在再生育抉择方面充分为自己考虑，将自身诉求摆在关键位置；也会指引女性在面临再生育风险时主动基于自身考量而规避风险；更会指引女性在再生育抉择中直面自身感受和体验，不再囿于女性和母亲角色的社会性别规范，勇敢地活出自我。

二、“为自己考虑”：女性参与再生育抉择的躯体化导向

在再生育抉择方面，女性的个体化其实是对生育制度的一种重新嵌入，也是对传统性别规范的重新审视。由于现代社会对崛起的个体化提出了一个要求——通过自我选择和自我决策来对自己负责，因此女性在重新嵌入生育制度时常常不得不采用一些途径来实现自己的再生育抉择，同时去规避可能因生育而遭遇的苦痛。在这一个体化取向中，女性参与再生育抉择极大表现出一种自我导向，主要呈现为对自己特别是对自己身体的考虑较多。相较于传统文化中女性“为他人而活”，再生育抉择中的自我导向体现出了一种“为自己而活”的风范，在自我导向下关注自己的身体，通过躯体化方式在生育抉择中直面自我并作出选择。

（一）躯体化的自我：小 Y 的故事

32 岁的小 Y 是一名医院行政人员，和丈夫育有一个 3 岁的女儿。平常白

天女儿都是由小 Y 的父母悉心照料，到了晚上，父母返回自己家，小两口独自带孩子。在外人看来，父母为照料儿童提供了绝对充足的帮助，又是文化程度较高的大学老师，小 Y 和丈夫的工作丝毫不会受到影响，可以放心地在职场打拼。加上夫妻两人捧着“铁饭碗”，看起来是最适合要二孩的人选。然而，小 Y 对再生一个孩子表现出绝对的抗拒，丈夫并没有什么明确的态度，所以他们的再生育抉择是“坚决不生”。小 Y 对笔者说得最多的也是给笔者留下印象最深的，就是她生完孩子的身体遭遇。

由于生孩子时没有用镇痛泵，小 Y 很认真地回忆了她疼痛强烈到被注射哌替啶（杜冷丁）的经历。“我剖（宫产）的时候也打麻药了，但是好像没几个小时，麻药劲儿就下去了，没疼死我。然后就是按肚子，排血，哎呀，疼死了！第二天实在疼得不行了，我让我老公找医生，给我打了两针杜冷丁！就那样，还是疼的。”一般产妇不需要使用杜冷丁，所以小 Y 在生产过程中有着极度疼痛的回忆。然而更令笔者感到心惊的是，这种已经让人难以忍受的身体苦痛，与接下来发生的事相比竟不算什么，用小 Y 的原话来说就是：“跟坐月子时候（生病）相比，生孩子算啥呀。”生孩子之前小 Y 身体非常好，但是产后患了极严重的乳腺炎，乳房憋得发紫，充满了脓液，使她直到今天都忘不了当时“真是要昏死过去”的感觉。就连当地医院的知名大夫看了她的情况都表示震惊：“你这个这么厉害呢？一会儿我们只能试着抽一抽（脓液）看看。疼啊，你忍着点。”大夫让护士拿出最大号的针头，后面套着最大号的针管（小 Y 边说边拿手给笔者比画着针管的粗度，大约比拇指和食指环扣还要粗些），不打麻药，直接抽脓液。“乳房本身就是人身体最敏感的地方，不打麻药，哎呀！还那么粗的针头！扎了六针！这边三针，那边三针。扎进去我简直没疼死过去！我爸就那么按着我，还不能让我乱动。我疼得都晕过去了。吸出来的都不是奶，连血带奶，而且不是稀的，是像豆腐、果冻那种，固体了。”小 Y 的描述让人不寒而栗，生育过孩子的笔者非常能理解她的感受。

如果说生育过程是难以忍受的疼痛，那么产后的乳腺炎及其治疗过程简直就是无法承受的苦难。坐月子期间，由于乳腺发炎，医生嘱咐小 Y 只能喝米汤，间接导致她营养不足、身体没有力气。加上月子里本身虚弱，小 Y 又一次发高烧——乳腺炎又来了！“又去医院抽了一次。这次是三针，还是那么粗的针头、那么大的针管。我疼得，哎呀，简直是昏死过去！”和第一次乳腺炎一样的疼痛再次来袭，再一次强化了生育带来的身体苦痛印象。之所以会那么疼，是因为这一次的脓包“就在皮肤上头，有乒乓球那么大，一碰软软的，里头都是脓。医生想打麻药来着，其实都打了，但是那个脓包太大，针头伸到旁边，因为压强大，就把这些液体给反弹出来了！所以最后麻药压根儿没打进去！抽的时候疼死我了”。

对于家庭来说，再生一个孩子是增添了人口，扩大了家庭规模。而对于在生育事件中同时扮演决策者、孕育者、生育者以及养育者等多重角色的女性来说，再生一个孩子不可避免地要同女性自己的身体发生联系。即便不考虑社会性别规训和社会生育制度，女性也必须考虑自己的身体与健康问题。既然生育政策将家庭的再生育抉择提上议程，那么在应对再生育抉择时，女性作为个体需要对自己的决定和行为负责，充分评估自己的身体状况以及生育已经或可能给身体造成的影响。对身体的重视在大多数被访者那里得到了认可，或许是因为身体即权力，就算没有更多的家庭决策资本，女性拥有了自己的身体，也就拥有了一定的生育话语权。对于当代女性而言，再生育抉择中不免会有更多女性自己的声音，表现出女性为自己考虑的个体化取向。

通过躯体化来强化自我表达，令生育子女同女性参与的其他事务产生区别。齐美尔（2000：154）认为，从两性差别来看，女性更倾向于一些日常的要求，就如花了半天时间做的饭瞬间被吃光一样，她们的活动“从未指向一个对象或一个观念”等具有相当长时间性的事务。女性活动的意义似乎仅仅就是这“一点一滴的东西”，故而女性并未获得除此以外的任何“实质性结果”。这也就导致了女性行动结果长效性影响的缺失，间接暗示着女性活动结果的重要性较低。但需要明确的是，生育孩子同普通的家务劳动是有区别的。至少在时间属性上，孩子不只是某一时刻的点滴——他 / 她的生育和养育会占据女性相当长的生命历程。生育孩子更会造就一种绝对的实质性结果。可以说，再生育抉择同女性参与性别规训下的家庭日常事务具有不同属性。尤其对于已经有过生育经历的女性来说，她们会对自身的生育进行更多、更全面的考虑。特别是对于在既往生育经历中拥有不良体验的女性来说，她们会更加显著地体现出一种谨慎的、充分为自己考虑的、富有个体化取向的再生育抉择。

躯体化的自我中蕴含着不可忽视的女性自我关照，体现为现代社会中女性面临再生育抉择时选择避免身体伤害的自我表达。或许生育中女性的自我避险在过去也存在，但是似乎并没有像当代女性这样突出。旧时女性不乏即使不愿生育或孩子性别不符合家庭期待，也囿于医疗条件的局限和对个人身体健康关注的缺乏，只能在怀孕生育后再放弃孩子的情况。而今天，医疗技术的发展和女性个体的崛起，使得生育作为同女性身体关联最大的事件，能够也必须在很大程度上倾听女性的声音。在某种意义上，是否真正怀孕可以成为女性把握自己身体的一种"武器"，而能否实现自身意志、根据自身情况来影响家庭的再生育抉择，同样基于女性对自己身体的考虑。小 Y 是一个典型个案，其他已育女性或许并非个个都像小 Y 那样有着极度苦痛的遭遇，但被访者无一例外地都有着各种各样的躯体化疾病，同时也会在提及再生育抉择时进行躯体化诉说。生育孩子是一种女性活动的实质结果，面对现代社会中的各种风险，女性不得不考虑更多，而躯体化的表现便成为女性应对再生育抉择的自我表达，也因此呈现出更多的"为自己而活"。

（二）躯体化、苦难与再生育抉择中的自我表达

在外界看来，有的女性似乎对生育表现得过于"矫情"和"娇气"，自我导向的生育考量容易遭到非议。几乎所有女性都经历过生育、都体验过生产中的疼痛，怎么如今这一代人就忍受不了呢？笔者从好几位访谈对象的话语中切实感受到了她们对个体体验的重视，比如常常强调"生的时候疼，缝针的疼更难以忍受""生完后宫缩更疼""阴雨天刀口会难受""腰疼""两次剖腹产比两次顺产的影响（伤害）更大"等。懂医学的小 Y 还绘声绘色地给笔者讲起剖宫产是如何将女性的肚子从外到内切开，医生像"撑面袋子一样"把女性的肚子撑开，取出胎儿的过程。事实上，再生育抉择中为自己考虑的既包括生育引起的生理不适，也包括同生育相关的精神不适。而这些躯体化的表现与诉说正是女性为自己考虑的表达途径。生育一孩后躯体化表现中再现的苦难是女性再生育抉择的重要影响机制，也成为女性应对再生育抉择的一

种方式。

由于生育同身体息息相关，在评判身体与健康同再生育抉择的关系时，躯体化自然而然地成为女性的一种决策机制。凯博文（2008：49、56）认为躯体化是一个交流和应对社会和个人苦痛的过程，“个体的损失、所遭受的不公正、经历的失败、冲突都被转化成关于疼痛和身体障碍的话语，这事实上是一种关于自我以及社会世界的话语和行动的隐喻”。当然，在凯博文那里，躯体化直接展现为抑郁症一类的精神和身体疾病，而本书则想借助这一概念，来理解女性在再生育抉择中对身体与健康的考虑，既表现为在某种程度上避免未来可能发生的同生育相关的身体疾病，也表现为对生育引起的身体苦痛与疾病的倾诉。

躯体化表现出来的疾病未必是严重的大病（如果罹患大病也不可能选择再生育），但这些小毛病会时不时出现，干扰女性当前和未来的正常生活。生育时的痛楚延续到现在，便形成了一种疾病的躯体化表现。小 Y 的主要症状为腰疼。事实上，有不少女性都会像小 Y 一样在生育中或多或少地“落下病根”。生育时的刀口大多会在阴雨天时或疼或痒，不得不忍受前文所述的各种疼痛。这种痛苦不仅源于女性生产的经历，具有持续性的躯体化表现，更重要的是，会直接勾起女性对生育引起的身体苦难的回忆。每当聊起生育的过往，疼痛的记忆就会再现，就会通过躯体化不断重现为今天的疾病。

苦难本身就是一种社会记忆。这些“病根”本身不仅含有生理性苦痛，也充满了对生育经历的不堪回首。正是曾经的生育过程造成了今天的躯体化疾病，故而这种躯体化也在客观上成为女性对抗再生育的方式。在再生育抉择中，妻子对身体和疾病的躯体化诉说，丈夫都看在眼里，也就不好再提再生育的事。不难想象，如果女性在生育一孩的时候受到过不同程度的身体伤害，那么她们在再生育抉择中一定不会忽略二次伤害到来的可能。后期躯体化的疾病事实上还产生了另外一种作用：形成对女性不良生育体验的时时提醒。作为苦难的社会记忆就这样一次次被勾起，一次次被强化，进一步将再生育和躯体化体验联系在一起。作为疾病的躯体化表现也好，作为诉说的躯体化也好，其实质都是女性避免身体苦痛和记忆苦痛的一种方式。

通过女性的躯体化诉说，笔者能够清晰而深刻地感觉到女性生命中涌动着的对自身生育健康和身体体验的格外重视。与其说是这一代女性更加“矫情”和“娇气”，不如说是这一代女性主体意识更强，只不过这种意识恰恰表现在同女性关联最大的生育领域。女性不愿因生育而吃苦的这种观点，似乎将她们置于性别角色的道德框架中。但这一框架本来就是外部世界对女性表现的一种社会建构，前提是以旧时的女性为参照群体。身处传统生育文化中的女性常常被社会定义为以生育为天职，又怎能以个人体验为先呢？反观之，当下生育传统已经去标准化，当代女性接受了更多的教育、拥有了独立的经济收入、具有了更高的社会地位，从而产生了更多的主体意识，具有了更多的自我关怀，也因此有了更强烈的属于自己的生育抉择。那么女性就会非常慎重地对待再生育，以确保再生育时不会再面对这些苦难，或至少为此做好充分应对准备。

当下，女性似乎处于传统与现代的转变或夹缝之中。对于今天的女性来说，对生育苦痛进行规避，也就是所谓的“娇气”，是旧有的性别规范标签化的结果。时代在发展，文化在变迁，当代女性也从传统生育文化中逐步脱嵌，故而并不认同这种评价方式。有着苦痛生育经历的被访者表示，谁再向她们提起生二孩甚至三孩的事情，她们便会非常反感。在女性看来，她们并不在乎那些鼓动自己再生育的人如何对自己进行道德评价，因为她们更在乎自己。或许，她们正在周围催生者的道德规训中，摸索出一条自己的再生育抉择之路。在这条路上，女性大胆而公开地将自我放在重要位置，通过躯体化的表达与诉说来实现自己在再生育抉择中的主张。“现在想想，吓死了！让我再生个孩子，再经历一次？嗯（摇头），可不要！”小Y抱着自己的双臂，直摇头。选择为自己考虑，是一种避免伤害的方式，并非在道德上难以接受。即便这种个体化的再生育抉择取向没有被所有人接受，女性也已经走在个体化的路上。

与其说躯体化是一种策略和机制，不如说它是一种自然反应，是一种夫妻双方都可接受的处理与应对方式，本质上是女性的一种自我保护与个人选择。个体在新的生育环境下遭遇新的再生育抉择，因为没有可供参考的历史与传统，必须充分考虑和评估自身的感受和情况，同时必须承担自己的决策带来的后果。所以，当再生育抉择作为个体需要面对的一项新的家庭决策而被感知的时候，女性首先要考虑自己的身体，也知道应当如何去处置它，不再将生育视为天职、只是为他人而活。即便没有明显地趋利，至少要在再生育抉择中做到避害，通过躯体化的疾病和诉说来把控自己的身体，在再生育抉择中充分地为自己考虑。疾病只是一种外在表象，女性借助身体这一媒介来表达自身曾经历过的不良体验，通过躯体化强化了自我经历，表达了自己的态度，也暗示了再生育抉择的最终走向。躯体化从根本上说充满了女性对自己身体、健康和体验的考虑，是崛起的个体通过自我认知来保卫自己、维护权利的表现。

三、“对自己负责”：女性参与再生育抉择的重要考量

如果说躯体化是女性再生育抉择中的一种个体化呈现，是一种典型的为自己考虑，主要面对的是过去，是女性将曾经的经历同当前的再生育抉择相结合而产生的一种个体化选择；那么，个体化的另一种呈现则表现为女性面向未来，为了规避可能出现的风险而作出相应的再生育抉择。只有尽可能地规避再生育抉择带来的风险，或者至少使生育的风险最小化，女性才能真正在个体化时代做到对自己负责。毕竟在社会传统已被打破，需要女性重新嵌入的背景下，作出选择并对自己负责，既是时代的呼唤，也是女性个体崛起的表现。女性不再因自身的女性和母亲角色而只顾他人、不顾自我，反之，开始将自身情况与发展境地置于家庭决策的舞台上，将规避再生育风险作为作出再生育抉择的重要标准。

（一）规避年龄风险

本书的被访者中，不论是决定生育二孩/三孩还是维持一孩现状的女性，几乎无一例外地提到了再生育年龄问题。两个孩子相差5岁的M女士认为自己生二孩“其实也有点晚了”，主要是“怕影响身体、健康啥的”。而决定不再生育二孩的42岁的W女士则称自己“（如果再生孩子）就是高龄产妇了”，因为“我生孩子的时候都已经34岁了，现在如果再生，年龄肯定是太大了。年龄大对孩子和大人都不好”。再生育同一孩生育有所不同。从人的生命历程

来看，生育第二或第三个孩子时夫妻的年龄一定会长于生育第一个孩子时。而从生育政策的调整来看，政策出现调整时，一些符合政策要求的育龄夫妻或许已经距生育第一个孩子的年头甚远了。故而再生育年龄及其带来的风险，是女性必定会关注的因素。

全面二孩政策和三孩政策实施后，对政策最为敏感的群体应属已育一孩的群体和已育二孩的群体。风笑天（2021）为此还提醒道，只有夯实二孩生育的基础才能有效地促进三孩生育。因此一般来说，需要进行再生育抉择的目标对象多数已经年龄不小了。同男性相比，再生一个孩子跟女性的生理状况密不可分，这使得女性不得不在再生育抉择时充分考虑自己的身体和年龄状况，特别是未来对身体可能产生的影响。生育本身的疼痛和伤害可能会被愿意再生孩子的女性无视，而基于对当前自己身体状况的评估和对未来生育健康风险的判定，年龄是几乎所有女性都不会忽视的一个因素。确保不因年龄而遭受风险与伤害，才是对自己负责。毕竟这种风险是可以通过自己的再生育抉择而避免的。

规避再生育时可能产生的身体风险，在很多女性看来是第一位的。值得一提的是，不论是决定再生还是不生，年龄都是女性会谈到的一个重要因素，特别是再生育时女性自己（而不是丈夫）的年龄。对于女性而言，二孩或三孩生育将直接面临成为高龄产妇及其带来的相应生理风险。如不少被访者谈到的，胎儿发育不良甚至唐氏儿的可能性增高，孕妇两次生育间隔年限不足而导致生育危险，先后两次剖宫产和胚胎着床在疤痕位置可能带来致命风险，以及再生育后女性又至少要面对三年带孩子的操劳体验，等等。这些风险都随着孕妇年龄的增加而提高，并且更多地存在于女性，而非男性身上。作为再生育中年龄风险的主要承担者，女性没有理由不对自己负责。如果说躯体化方式是女性避免重蹈过去苦难的覆辙，那么规避年龄风险则是她们防患于未然的考量。尽管这种个体化取向似乎与传统性别规范下女性的生育天职背道而驰，但在个体化社会中，社会将选择抛给个人，那么女性个人就必定要对自己负责，通过全面考察不同选择可能面临的风险，慎重作出自己的决定。

不少女性对再生育和年龄的关系的思考与处理显得十分理性，这种理性在本质上正是个体化社会中的对自己负责。多数女性都在生育一孩时主动获得了不少医学常识，了解高龄产妇会比普通产妇承受高出若干倍的生育风险。在既往的生育历程中，她们建构起一套自己的健康概念体系（邱济芳，2017），并采用这一体系来衡量再生育对子女和自身的影响，之后再作出再生育抉择。在本书中，对于“即将成为”高龄产妇的女性而言，年龄带来的身体风险是一种直接风险：一旦再生育孩子就会直接遭遇风险，而选择不生育则完全无须承受。这种风险的直接性来源于选择本身，也就是说，选择和不选择代表了风险的存在和不存在。既然女性通过个体选择就能杜绝风险，那么基于一孩生育中建构起的知识体系，女性会认为没有必要为了生育这件事而给年龄已不小的自己增添更多身体上的麻烦。如果不是必须冒的风险，个体很可能会选择提前避开。即便决定再生育，女性也会依据一孩生育经历中积累起来的科学经验和自我知识体系，为自己制定好应对风险的方案。

在个体化社会到来时，“许多原本可以依靠集体或团体来应对的问题，越来越多地抛给了个体”（李荣山，2012）。如果说独生子女政策时期几乎不存在再生育抉择，某种程度上说是靠集体（国家）来进行决策，那么在全面二孩和三孩政策实施的今天，再生育抉择就是一个抛向个人的家庭问题。女性作为年龄风险的主要承担者，必须直面再生育抉择这个家庭问题。本书中被访的城市女性显然对年龄风险及其应对已有明确的思路，并呈现出对自己负责的样貌。这既是女性在现代社会中的生存策略，也是女性面对再生育抉择时对自我的关注。

（二）活在当下与规避当前风险

除了考察再生育时可能面临的年龄风险，女性常常会将自身生活现状与想象中的再生育后的生活进行比较。能否保持当下的良好状态，是否要承担自己生活变得更差的风险，是她们在作出再生育抉择时的又一重要考量。

“那时候我头晕得很严重，那我肯定得先顾我自己吧！我也不能为了这个（指生二孩）（而放弃自己），是吧？”D女士决定通过流产放弃生育二孩，在他人包括她的丈夫看来，是难以接受的。但D女士仍底气十足地将自身当下的考虑放在了首位，坚决避免使自己遭受不可预知的生育风险。D女士坚持自己的主张，最终压倒性地作出不再生育的抉择。如果说D女士本身生育意愿不强，那么R女士则是一直非常想生二孩，即便她丈夫工作非常忙碌，平时很少在家带孩子，甚至有点“大男子主义”，她仍一直都特别想要二孩。然而根据当前自己的身体和家庭状况，她理性地评估了再生一个孩子后的生活。“我想这时候要是身边再有个孩子，天哪，我晚上还得抱他/她，那我是根本就抱不起来的。脖子也疼，颈椎和腰都不行。”婆婆作为长辈也未必能够提供育儿帮助，显然是自己冒较大风险，可能完全无法应付再生育后的生活。最后她作出了不再生育的抉择。

首先维持现状，然后才有是否再生育的对话空间。其中的逻辑是，当前如果不为自己考虑，就是对自己今后生活的不负责任。对于女性而言，这是一种典型的个体化取向。她们不会再因为母职身份而放弃对当前自己生活状态的把握。其实，像D女士和R女士这样的女性有很多，生育本身和生育后的育儿任务及相应风险常常主要由女性承担，当前生活状况和自身状况因生育而改变最多的，同样是女性自己。人们虽会对女性的再生育抉择特别是不再生育的抉择进行道德评判，甚至认为怀孕后又放弃生育令人不忍，但不少女性认为在再生育抉择中，首先得考虑自己的情况，看看身体健康状况和家庭环境因素是否允许怀孕和生育。如果生育要以牺牲自己当前的健康为代价，甚至忽视当前的家庭环境因素坚持选择再生育，那显然是对自己不负责的表现。而在生育文化传统被打破、需要重新嵌入之时，在缺乏传统惯习和行动方式指导的前提下，对于那些可冒可不冒的风险，女性更加需要优先结合自己当前的实际情况，判定有没有必要去承担风险带来的后果。活在当下、以当下情况来评判生育后可能带来的风险与改变，是再生育抉择中女性对自己负责的表现。

与传统不同的是，被访女性更加注重活在当下，不再将生育子女作为应对未来养老风险的保障。非常有意思的是，被访者常常结合自身对自己父母的照料经验（特别是独生子女身份的被访者），认为生育二孩或三孩能够降低未来孩子们照料自己的难度，“互相有个商量”。但被问到是否期待多个孩子来照料自己，以分散养老责任、降低自身养老风险时，她们反而并不期待。承认自己未来可能面临养老风险，也认可多子女对养老风险的缓解作用，但再生一个孩子“不光是（生育成本），还有个人要面对的身体、心理、精力与时间的多重考验”（YZ 女士）。故而即便考虑养老风险，孩子对于女性的工具性也在下降，女性更加注重当下的自我体验和生活质量。谨慎对待再生育抉择，维持现状或将其变得更好，至少不因再生育而给当前生活带来麻烦，就是给自己降低了当下的风险，使自己避免了生育带来的“多重考验”。这何尝不是现代社会中女性对自己负责的一种体现？

活在当下既是整个家庭的当下，也是女性自身的当下。从被访者的案例中可以发现，就算存在传统社会性别分工，被访者家庭中不少丈夫不能很好地分担育儿和家务，女性自己还要同时在职场拼搏，但这些障碍在某种意义上对女性来说都不是问题。关键在于，不论是决定再生育还是放弃再生育，抉择的过程和结果都要依赖女性自己，只有自己才最能够也最应当对自身的选择负责，承担改变当下的风险。比照当下的生活，对身体风险和家庭风险的评估使女性将自己放在首位。正如贝克（2004：151）所言，“‘自己的生活’必须得到更好的保护，帮助他们防范痛苦的墙应该更高一些”。维持当下状况，避免承担改变当下而带来的风险，保护好自己的生活，这些再生育抉择的个体化取向在女性身上逐渐显现出来。

如果说传统生育文化中的多子多福适应了当时的经济生产水平，不论是从人员还是资源方面都能够为家庭带来更大的收益——人们通过不断生育更多子女来追求利益的最大化——那么今天的女性在再生育抉择中更加在乎的或许是风险最小化。这种风险往往是同当下生活进行比较而评估出来的。活在当下和看重自我的价值取向，使很多女性在再生育抉择中进行了避险式的思考。事实上，当前的风险既关系到女性的现状是否被破坏，也关系到再生育后的生活是否会对自我构成风险。同生育孩子的好处相比，女性更加注重自我生活状态，看重自身现状以规避可能遭受的风险。这体现了将自己放在第一位是对个体的负责。显而易见，女性的自我在再生育抉择中占据了重要地位。现代社会中的再生育抉择，正是随着女性对当下状态风险的评估而重新嵌入生育文化的，充分体现了当代女性在实践着“为自己而活”。

（三）规避个人发展风险

对于当代女性而言，家庭不再是她们的全部。自我发展同家庭发展一样，都是女性生命的重要组成部分。多数已育一孩的女性也恰恰进入了自我发展的关键时期，可能已经在职场积累了一定的经验，并开始寻求更高的发展。这就要求她们必须有意识地在再生育抉择中规避个人发展的风险，对自我发展负责。

R 女士正是面临这种风险的典型个案。孩子上幼儿园时，R 女士通过个人努力，在工作期间考上了在职博士研究生。对于她来说，压力主要来自三个方面：家庭与孩子、工作、求学与自我提升——第三点是其他女性很少要面对的，它在很大程度上可以为工作发展增光添彩。但这就使得 R 女士的工作家庭冲突更加明显，也加剧了她对未来不确定性的担忧。“反正就只能顾一面，要是管孩子了肯定就没时间顾工作，要想在事业上像男的那样，就没精力管孩子。”如果说考上博士已经增加了生活的难度，那么博士毕业的不确定性则进一步强化了她生育二孩可能面对的困难。“我姑娘就老问我：‘妈妈你是不是毕不了业啊?’问得我更焦虑了。我老公就说实在不行就不毕业了，也没啥，但是我，唉……”R 女士露出了非常不甘心的表情。

对她来说，谋求个人发展与自我提升是自己的追求，是当今社会女性个体崛起的典型表现，是不可忽视的生命历程。如果选择再生育，个人发展就必须面对很多风险：对二孩的投入降低了自己的学习参与，导致博士毕业延期甚至根本无法毕业，不能实现自我提升的目标；生育和养育二孩占用的时间和精力，会剥夺其投入工作的时间，减缓晋升的进程；必须将自身作为一种资源分配给第二个孩子，对于第一个孩子也不能够做到十分地付出，令自己感到愧疚；等等。R 女士思虑再三，最终认为再生育会给个人发展带来太多风险，便决定不生二孩。其他女性虽未必人人成为博士，但也可能像她一样面临职业晋升、学习培训等诸多个人发展事务。

这些发展性事务总是同女性的家庭和生育密不可分，对于再生育来说更是如此。因此对女性来说，再生育要比生育一孩时更为慎重，这是现代社会女性对自己负责的直接体现。或许生育第一个孩子是个人和家庭不假思索的决定，对女性个人发展具有一定的影响，而再生育会给女性个人发展带来双重风险，因为女性不得不面对两个甚至三个孩子的生育、照料等一系列事务，用于个人发展的时间和空间就会进一步受到挤压。而在当前这个个体化时代，女性不再为他人而活，开始逐步地、更多地面向自我。再生育如若会给个人发展造成可预知的风险，改变目前顺畅的生活与发展状态，甚至使发展前景变得更差，那么女性就会基于风险规避而选择不再生育。可以说，再生育抉择中对个人发展风险的考虑，体现了城市工作女性对自己生命历程负责任的态度，将曾经隐藏的自我逐渐呈现于家庭的大舞台上。

在传统社会性别规范下，女性个人发展很难不同家庭产生联系。正如众多学者谈到的家庭就业冲突那样，女性角色似乎天然地面临着一种尴尬。现代女性既要生活在家庭空间这一私人领域，又要工作在劳动力市场这一公共领域。对于职业女性来说，个人发展主要体现在职场领域及自我提升。可正如前文所述，“对平等的期望与工作和家庭中不平等的现实之间的尖锐矛盾，都被转移到家庭内外的私人领域”（贝克，2004：148）。女性在生育事件中扮演了工作家庭冲突承担者的角色，生育会给她的个人发展带来可预知的风险，那么基于对自己负责的态度，女性就必须充分认识并评估这些风险，再作出是否生育的选择。

贝克（2004：136）对女性的个体发展风险给出了一个看似极端的结论：“只要妇女还生育孩子，感觉到自己对他们的责任，并且把他们看作自己主要的生命任务，孩子就仍旧是在职业竞争中可预期的‘障碍’，同样也是作出不利于经济独立和职业生涯的有意识决定的诱因。”贝克的论调尽管略显悲观，但中肯地指出了，在个体化社会，女性主动认清了“诱因”风险，而不是忽视它：她会在个人发展和生育之间找到一个平衡点，尽可能规避生育带来的个人发展风险，而非被动承受。事实上，被访者的确显示出当代城市女性主动规避发展风险，在个体发展和再生育之间表达自我主张的情况。规避个人发展风险体现了女性的主体性，只有在作出选择时充分考虑自我，才能做到在风险社会中对自己负责。如此，女性就必须通过自己的努力，在家庭决策互动中作出适合自己发展的再生育抉择。

总而言之，再生育抉择从某种意义上说是一种直面风险的选择。风险的存在意味着抉择之路不止一条，作出哪种决定就好像踏上哪一条道路。这就要求女性自己要对自己的决策负责，充分评估生育可能带来的风险并决定要不要去承担这些风险。恰恰在充满现代性的个体化社会，生育传统和家庭组织不再是指导生育的主体，女性必须接过再生育抉择的接力棒，个体化地参与决策并作出决定。在独生子女时代，年龄风险、当前风险和未来个人发展风险虽然也会不同程度地影响女性，但是其影响力度却远不如新生育政策实施之后。换言之，全面二孩、三孩政策出台后的女性需要对这些风险作出更多规划与考虑。而规避风险就体现了女性的个体化，只有自己且应该是自己要为自己负责。对自身健康和未来风险的做充分考虑与应对，是崛起的女性个体为自己谋求出路、对自己选择负责的表现，也是女性再嵌入新的生育文化的方式。

四、"为自己而活"：女性参与再生育抉择的深层逻辑

"只有到了20世纪下半叶，'为自己而活'这种原本只被少数人期望的生活态度和生活模式，才成为了普遍要求，从边缘和从属地位向中心地位靠拢。"（李荣山，2012）从社会性别理论的视角看，生育既可能成为使女性受压迫的因素，又可能成为女性力量的源泉。这两种不同的性质展现了生育这件事的一体两面，提示我们关于是否再生育的抉择本身很可能是制约再生育的关键。如果说再生育抉择中的"为自己考虑"更多的是基于让自己免受伤害，属相对基础的追求，而"对自己负责"更多的是理性地使自己避免可能会遭遇的未来风险，那么"为自己而活"就是女性追求的一种更高的精神境界。用马斯洛的需求层次理论来类比的话，前两者主要体现了女性生理和安全的需要；后者则直接突出了个体尊重和自我实现这种更高层次的需要。在本书的观察中，被访谈的女性不论作出了怎样的再生育抉择——生育还是不再生育——都蕴含着浓重的自我实现与自我愉悦色彩。而怎样快乐地对自己、对孩子负责，正是下文所要探讨的。

（一）"有闲"或"有钱"：我的生育我作主

"其实我觉得（生与不生二孩）还是在于你自己（指女方）。因为其他人再怎么说，只要你自己认准了，谁也阻止不了。不信你回家跟家里人说，我想生二胎，肯定没人反对你。"（T妈妈）

“我之前流产过一个孩子。他想留下，我说我喝药呢，就不要了。要不说条件不具备，生啥老二啊，根本不行！”（D女士）

“有闲”的全职母亲，恐怕是对自身生育的事最有发言权的人。目前几乎全职在家带两个孩子的32岁的T妈妈告诉笔者，她家的再生育抉择主要是在自己的主导下作出的。对此她非常坚定，认为不论丈夫和家人是否催促女性生育二孩，最终还得看女性自己是否愿意。只要自己愿意，尤其是打算再生一个，那么其他人“谁也阻止不了”。不愿再生育的D女士持有同样的观点。如果自己不愿意，没有人能够勉强自己。即便已经怀孕，但只要她认为自身的家庭环境和条件并不适合再养育一个孩子，也会坚决地通过流产作出事实性抉择。

“有闲”的T妈妈辞掉了工作，拥有大把的育儿时间。正如大众担忧的，必须有专门人员花费大块时间来照料孩子，才有再生育的可能性。这一条件不少愿意再生育的妈妈及其家庭都是具备的。不过，T妈妈即便不上班也无须为经济发愁，因为T妈妈是一个“有闲”又“有钱”的城市女性。除上班外，她还有其他收入来源，家庭经济条件也不错。在生育、养育和教育成本较高的今天，再生育抉择中的成本考虑虽然是既有研究中的老生常谈，却恰恰反映出经济因素的重要性。必须承认，时间和经济都是再生育抉择中不得不考虑的内容，故而除了“有闲”之外，“有钱”即有比较坚实的经济基础，也是不能忽视的要素。D女士能够在再生育抉择上作出最终决定，某种程度上同样离不开自己家庭的中等收入水平，也离不开自身独立经济收入和稳定职业的支持。

经济条件固然是影响家庭再生育抉择结果的重大因素，是基于经济理性对生育的成本和收益的考虑，主要面向再生育抉择的结果，或者说客观生育行为的后果；可这种考虑将生育视为一种家庭经济行为，以家庭整体为分析对象，较少关注女性自身，也较少关心再生育抉择的生成过程。对于家庭当中的女性、妻子而言，经济条件不仅指向家庭的育儿成本和后果承担，更指向女性自身的条件、地位和自主性。正如本书第四章所言，女性自身的就业收入等影射了女性的社会地位，也关系到她们参与家庭决策的能力。那么，作为一项家庭决策，再生育抉择中对经济条件的考量也应面向抉择的过程和夫妻互动，应当进一步审视女性如何自主地依据自身“有闲”或“有钱”的基本情况，主动地参与再生育抉择并影响再生育抉择的走向。

值得一提的是，在本书的大多数被访者中，鲜有因自身经济条件差于丈夫，或是受家庭特别是长辈的催促而被动决定生育二孩的。事实上，在调查中，笔者多次向访谈对象问到经济原因是否会影响家庭的再生育抉择。被访者几乎无一例外地给出肯定回答，但又看似矛盾地提出无须对此进行过多考虑。也就是说，女性及其家庭在作出再生育抉择时一定会考虑家庭经济条件和生育成本收益，但经济条件并不会成为再生育抉择的束缚。或许经济因素即“有钱”是再生育的基础条件，但被访家庭处于中等收入水平、没有过重的经济负担，给女性及其家庭作出积极的再生育抉择提供了更多的可能性。然而，那些作出消极再生育抉择的女性并非“无闲”或“无钱”，又当如何理解她们的再生育抉择呢？笔者认为，更重要的是，就像T妈妈所言，想生的总是要生的，不想生的就会用经济条件作理由，而生不生的关键在于女性自己。在“有闲”或“有钱”的基础上，女性对再生育抉择拥有了更大的自主性。

需要指出的是，如果说“有闲”或“有钱”是家庭和女性生育二孩或三孩的基础资源，那么像T妈妈那样选择生育二孩、从职场退出、全职回家照顾两个孩子，则完全出于自愿，更准确地说是出于自主。对于不少愿意生育二孩或三孩的女性来说，丈夫、长辈未必会给她施加再生育的压力，女性会认为自身是再生育抉择的关键主体。正如本书第三章所论述的，以教育、职业为代表的夫妻各自的经济地位作为一种相对资源，并不是影响家庭中谁来作出再生育抉择的唯一因素。再生育抉择由夫妻中的哪一方来作出，同决策双方的性别关联更显著。当然，从社会性别理论的视角来看，这些女性有可能没有逃脱父权制的大网，还是将生育和履行母职作为女性的天职。但是从和她们的对话中笔者发现，即便陷于弥散的父权制中，女性仍显现出不断挣脱的迹象。因为“问题的关键是平等，平等曾是，现在也还是女性确定自己人格、完全自由地选择是否生育所必需的”（弗里丹，2007：61）。姑且不论生育是不是女性的天生职责，女性常常认为生育是一件女性自己的事，或者说属于女性的事。正因为生育事件中从孩子的孕育到生产再到养育的过程以女性为主，女性在生育养育中的投入更多，所以在二孩/三孩的再生育抉择中，女性更会将其视为一项自己的事，体现了自己对自身事务的自主权。而从家庭决策的角度来看，对自身事务的自主权是个体参与家庭决策、获得家庭决策权力的一种表现。

事实上，面对再生育抉择这项家庭决策，不论是“有闲”还是“有钱”，对于再生育条件的判定很大程度上来源于女性本身，同女性的自主与自决密不可分。女性能够自主地、充分自我表达地作出再生育抉择，表现为她对这些条件进行了理性分析。理性分析是具备理性分析能力且已经进行过精心分析判断的女性作出再生育抉择的必备环节，也是这些能够对自己再生育抉择进行自主决定的女性的特质。“比如有没有人带孩子啊、经济上能不能负担啊，这些都是（要理性分析的因素）。反正就是肯定得自己通过理性的分析。”并且，不是每个人都能进行理性分析的，那些“文化水平比较低的，有点落后，或者观念很传统的”以及“自己都没有正式工作、生活没着落”的女性，则很可能不具备理性分析能力。

对于缺乏理性分析能力的群体来说，生育二孩或三孩不是一个所谓的理性结果，很可能是受到外力影响而作出的一种被动无奈的选择。相反，能够在“有闲”或“有钱”的状况下对生育进行理性分析的女性，其再生育抉择就不是一种被动选择。被访者特别向笔者强调了自身的理性分析，传递出这样一种理念：这种再生育抉择并非女性附和传统生育文化传统或受到外力驱使作出的，而是经由自身对自己和家庭的慎重、自主考虑而最终作出的。在笔者看来，被访者提出的这些支持理性分析能力的条件，正是女性地位得以提升、家庭决策话语权得以不断提升的条件。正是因为具备了家庭决策的话语权，女性才能够在再生育抉择中表达自我意见，通过充分的理性分析来完成再生育抉择，体现了女性在生育中为自己作主，反映了女性对自身生育决定的关注与把握。不论是选择再生育还是不再生育，都是一种主动的决定。女性不再是决策的客体，而是充满了理性反思的主体。也正是由于女性将生育视为自身事务，客观上形成了一种“为自己而活”的局面。

不少研究认为，妇女回家带来了女性在公共领域和私人领域的双重负担，但“没有人或者机构有权利来主宰女性的生活，教导女性应该回家还是应该工作，这样的选择只能由每个个体自主决定”（沈奕斐，2005：211）。“有闲”或“有钱”作为再生育的基础资源，怎样理解运用它们来生成最终的再生育抉择，很大程度上取决于女性自身的态度与评价。对“有闲”且“有钱”的T妈妈们而言，回家是一种个体化选择，并不是一种负担。对于“有钱”但“无闲”的D女士们来说，不再生育同样是一种个体化选择，她们充分剖析了现实条件并遵从了自己的内心。在本书中，不论怎样的再生育抉择，是逐梦公共领域还是回归私人领域，都是由她们自主作出的。理性并非男性专属，女性同样能够理性、自主地决定再生育这件自身事务，在生育抉择中展现自身的家庭决策权力。从性别平等的角度讲，如果能够提高包括育儿在内的家务劳动的价值，或者至少使家庭劳动和儿童照料得到经济表达，就能使只从事家庭内部劳动的女性获得外部社会的认可和尊重，更多地助益女性自由选择自己的生活方式。

再生育抉择体现了女性对自己的生育作主、对自己的生活作主。“有钱”也好，“有闲”也好，都只有借助女性的理性分析能力才能变成家庭再生育抉择的现实，也随着女性对自身事务的决策与管理而成为家庭决策的考量依据。这给我们带来了一种新的视野，那就是不论怎样的选择，只要是女性基于自身的意愿和理性分析而作出的，都体现了女性在家庭关系中的主体性，都是女性正在实践“为自己而活”。

（二）维系个人空间：职场女性的感受

SL女士是经过激烈地再生育抉择后才生育二孩的小学教师。她非常肯定生孩子曾给自己的职业生涯带来了负面影响：“影响（工作）啊！这两年（指怀孕和产假）里，我有时候就周五开会时候去一去，也不上课。然后领导就没留下好印象。现在上班了，赶紧努力挽回印象呢！”SL女士认为给领导留下不好的印象会影响自己的工作发展，不得不在日后的工作中比别人付出更多的精力与努力来弥补。不仅如此，影响还有些更加实际的方面，比如“工资只给发基本工资”，在晋升方面“要是想评高级（职称）就得有教学比赛获奖。生儿子时候就错过一次（比赛），这会儿生姑娘又错过了一次”。SL女士以前完全没有生育二孩的打算，因为生育一孩之后孩子由自己一手带大，非常辛苦。意外怀孕令她心烦意乱，“特别抵触这件事”。考虑到流产会对身体造成伤害，更重要的是“我老公都说了，要生老二他给弄。他早点回来多干点儿。他要是不干，我才不要呢”。要不是生育二孩前她的丈夫郑重承诺以后包揽家务和育儿事务，并且已在怀孕初期用行动表态，将她从母职中解放出来，她是万万不会选择再生二胎的。

对于像 SL 女士这样的城市职业女性来说，在作出二孩或三孩再生育抉择时，会更多考虑自我体验，不能剥夺个人空间是一个首要标准。个人空间意味着自我实现，特别是在劳动力市场中找到自己的价值，在日常生活中坚持自己的追求。今天的职场女性，“不少都是在经济、事业、两性关系和社会关系方面过着自由生活的女性”（特雷斯特，2018：321）。母亲身份是一种自我价值，但不是女性的全部角色，也并非人生的全部意义。女性的角色既可以存在于家庭中，也可以存在于工作中，还可以存在于广阔的社会关系和群体活动中。好不容易走出私人领域、走向公共领域的女性，个人价值应当更多地体现在工作当中，职场也应当成为女性扮演角色的关键场所。这也是被访女性大多表示自己不愿因再生育而离开工作岗位，或者说因再生育而失掉自己本身常规性生活的原因。越来越多的女性通过参与劳动力市场，重新建构起自己的自由和人生道路，不再依赖男性生活。这种趋势也在很大程度上使女性获得了独立，她们不再是一个不依附于家庭就无法实现自身价值的个体。这也将女性自身的体验和感受上升到第一位，影响着包括再生育抉择在内的多项事务。

被访的城市女性清醒地认识到，由于职场女性扮演的是一种角色集，同时承担着家庭和工作中的多种角色，因此个人空间和家庭身份之间经常处于矛盾状态：要在工作中投入更多的时间和精力，找到自己在公共领域中的价值并获得晋升，就意味着个人资源（时间和精力）在家庭特别是照料孩子方面的削减；如果生育和照料孩子占据了自己大多数时间，那么女性的时间和精力作为一种家庭资源，显然就不能分配给自己和工作。被访者中好多像 SL 女士这样的女性，对一孩的生育和照料确实给工作和自我实现带来了影响，往往更加不愿意再生一个。生育带来的工作家庭冲突已经在诸多研究中得到论证，这看起来是一场零和博弈。尽管她不得不进入这场零和博弈中，不得不面对角色冲突，但再生育抉择必须作出。女性不再是他者，而是自己生活的主人。因此，对于当代职场女性而言，再生孩子，必须以不能剥夺个人空间为前提。她们需要在家庭角色和个人空间中主动寻找一个舒适区，而再生育抉择恰恰就是一个“为自己而活”的场景，也是女性寻求个人空间的一种个体化表达。

女性对个人空间的强调，还源于再生育成本和收益在个人空间上的性别不平等。在传统社会性别分工的规训下，“在职母亲比父亲更难协调家庭内外的角色，采取的战略往往完全不同。男性通常会增加工作时间，而女性则会减少工作时间，甚至退出劳动力市场”（Mills et al.，2008）。可以说，女性为生育而付出的，远多于男性。不只是围着孩子和丈夫转圈，也不只是生育孩子的苦痛、照料孩子的艰辛，她们还要承担大量的机会成本，并需要为自己因生育而失掉的时间和各种机会埋单。这些机会成本包括但不限于因为生育而无法参与或重返劳动力市场、无法获取经济收入、无法获得职业培训和晋升，甚至因难以适应社会和职场生活而无法重返社会，最终不得不依赖男性的成本。如此一来，女性就会再次陷入传统性别规范的囹圄，很难实现自我主张，很难在生活中活出自己。事实上，人们在谈到经济因素和照料因素制约家庭的二孩 / 三孩生育抉择时，这种生育成本与其说是家庭的成本，不如说是女性的成本。那么女性理应比男性更慎重地对待再生育抉择，充分考虑生育加诸女性的各项成本，以自身发展空间来衡量再生育抉择，同时看到自己在家庭和职场中的不同价值。

女性因为生育孩子所要付出的成本，的确比男性多出太多。被访者 JW 女士的一番话令笔者记忆犹新，因为除工作家庭冲突外，她特别强调女性必须将适当的足够的休闲时间留给自己。

“现在有了孩子以后，每天的生活基本上就是围着孩子转。人总要有点自己的生活，对吧？我觉得你所有的精力，80% 给了孩子，那至少得有 20% 留给自己吧？现在一个孩子都感觉这么（费精力），那再有一个简直是一点（时间精力）都没法留给自己了。要是连那 20% 都没了，哎呀……对生活品质还是得有点追求的吧。我觉得孩子是很重要，但是也是生活的一部分，你不能全部都是孩子，自己的生活一点儿都不要了吧？”（JW 女士，35 岁，国企

员工）

女性因工作家庭冲突而影响自身对生育的态度，不愿意再生一个孩子，这只是个人空间的一个方面。休闲时间同样能令女性活出自我。在日常生活中拥有自己的追求，何尝不是女性的个人空间！在今天的社会生活中，除了工作学习，人们普遍比较关注自己的休闲时光，通过对自己休闲时间的分配和安排来把控自己的生活，丰富自己的人生。女性也不例外。在个体化和商业化的社会当中，很晚才闭店的百货商场、挥汗如雨的健身场馆、与朋友畅谈交流的咖啡店，都是包括女性在内的城市人安排休闲时光的空间。JW 女士的态度代表了当代城市职业女性的某种一致性观点：没有必要为了再生一个孩子，而使自己在繁忙工作的同时失掉个人空间。回家带孩子和在单位工作对女性来说都是劳动，带孩子常常成为女性的“专属”工作。职场既已占据了女性大部分的时间和精力，那么在工作以外应当有一些属于自己的生活，而不是“自己的生活一点儿都不要”。

除了在劳动力市场上的工作时间外，女性同男性一样，理应拥有闲暇时间。“女性的工作时间总体上要长得多。男女总工作时数的差别可能部分地反映了工作强度的差别，但它们表明，闲暇时间在男女之间的分配常常是很不平均的。”（Folbre，1983）如果说男性的闲暇时间可以用来休闲娱乐，做运动、打游戏或是与朋友喝酒聊天等，并不用放在家务和育儿上；那么，女性又为什么要将自己全部的闲暇时间放在家庭内部特别是再生育方面呢？其实，影响妇女生育决定的不仅是参加有偿劳动，还有她们在家里值“第二轮班”的工作量（Hochschild，1989）。换言之，生育二孩或三孩牺牲掉的更多是女性的闲暇时间，而不是男性的。闲暇时间是女性个人空间的重要表达，不论是从性别平等还是从家庭分工的角度，都不应被生育和家务等“第二轮班”占据。正如被访者所言，孩子只是自己生活的一部分，只关注孩子而忽视自我，并非女性心之所愿。可以肯定的是，在当代城市女性的眼里，女性应当在自己的工作时间外追求自己的价值和良好体验，其休闲时间应当得到同样的重视。甚至女性不只需要有自己的休闲时间，还需要给这个时间的性质做一定的提升：生活需要有一点品质。在这种对品质的追寻中，女性的自我得以呈现，其主观感受得到重视。

具有特定时间和品质的休闲时光，体现了女性不再像传统中那般“为他人而活”，而是在家庭和职场生活中，逐步迈向“为自己而活”。其实，不论是在职场驰骋还是追求闲暇时光，被访女性展示出的是她们在母亲和妻子以外的社会角色。在这种角色扮演中，她不再是家庭当中某个人的依附性存在，她的角色范围迈出了家庭，延伸到社会领域。同时，她的角色范围似乎又很小，就是女性本身，不再是他人，不是再生育抉择的对象和客体，而是积极追求个人空间的具有自主性的主体。或许在当前的性别规范下，再生育孩子与包括工作和闲暇时间在内的个人空间之间，只能是一种非此即彼的选择。已有一个或两个孩子的职场女性常常会以自己为优先，选择一种自己的生活，而不是被繁重的育儿束缚。在职场女性的再生育抉择中，能够清晰地感受到女性特质。这是一种女性的自我追求，也是一种女性的自我满足和愉悦。

（三）生育与自我的并存：家庭主妇的快乐

YD女士怀孕后就从原单位辞职，在家专职带孩子，忙里偷闲兼职做微商。YD女士的丈夫希望再生一个，对此她并不反对，但基于现实考虑最终决定不生。在通过生二孩就要雇保姆但此举又不切实际的辩论说服丈夫的同时，她最大的理由就是自己必须有一定的自由：

“有时候也想孩子上了幼儿园，心里还有点空，要不再要一个老二吧。但是最终决定还是不行。首先，我不能再被拴住，因为我这个人的性格就是，你让我看孩子，行，我不怕累不怕辛苦，但是必须定期让我出去放放风。小区就这么大，太局限了，每天就是这点家长，说点孩子的事，没意思。我就得上街，出去转，才行。其次，（再生孩子）那你就要雇保姆，能让我偶尔出去透透气。父母又都不行（指无法帮忙育儿）。现在孩子上幼儿园了，我早上送完她就去健健身，下午去外面逛一逛，挺好的。其实我挺享受现在的生活，时间很灵活，是自己的，送完孩子就能做自己想做的事。”（YD女士）

L妈妈作出再生育的决定并已经生育了二孩，她同样非常强调自己的感受。即便需要照顾两个孩子，身为主妇的她也要主张自己的生育决定，并在育儿的同时拥有自己的生活：

“他是咋都行，再生一个也行，不生，就这一个孩子，也行。反正就看我。算是讨论了吧。我跟他说两个孩子挺好的，你看人家都要老二了，咱们也要一个吧。他说那你想好了，你愿意要，就要一个。然后就生了。那会儿儿子一两岁时候，我在家待得憋得慌，就得出去逛逛。他姐姐就和他两人在家，他姐能看着他，那会儿八九岁了。我出门之前把吃的喝的都放好，搁在这儿，他俩就看电视，自己玩，饿了就吃上点。我逛一圈就回来了，逛一逛心情也好了。”（L妈妈）

或许一种普遍的感知是，职业女性会相对排斥再生育，因为生育制约了她们的职业生涯；家庭主妇则可能倾向于作出积极的再生育抉择，因为她们自甘奉献的身份，传递着以孩子、丈夫和家庭为自己活动中心的信息。但在本书的调查中，笔者发现并非所有职业女性都会以职业因素作为自己参与再生育抉择的筹码，也并非家庭主妇都对再生育抉择零参与，一味地表现为生育至上式的“为他人而活”。家庭主妇的再生育抉择中也有着自我的影子，参与再生育抉择同样体现了主妇的个体化取向。

家庭主妇的身份虽然使女性主要活动的内容同家庭的关联更大，生育看似成为她们的天职之一，但并不意味着主妇不参与生育抉择。在以公共领域和私人领域对性别分工进行划分时，女性似乎天然地被安排在缺少理性的私人领域，生儿育女、洗衣做饭就是她们生命中的主要职责。再生育对以家庭为活动空间且拥有大量空余时间的女性而言，是再自然不过的事情。再生育抉择于是成为一种无须抉择的抉择，女性也因此无法登上家庭决策的舞台。可正如齐美尔（2000：151）在强调女性文化和劳动分工中的女性特质时指出的，忽视女性特质的现存文化并非一种中性的文化，而是将家务视为例外、以男性成就为衡量标准的文化分工。性别不平等的文化分工使女性失掉了自己的特性和表达自我天性的空间。虽然这一点在日常生活中常常很难被人们认识到，但本书中的女性带给了笔者眼前一亮的感觉。也许家庭主妇的身份更多的是指女性较少参与公共领域的职场生活，但并不意味着她们在家庭决策中无法发挥女性权力。某种意义上讲，正是因为家庭主妇相比职业女性，同再生育的联系更紧密、再生育的可能性也更大，所以推动了主妇们对再生育抉择的积极参与。家庭主妇同样会根据自己的实际情况，有效参与到家庭的再生育抉择中，并积极发表意见，而且很有可能主导最终的再生育抉择结果。

家庭主妇的身份就是齐美尔口中女性的一种特质，这种特质带给她表达的诉求，并在再生育抉择中凸显自己的主张。如果说职业女性将职场作为实现自己价值的空间，那么家庭主妇则可以将家庭内部作为实现自己价值的空间之一。在家庭内部，生育和育儿在当今社会是一件非常重要的事情，这一点通过育儿的科学化、精细化程度日益增高而表现得愈加明显。生育、养育和教育越来越引起家庭的重视，向人们昭示着再生育抉择的重要性，因而非常有必要将再生育抉择提上家庭决策的议程。而在这项同女性尤其是主妇紧密相关的家庭决策事务中，女性又怎能缺席呢？传统生育文化中，不论是多子多福的取向还是只生一个孩子的标准化规范，事实上给予家庭主妇参与生育抉择的空间并不大。文化传统与外在制度几乎剥夺了女性参与生育抉择的权力，女性特质和自我主张难以表达。但新生育政策的实施在客观上拓展了包括主妇在内的女性参与家庭决策的空间，以私人领域为主要活动领域的家庭主妇具有了发挥自主性的可能。不仅如此，在本书中，大多再生育抉择都是以女性为主而作出的。可以说，不论是愿意再生育还是不愿再生育，今天的主妇都对生育抉择有着举足轻重的作用。

生育对于女性而言，既存在某种束缚，又能给女性带来价值感。有的女性发自内心地乐于照料孩子和完成家务，并没有性别分工的不平衡感。对这样的女性而言，照料子女并非一种负担，是一种女性自愿承担而非被迫参与的家庭责任。这一点从本书第四章家庭再生育抉择中女性采用“弱者的武器”进行互动的策略中就能显而易见地看出。而正因如此，家庭主妇最能够对是否再生育的决定产生关键影响。主妇在参与再生育抉择时，依据的是个人感受，是一种尊重自我、关注自我价值后的慎重抉择，在再生育抉择中表达了“为自己而活”的愿望。这时的再生育抉择，不是一种非此即彼的选择，而是在育儿的同时找到另一个自我。如果生育和随之而来的照料孩子影响到了个人体验、占据了个人生活空间的话，就不能只考虑母职，而要同时考虑女性的个人需求。而当再生育不会过度挤压主妇的自主空间时，女性便会主张在接受再生育的同时保持自我，拥有属于自己的生活。同再生一个孩子后的照料投入相比，个人的感受与自主生活是不应被忽视的，不论作出怎样的生育决定。

此时的主妇不仅参与生育抉择，还要在抉择过程中凸显自我取向。主妇虽然将家庭作为实现自己价值的空间之一，但这并不妨碍她们对个人感受的关注。她们也有着像职业女性那样的个人空间，再生育抉择中的生育和自我是一种并存关系。女性对自我自由的定义，其实不仅限于带孩子以外的在职场中打拼，更表现在对自我安排的追求上，很大程度体现在对时间的安排与规划上。很明显，生育孩子本身，远不如生育之后的照料任务重、耗时多。故而家庭主妇也要在再生育抉择时强调育儿以外的自我空间。正如YD女士和L妈妈需要在育儿的同时拥有自主时间一样，出去逛逛表面上是从忙碌的育儿和家务中解脱出来“放放风”，实际上则是一种时间和空间的自由，是一种女性的自主安排。

主妇的自主安排并不应当被育儿职责掩盖，因为在家庭决策中，女性对个体事务的自主权是家庭决策权的一个重要组成部分。不论是职场女性还是家庭主妇，都不例外。在出门逛逛的时候，主妇不仅是一位母亲，还是一名女性，是她自己，享有女性的一切权利和空间。在作出再生育抉择时，她需要衡量能否在照料孩子的同时活出自我，在扮演母亲角色时并不排斥扮演自己本身的角色。YD女士称这种“出去逛逛”本来就是她的“性格”，而“性格”这个概念的使用则恰恰表达出一种典型的个体化取向——作为主妇同样理所当然地拥有属于自己的生活与规划。这种“性格”不是一时的冲动，也不是道德上的自私，而是沉淀在女性心智结构内部的稳定的品质。在这种“性格”的支配下，是否再生育是主妇们对自己生命历程的自主规划，评判再生育时对自己生活的影响也是女性对自我主体性的表达。在同育儿并存的自主空间中，照料孩子的焦虑得到了调节，更重要的是“心情不错”，使女性找到了自我。而能够找到自我，也便成为再生育抉择中的重要原则。

可以说，新生育政策下的再生育抉择呈现出一种看起来有些矛盾的个体化取向：家庭主妇未必会选择再生孩子，职业女性也未必会拒绝。其实，女性的职业身份或主妇身份并不是问题的关键，核心要义在于，女性参与再生育抉择时如何为自己思考、如何将这种对自我的关注倾注到再生育的家庭决策当中。对于家庭主妇而言，尤其如此。有的时候，生育二孩本身的辛劳与付出并不是劝退女性的唯一理由，不少女性其实愿意“迎难而上”。但我们必须注意一个前提，那就是在她“迎难而上”的时候，她还得是她自己，能够保持自己的空间和精力，做自己想做的事，且能够对此进行自主决定。如果能在育儿和自我空间之间达到一种动态平衡，生与不生二孩甚至三孩，或许就不像人们想象的那么重要，是一个“沉重”的议题了。关键在于，生孩子和照料孩子只是女性生活中的一部分，她的生活中还有其他精彩内容，她需要在照料孩子的同时仍然有足够的自由来活出自己。换句话说，即便选择再生孩子，即使选择成为家庭主妇，作出选择的也是女性自己，女性也是基于对自我的考虑来作出再生育的最终决定。她们是为自己而活，而不单纯是为孩子而活。家庭主妇也应有自己的空间，只有快乐的母亲才可能快乐地对自己和孩子负责。

（四）遵从自己的内心

在个体化时代，作出再生育或不再生育的家庭决策，对于女性而言常常是一种遵从自己内心的结果。不论是职场女性还是家庭主妇，再生育抉择都不再只是“为他人而活”的性别规训，而是充分依据女性的个体化体验，在“为自己而活”的驱动下的抉择过程。

被访者R女士在跟笔者交流时笑着告诉笔者：“有了孩子后，我觉得孩子给我带来了好多欢乐，所以我就特别想再生一个。”言语间表现出真心的欢乐，虽然“带孩子肯定累，但是我还是觉得欢乐多于累吧”。R女士透露出的满满的幸福感，来自作为母亲的体验，这种体验无谓压迫，更多的是母亲自身的欢愉。被访者A女士则笑称自己是“喜欢生一打儿的人，（就算生）一个足球队也不嫌多”。A女士已经育有一子一女，在生育和养育孩子时，她并不认为母职给自己带来压迫感，反而“当妈妈也是人生的功课，我的家人其实可以帮我带孩子，可是我觉得自己的孩子就得自己带。没什么理由”。对她来说，“当妈妈”是成为母亲而不是履行母职，妈妈的角色为A女士带来很多良好的体验，而这也要归因于她正面的积极的自我强化：“‘孩子是麻烦’这个想法就是消极的，所以正能量太重要了。”而正能量的来源在于“我喜欢陪伴他/她成长的过程”。所以，A女士在生育和养育孩子中不断向自己输出正能量，将孩子培养长大使她获得了极大的成就感，这种满足感令 A 女士十分愉悦。在愉悦导向下，自主选择再生一个孩子是 A 女士的必然选择。她遵从了自己的内心，生育给她带来力量。

遵从自己的内心和愉悦感也可能导致选择不再生育。36 岁的 L 女士 2 岁的女儿是其母亲一手帮忙照料长大的，生育一孩的经历对 L 女士的职业生涯目前来看没有显著的不良影响。而在职场以外的家庭内部，L 女士的丈夫也非常“给力”，“除了不洗衣服其他都干，还算一个好爸爸。家里的事也做”。在他人眼里，L 女士并不需要承受母职带来的工作家庭冲突，完全具备响应政策再生一个的条件。但她仍决定不再生育二孩，甚至是“从来没想过”再生第二个孩子。她提出了一种个人的独特体验：“我是独生子女，我觉得一个孩子挺好的。”独生子女身份带来的成长体验是她自己的一种标准。不仅没有他人想象中的成长孤独感，身为独生子女的她反而感到独生子女很好，所以对生育更多子女没有任何需求。独生子女身份成为她的一种生活习惯，也是一种优势：“不管家里有几个孩子，照顾老人的还就是那么一个，有时候兄弟姐妹也许才是负担。”当笔者再一次追问是否确定不打算要二孩了时，L 女士认真地回答：“真没想过，我觉得这样（拥有一个孩子）才是我想要的生活。”

生育或不生育都使自己快乐，遵从了自己的内心，体现了生育同女性自我愉悦的直接联系。除了需要拥有个人空间，实现个体发展和自己的志趣外，生育孩子本身可能会给女性带来愉悦或是相反。因而女性自身的感受与体验，连同女性在选择是否生育孩子方面的自主权，才是最关键的。作出符合自己内心的抉择、对孩子快乐地负责正是女性在再生育抉择中对自己负责、为自己而活的核心。笔者承认生育这件事本身不是一个女性的独立事件，它首先将女性同孩子与丈夫挂钩，代表着女性和家庭的联系、与丈夫的互动；它同时也将女性个体、家庭这个小群体与国家和社会相联系——没有国家生育政策的调整女性也不会面临再生育抉择的问题——家庭的人口再生产关系到国家人口与社会经济发展。但再生育抉择的权力既然交到了女性手上，就应当从女性的角度来审视这件事，倾听女性的心声。弗里丹（2007：61）对此论述道：“选择权对女性人格至关重要。选择权并不仅仅意味着不会违反意志将孩子带到世界上来，而且意味着快乐地负责任，不会为此付出可怕的代价，离开带薪的职位，以及职位带来的决策及行为。”

对于个体化的女性而言，生育孩子的自我愉悦即遵从自己的内心，对她未来的再生育抉择会产生重要影响，因为同其他能令女性欢愉的事件相似，生育孩子本身可以给女性带来更多力量。这一点或许在单身社会体现得更加明显，未婚女性同样可以成为母亲，不必要通过婚姻来获得生育的资质，而可以基于个体化的主观意愿，结合个体情况来决定自己是否要生育子女（特雷斯特，2018）。由于女性不再需要依靠男性和婚姻，因而生育孩子彻彻底底地是“为自己而活”，这是女性在生育实践中遵从自己内心的表现。当然，单身社会只是一个极端的例子，本书是想说明，在不考虑外界其他条件的情况下，生育孩子、成为母亲这件事可能与女性自身存在一种更为直接的关联。同家庭决策的其他内容相比，再生育抉择恐怕不仅蕴含着夫妻家庭权力的博弈，更是女性能够自主参与、自主表达甚至较为自主地决定的一种家庭决策。再生育抉择给女性带来愉悦，或者说以女性的愉悦与体验作为再生育抉择的依据，使再生育抉择同其他家庭决策相比更具有特殊性。这一凸显女性自我体验和感受的典型事件，无疑会在增进女性自我体验的同时，使生育和生育抉择成为增强女性力量的方式。

在这里，自我体验和自我愉悦同成为母亲有关，但同母职无关。在里奇看来，母职包含着“作为经验的母职和作为制度的母职，其中前者指的是‘任何女性与她的生育力量和孩子之间的潜在关系’；后者指的是‘旨在确保这一潜在力量和所有女性处在男性的控制之下’的制度”（吴小英，2021）。作为制度的母职内化了主流男性社会建构的对母亲的期待，这正是笔者在这里采用的概念。事实上，“父权制把不是母亲的女人看作女人的一种消极和可疑的状态”（里奇，2008：23）。社会性别理论关心的女性因为性别而受到不平等对待，很大程度上是将女性视为妻子、视为母亲。正是由于女性先天具有生育功能，在父权制文化中常常依赖男性，并被视为承担育儿责任的主体，故而母职成了女性的代名词。不少研究认为成为母亲意味着女性必须履行母职，但在本书看来，成为母亲并不必然等同于履行母职，因为母职常常同女性遭受的性别不平等相关，而母亲本身不应只是一种责任，甚至一种压迫，其中也应有着自主选择、自我愉悦的肯定。里奇对“作为经验的母职”的界定其实正是本书想表达的，也正是本书所说的“成为母亲”。

新生育政策出台后的家庭再生育抉择，就是女性选择是否再一次成为母亲的有效途径。选择成为母亲而不是履行母职，很大程度上是由于女性带着注重个人体验、为自己而活的个体化取向而参与到家庭再生育抉择中。不论是决定成为一个孩子的母亲，还是决定成为多个孩子的母亲，又或者是选择不成为母亲，都毫无疑问地彰显了女性的个体化取向，是一种属于女性的选择。在现代社会，对于这种选择如何落实，在缺乏传统行动准则的情况下，很显然女性会用生命体验和生活经历作为参照。生活规划是依据自我的个人经历而动员起来的、准备未来行动进程的手段（吉登斯，1998）。要实现“为自己而活”，首先就要在现代社会的生育实践中进行再嵌入，选择一条属于自己的路。此时，面对再生育抉择这项女性主导更多的家庭决策，遵从自己内心、令女性愉悦的个人经验与体验就成了首选的向导。L 女士作为独生子女的成长体验成了她作出再生育抉择的导向标准，R 女士和 A 女士则是在一孩育儿中感受到了成为母亲的价值与快乐。在缺少传统依据的今天，女性自然而然地将个体的过去经历作为未来生活决策的一种参考标准，将生活经历与经验带入未来的生育实践中。当这种体验使她们感到适应、感到愉悦，那么作出的再生育抉择就迎合了自身的良好体验，最终使女性过上了自己“想要的生活”。再生育抉择也因此成为女性过上自己想要的生活的途径，而这就是女性在个体化时代的“为自己而活”。

综上所述，从为自己考虑到对自己负责再到为自己而活，女性在再生育抉择中展现了一种个体化倾向。虽然或许并非所有女性都能时时刻刻在再生育抉择中凭借自己的体验和经历来主导抉择过程，但至少在研究中笔者看到了女性的主体性正在幽闭的空间中散发出熠熠光芒。从传统生育文化中脱嵌后，女性为自己考虑、对自己负责、为自己而活事实上分别对应了个体化的三个层次，在精神需求方面依次上升。“为自己考虑”是通过某种躯体化的表现，不再重复不愿回忆的过去，避免再次受到身体和精神伤害，某种意义上说是一种不得已的选择，主要是避害但不趋利。“对自己负责”既关心年龄带来的风险，又看到个体发展可能受到的影响，是一种直面风险而进行的有意识的主动选择，具有避害的属性，且在一定程度上趋利，也就是让风险保持在自己可控的范围内，通过把握再生育抉择使自己的生活变得更好。“为自己而活”则上升到了更高的精神层面，直接指向个人志趣和生活空间，目的是通过再生育抉择来展现自我、愉悦自我、实现自我，已经上升到某种趋利层面。当然，这种趋利并非谋求某种客观的收益或价值，而是呈现出女性在再生育抉择中的主体性和主动权。

正如贝克（2004：165）所言，“个体化意味着每一个人的生涯都从预定的命数中解脱出来，并为人们自己所掌握，容许并依赖于决定”。再生育抉择正是家庭在个体化时代，生发于生育政策调整背景下的决定。面对新生育政策下的家庭再生育抉择，个体必须在时代洪流中作出属于自己的决定，女性也顺应着时代的脚步，把握时代赋予的机会来参与并引导这项家庭决策。可以说，个体化取向是女性能够积极参与甚至主导再生育抉择的重要深层机制。这种机制是女性个体和个体化社会结构有效衔接、共同作用的结果。在传统缺失和个体脱嵌的社会结构背景下，作为再生育抉择主体的女性个体也被推上决策的舞台，不得不作出属于女性和家庭的再生育抉择，并对决定负责。个体同样在积极地与结构互动，女性也正在个体化之路上不断寻找重新嵌入的途径，逐步在“为自己而活”的导向下参与再生育抉择，不再单纯地“为他人而活”。

同传统父权制下女性的境遇相比，能够参与再生育抉择，并在其中发挥自己的重要影响，甚至形成再生育抉择结果，毫无疑问体现了个体化进程中女性的崛起。在历史的标准不再作为决策依据时，女性基于为自己考虑、对自己负责、为自己而活的考量，直接参与家庭再生育抉择，并逐步在家庭权力关系中展现出真正的自我。可以说，再生育抉择中女性主体性的提升不仅依赖于受教育水平、就业收入和社会地位的提高，也是个体化社会这一只“无形的手”作为宏观力量所造就的。个体化的进程或许并未完成，家庭再生育抉择中的女性个体化虽然在路上，但客观上女性已在家庭决策中寻找到自己在社会性别规范下更加平等的权力。这无疑会给家庭决策中的夫妻权力与互动模式带来新的影响。

五、小结

本章从个体化理论的视角，在更深层次上挖掘女性为什么能够在再生育抉择的家庭决策中发挥关键作用。从家庭决策和家庭权力理论逻辑来看，上一章分析了女性家庭权力的基础和运作过程，本章则进一步分析了影响决策的背后原因：女性的个体化取向。

借助贝克等人的个体化理论，本章首先讨论了女性从生育传统中脱嵌，摆脱了传统生育文化中多、男的生育价值体系，以及独生子女时代“只生一个好”的新生育传统，在全面二孩、三孩等新生育政策的推动下实现生育的去标准化。新生育政策将再生育抉择塑造为一道填空题，从传统中脱嵌的个体被推上了决策的舞台。女性家庭集体导向下形成的既关注子女又关注自我的新家庭关系，意味着女性不得不根据自己的意志与判断重新嵌入生育制度与家庭关系中，走上个体化道路。这就标志着女性不再单纯地“为他人而活”，而是走向“为自己而活”。

本章接着从为自己考虑、对自己负责和为自己而活三个层面逐层递进，论述了个体化取向对女性再生育抉择的深层影响。第二部分指出，女性不再以生育的天职来要求自己，而是在参与再生育抉择时将自我放到重要位置，至少要避免对自己造成伤害。将躯体化作为再生育抉择的一种决策机制，个体基于过去的经历特别是一孩生育带来的生理性和精神性苦难，通过躯体化地呈现和诉说来引导再生育抉择的方向。躯体化中的再生育抉择非但不是女性“娇气”的表现，反而蕴含着当今社会不可忽视的女性自我关照，是女性逐步突破传统性别道德的努力。这种再生育抉择中的自我导向正是女性为自己考虑的典型体现。

第三部分基于现代社会面临不确定性又没有传统可循，而将选择权交给个体的背景，探讨个体需要对自己再生育的决策负责，从规避生育风险的角度来分析女性再生育抉择的个体化取向。女性在再生育抉择中必须为自己负责，就会非常重视再生育年龄带来的特定的身体风险，并通过自身获取的生育知识来构建应对风险的认知体系。女性也非常关注自身现状，在“活在当下”的导向下维系当前满意状态，以规避因再生育而改变现状的风险。同时，女性也会基于对自身未来发展的考量，主动评判并规避生育给女性自我发展带来的未来风险。对生育风险的充分考察是为避免不确定的伤害，是个体化取向下女性对自己负责的体现。

本章最后一部分从更高层面进一步探讨了女性在再生育抉择中彰显出的“为自己而活”的个体化取向。“有闲”或“有钱”或许是女性作主的基本条件，再生育抉择同时又被视为女性自身事务，具有理性分析能力的女性能够对这项决策实现主体性决定。对职场女性而言，再生育的前提是留给自己足够的工作空间和闲暇时间，以不将自己束缚于母亲角色而同时实现自身各方面价值为基础。对于家庭主妇来说，个体的自主安排不应被育儿的职责遮蔽，而应充分突出女性特质、积极参与再生育抉择，并在育儿与个人自由并存中找到自我。不管怎样，在再生育抉择中女性注重个人体验、遵从自己的内心。女性会围绕自身愉悦和体验，选择成为母亲而非履行母职，并依据个体生活经历作出选择，过上自己想要的生活。

第六章 “看不见的手”：再生育抉择背后的公私领域分离

既然女性已经具备在再生育抉择中充分发挥自主权的基础，又通过使用弱者的性别化武器与丈夫互动，并在所谓讨价还价的过程中充分发挥了主动性，展现了自身生育意志，最终在再生育抉择的家庭决策过程中发挥了关键影响，那么现在要提出的新问题则是，女性真的“获胜”了吗？男性在再生育抉择上示弱了吗？在女性同丈夫进行再生育抉择互动的过程中，女性做了什么？男性又做了什么？在这种家庭决策中，尽管女性常常是更为主动的一方，但这意味着男性是完全被动的吗？难道男性不会对再生育抉择形成任何影响吗？带着这些反思性的疑问，本章基于社会性别理论视角，从公共领域和私人领域分化的角度，来探讨女性如何在家庭这一私人领域获得再生育抉择的话语权，而男性又是如何与女性“合谋”来作出家庭的再生育抉择的。

一、公私领域分化与社会性别区隔

社会性别理论通过界定男女性别角色，在生活中一直涉及公共领域和私人领域的划分问题。公共领域和私人领域的分化不仅是一种社会活动空间的分化，还是一种劳动分工的分化，更是一种性别的社会区隔。在这种区隔中，男性和女性由于生理性别不同而被进行了社会建构，使得各自从属于不同领域的社会分工，形成了一种事实上的性别不平等关系。

（一）公共领域、私人领域与性别不平等

2010 年第三期中国妇女社会地位调查结果显示，男性中有 61.6%、女性

中有 54.8% 的人认同“男人应该以社会为主，女人应该以家庭为主”，比例甚至比 2000 年分别提高了 7.7 个百分点和 4.4 个百分点。这种社会性别的角色观念正是公共领域和私人领域中不同性别分工的体现。“在西方的哲学体系中，公与私是两个可以截然分离的领域，公领域指公共事务领域，私领域是指私人事务领域。”（沈奕斐，2005：203）公共事务更多具有社会属性和工具性，同工作、参与劳动力市场、政治与权利相关；而私人事务更多具有家庭属性，具有表达性和情感支持性。且不论这种划分将家庭与工作相分离甚至相对立是否妥当，关键是公共领域和私人领域被贴上了具有高下之分的标签，使得这两个领域和生存于其中的男性女性越走越远。

公私领域的划分有着悠久的理论基础。马基雅弗利在公共领域和私人领域中纳入了道德和理性的概念。他把公共领域归属到非道德范畴，它是为理性所主宰的男性的世界。而另外一面则是道德范畴的非理性领域，它是女性的世界。女性的世界“必须安守本位，倘若它偏离原位，步入公共领域，就必须残酷地征服它”（沈奕斐，2005：204）。这种观点将性别代入公共领域和私人领域，并鲜明地指出私人领域的女性不能越界到公共领域中去，本质上是一种二元对立。这种二元对立同样存在于柏拉图的哲学思想中。他曾提到，管理国家是男人的美德，女人的美德则是在家庭这一私人领域内部，做好家务和服从丈夫。柏拉图担心只关心私人领域的利益和财产会导致国家分裂，因此主张废除家庭的私人领域。那么，女性角色就需要由家庭中的妻子转变为像男人一样的国家卫士，而私人领域的家庭生活（主要指生育、养育孩子）则可以由公共领域来完成。这种非此即彼的选择将公共领域和私人领域完全对立，女性必须“变成男人”，仿佛两个领域中一个要兴盛，另外一个就必须消失。亚里士多德反对柏拉图的看法，认为公共领域和私人领域各有适用性：私人领域满足基本的生理需要，是妻子的生活领域，而公共领域则充满理性和文化，仅适合男人的更高追求。在私人领域，男性拥有对妻子的统治权力，就好像“政治家对公民”的统治一样。公共领域和私人领域的分化暗含着理性与非理性的对立、物质需求和精神需求的对立；而男性对妻子的统治也在私人领域被合法化，性别不平等由此产生。洛克则提出，随着公共领域与私人领域的分离，女性逐渐成了丈夫的私有财产，“仅仅在与丈夫的联系中存在。在私人领域，她们从属于丈夫的自然权力，这种从属性得到民法的支持”（阿内尔，2005：47）。这一观点显然将女性排除在公共领域之外，并且是一种对女性的物化，离开丈夫的女性似乎失去了存在的价值。

可以发现，两大领域被社会性别塑造出典型的性别属性：公共领域主要是男性的活动领域，而私人领域则为女性的活动领域。男性对应的公共领域是理性和统治性的，女性要么只存在于私人领域，要么需要“变成男人”进入公共领域，要么成为男性在私人领域的附属品。社会性别理论离不开女性主义的解读，在女性主义的三大经典传统中，都有着公共领域和私人领域相分离的看法。自由主义女性主义认为，私人化的家庭领域是生育孩子和养育孩子的场所，而完成生育、抚养孩子和家务责任的主体是女性，故而他们主张女性要走出私人领域，到公共领域中去，同男性进行公平竞争，获得同等的机会与权利。激进女性主义承认女性的主要活动空间在私人领域，强调生育和养育子女同女性之间的密切联系。尽管一些学者认为女性由于在私人领域中的生育而受到性别压迫，另外一些学者则反而视生育为女性力量的源泉，可他们并不认为私人领域的重要性低于公共领域，甚至更加关心私人领域的事务。马克思主义女性主义则注重私人领域和公共领域的不可分割性，因而主张女性应当把自身的解放同无产阶级的解放融为一体，只有推翻资本主义制度和父权制的双重压迫，才能使女性在公共领域和私人领域都获得真正的解放。

马克思主义女性主义更为注重两个领域的联系，这种理论观点对当今城市的工作女性来说，或许更加适用。马克思主义女性主义将公共领域和私人领域的区分界定为生产和再生产的区别，生产主要指社会的物质生产和相关劳动，再生产则是指生育，也就是家庭内部的人口再生产。在古代共产制家庭中，“由妇女料理家务，正如由男子获得食物一样，都是一种公共的、为社会所必需的事业”（恩格斯，2018：79），而现在料理家务失去了“公共的性质”，变成了一种“私人的服务”。这种私人服务没有进入过市场，因此就只有使用价值，没有交换价值或劳动报酬。女性就会被认为不存在于生产领域，作为无产者，只能依靠男性的收入来生活，很容易陷入被统治地位，缺少话语权。从本质上看，“家庭、生育、私人领域和女性的从属地位，最终都反映了公共的生产方式……生产关系决定再生产（生育）关系”（阿内尔，2005：52）。故而恩格斯指出，女性要想摆脱压迫，就必须在经济上独立于男性。而要求得经济上的独立，“妇女解放的第一个先决条件就是一切女性重新回到公共的事业中去”（恩格斯，2018：80）。此外，如果无偿的家务劳动成为女性受压迫的物质基础，那么解决的思路就是将孩子的照料和家务劳动进行社会化，不再局限于家庭，从而令引起女性受压迫的事务不作为私人领域的事务，而转为公共领域的事务。如此一来，女性才能获得真正的解放。

（二）在私人领域和公共领域游走的女性

公共领域和私人领域的划分中隐含着社会性别规训下的社会分工，这种划分本身就显示了一种结构性的性别不平等。沃斯通克拉夫特（Wollstonecraft）批判卢梭的女性观中“女性在理性和理智方面能力低于男性，因而女性只能在非理性的家庭这一私人领域中活动”的观点。穆勒（Mill）则主张将启蒙主义的思想运用于女性，认为女性的屈从地位并非一种自然秩序，不应归因于女性外显化的能力低下，其根源在于长期的性别方面的错误教化与压迫。自由主义女性主义拒绝在社会设置中将女性置于私人领域的家庭囹圄，主张男女两性在教育、就业和政治上的平等。在理论家和女权主义运动的共同推进下，女性作为家庭主妇的社会性别角色被颠覆，隐藏在社会中的“无名的问题”被揭示，女性不再被单纯束缚于私人领域，而得以真正走入社会、进入公共领域。

事实上，女性走出私人领域、进入公共领域，或许只是“万里长征的第一步”。女权运动并没有因为女性走出家庭、争取到与男性同样的工作和受教育权利而彻底实现目标，性别平等之路还很漫长。弗里丹将女权运动分为两个阶段。在第一阶段，女性获得了某种权利、发出了自己的声音，参与到政治过程和职场当中，“融入主流”。弗里丹（2007）称第一阶段的本质是“为了参与更重大的社会工作、获得决策的平等权利，为了家庭中的平等地位而奋斗”。如果说在第一阶段，女性不局限于家庭这个私人领域，家庭主妇的形象被打破，而进入公共领域后，新的问题迎面而来。弗里丹洞察到这一点，发现女性争取到同男性公正平等的机会只是一种“开始的结束”。在公共领域和私人领域的交汇当中，“为了不被困在无聊的权力游戏和无关的性别斗争中”（弗里丹，2007：15），早在20世纪后半叶，她就提出了“第二阶段”的说法。

第二阶段尚未完成，因而是女性解放的“结束的开始”。恩格斯（1895）主张，女性必须从私人领域走向公共领域，只有当女性能够大规模地参加社会生产，而家务劳动只占她们极少的时间和精力时，才有可能真正跨越性别不平等。但第二阶段问题的出发点是，女性走出家庭虽然提高了自己的社会地位，拥有了公共领域的事业，但她们又“面临新的问题——在选择是否要孩子时，在追求事业的成功时，她们感觉到冲突、恐惧和无奈”（李银河，2018：76）。不论是政治层面还是个人层面，与男性相比，怎么才能解决实际生活中遇到的工作和爱情问题，是进入公共领域的前家庭主妇们的困惑。用今天的话语来说，就是工作家庭冲突。在社会性别规范的规约下，女性在第二阶段首先遭遇的问题就是必须“和家庭一起面对新的现实，兼顾关爱和工作的最新现状”（弗里丹，2007：14）。与此伴随而来的问题还有，为了追求成功，女性是否要以与男性同样的标准来衡量自己？男性气质是女性所要追求的吗？社会是否会对男性和女性提出同样的要求？等等。

随着社会的发展，女性虽进入了劳动力市场这一公共领域，却仍遭遇着不利处境。父权制下的性别分工“坚持在劳动力市场中对妇女实行较低的工资。低工资使妇女依赖男人，因为它鼓励妇女结婚。已婚妇女要为丈夫料理家务。于是，男人从较高工资和家庭分工中得到好处。这种家庭分工反过来又为削弱妇女在劳动力市场中的地位起作用”（海迪·哈特曼，转引自李银河，1997：49）。放眼于公共领域，劳动力市场本身对女性并不总是那么友好。女性可能遭遇求职时的性别歧视，她们的社会性别以及结婚、生育问题被视为一种工作羁绊。女性也可能在行业和职业中遭遇性别隔离，某些行业被社会认为是男性所擅长的，某些职业中男性也常常处于领导地位。即便有机会获得晋升，女性也容易碰到“玻璃天花板”（沈奕斐，2005）。“玻璃天花板”是一种性别的刻板印象，正如早期女性被定义为非理性的、男性被定义为理性且果断的，不同的性别气质塑造了一种男性至上的隐喻，女性气质常常被视为不利于职业发展的因素。“玻璃天花板”虽然透明，但足以形成一种障碍，使女性在职场这一公共领域受制于社会性别而难以得到晋升，客观上无法获得与男性相同的公正待遇。

第二阶段带来的一系列问题很可能是在第一阶段并没有想到的。某种意义上讲，女性进入公共领域一方面体现了性别平等革命正在推进，女性得到了一定程度的解放，另一方面则给女性带来了一种新的烦恼：如何平衡家庭与工作，如何在公共领域和私人领域真真切切地同男性获得相等的待遇，使自己能够真正按自己的意志来生活。于是，一种新型的性别不平等在事实上发生了。

（三）私人领域内的性别不平等

女性在公共领域面临新的性别不平等问题，由于社会性别区隔而陷入困境，是有待解决的第二阶段问题。同女性既往受局限的社会角色与较低的社会地位相比，走出私人领域、走入公共领域，已经是性别平等方面的一大进步。我们不妨将目光再转回家庭这一私人领域，看看在被社会界定为女性“专属”的生活场域中，她们是否具有足够的发言权。现实似乎并不尽如人意：“公私领域的划分和性别分工，使得女性被禁锢在家庭之内，而即使家庭成为了女性的主要活动场所，在这个场所中，占据主导地位、支配地位的依然是男性。”（沈奕斐，2005：206）

首先，在社会性别规训下，家庭本身成为父权制的生产与再生产场所。

哲学家康德提出：“运用于公共领域的理性必须是自由的，运用于私人领域的理性则必须是从属性的。”（阿内尔，2005：41）由于女性并不具有这种理性，故而女性角色应该仅限于家庭。然而，家庭这一私人领域内部也并不平等，存在着米利特所说的“性政治”。男性通过对公共领域和私人领域的控制形成父权制这种性别文化，父权制又强化了男性和女性的生理差别，规定了男性处于统治地位、女性处于从属地位。家庭作为男性和女性互动的最基本场所，是父权制生产的主要机构。一方面，家庭是介于个人与社会之间的重要领域，女性由于远离公共领域而主要生活在家庭中，“即使拥有合法的公民身份，对她们实施统治的也往往只是家庭。她们与国家之间几乎不存在任何正式的关系”（米利特，2000：42）。另一方面，在家庭内部，男性控制着女性的劳动、生育和性活动，并通过社会制度和实践“合理化和强化了妇女对男人的屈从；结果是使大多数妇女从内心接受了自己比男人低等的感觉”（帕特南，2002：73）。所以家庭鼓励女性具有顺从的性别品质，适应了父权制统治。不仅如此，家庭作为儿童社会化的主要场所，“另一主要‘贡献’是使年青一代熟悉和接受男权制思想体系中有关角色、妻职和地位的固有态度”（沈奕斐，2005：207），也就是接受社会性别的规训。儿童在家庭的初始社会化中不断习得社会性别和角色规范，逐渐成长为符合社会建构的特定性别气质的人。通过人口再生产和对子女的教化，家庭事实上也在从事着对父权制的再生产。总的来说，私人领域并没有完全被女性主宰，反而同步强化了女性的从属地位，加深了社会性别的烙印。

其次，在公共领域和私人领域的游走，加剧了女性在私人领域中的劣势地位。

沃尔比（Walby，1990）将父权制区分为两种形式：私人领域的私人父权制和公共领域的公共父权制。公共父权制虽然允许女性涉足公共领域，但她们“仍被隔离在财富、权力和地位之外”；而“私人父权制是发生在由个别男性家长控制的家庭内的对女性的支配……因为妇女基本上被禁止参加公共生活”（吉登斯，2003：147）。因此，公共领域采取的是隔离手段，令女性在更大范围受到剥削；私人领域则采取的是一种排斥策略，主要表现为家庭内部男性对女性的剥削。女性被排除在公共生活之外，只能将其主要活动放置于家庭这一私人领域。在沃尔比看来，父权制在形式上已经由私人转向公共，所以女性从家庭解放出来后，开始在社会中受到剥削。一个恶性循环可能由此产生：国家政策和制度中常常存在男性优先权，劳动力市场上存在性别不平等，女性劳动力市场参与度低；女性进入劳动力市场后，要么被排斥在某些工作之外，要么只能获得较低的工作报酬，要么只能从事那些被认为缺乏技术和理性的适合女性的工作；缺少工作机会、无法获得工资报酬以彰显其在物质生产方面的价值，女性就只能依靠男性生活；发生在公共领域的就业歧视和低收入，进一步使在劳动力市场失意的女性在私人领域同样处于不利地位。通过物质生产获得的经济收入如果不能成为一种资源，增进女性在家庭中的权力地位，那么她们能做的只有在家庭中守好自己的本分，承担起那些没有工资报酬的育儿和家务劳动，男性统治也就有了发挥作用的基础和空间。哪怕在今天，工作母亲在育儿和家务方面更多地牺牲了自己的闲暇时间，育儿和家务劳动的成本和代价事实上并没有抛给整个家庭，而抛给了女性自己。

最后，在私人领域，家庭分工中显著的性别不平等依然存在，主要表现在家务和育儿上。

尽管在女权运动后女性地位得以提升，但女性仍然在家庭内部处于一种尴尬的境地。其实弗里丹在第二阶段提出的问题，正是基于性别分工给进入劳动力市场的工作女性带来了角色困扰，使她们在工作者和母职之间难以找到平衡。就算走入了劳动力市场，女性也不能像男性那样毫无顾虑地大展拳脚。由于家庭内部的性别分工并未改变，今天的工作女性，除了要在和男性一样的工作领域中竞争，还需要同时负担沉重的家务，沈奕斐（2005）形象地称之为“抱着孩子拿着扫把和男人一起竞赛跑步”。女性承担家务和育儿等家庭劳动，正是沃尔比口中父权制的六种结构之一——“家庭内的生产关系”。值得反思的是，家庭劳动的价值并不是被女性而是被其丈夫无偿占有的。在父权制下，男性占有这些看不见的劳动似乎是理所应当的，因为这些劳动只有使用价值，没有市场价值——看起来它们是女性的天职。经济学家做过相关计算，如果用劳务工人替代家庭中的女性，全社会需要每年雇佣1亿名劳工保姆，相当于每年需要给付420亿元人民币（李银河，2003：157）。可见，女性的家庭劳动完全是有价值的，只是没有在市场上流通而不被看见。从劳动分工的角度看，女性和男性在实际劳动贡献上其实并无本质差别，只是表现形式不同罢了。可当劳动分工被异化为性别分工，性别分工的价值用一种父权制的工具标准来衡量时，劳动分工就有了某种高下之分，女性显然在她的“工作领域”——家庭中缺乏社会地位，而且被剥夺了大量的个人时间与空间。正如弗里丹（2007）所言，“除了承担‘像男人似的’工作，忍受只有女超人才能忍受的疲劳和压力之外，大多数女性仍然困在家务事里（服务于孩子、丈夫、家庭的物质需要）”。家务和育儿的代价主要由女性承担，事实上是城市女性在工作以外的家庭内部打了第二份工。所以说私人领域不平等的性别分工如果不被改变，女性作为弱者将始终处于被压迫的地位。

二、私人领域内的家庭决策惯习

探讨过公共领域和私人领域的划分后，我们发现男性和女性各自被贴上了社会性别的标签，在不同领域进行着性别分工的劳动。这种性别分工蕴含着不平等，即便在女性“执政”的私人领域，也存在着事实性的不平等。接下来，笔者把眼光放到本书关心的家庭决策领域，分析发生在私人领域的家庭决策这件事中是否存在性别分工、存在着怎样的性别分工、形成了何种模式。

（一）家庭决策的性别分工

家庭决策是衡量夫妻家庭权力的主要标志。而夫妻权力体现了家庭这一私人领域中的微观政治。在夫妻权力的运作过程中，男性和女性逐渐形成了不同的地位，扮演着不同的角色。而父权制文化传统下，男性对女性的统治不仅存在于公共领域，还存在于私人领域，故而家庭决策中蕴含着较为明显的性别差异。

学界目前公认的是，家庭事务决策是家庭权力的主要表现（郑丹丹，2004）。从历次中国妇女社会地位调查内容来看，家庭决策的内容主要包括家庭日常开支、购买大件（高档）商品/农机具、买房/盖房、从事什么生产/经营、投资/贷款、孩子升学/择校/就业等方面。结合上述家庭决策事务和学者们对家庭决策与家庭权力的研究，可将家庭决策的内容划分为两个方面：家庭重大事务决策和家庭日常事务决策。家庭重大事务决策通常被操作化为购买大型商品、买房盖房、家庭投资等重大消费支出，从事何种生产，职业选择，家庭流动与迁移，等等。学者们关心的是这些家庭重大决策由谁作主（王金玲，2009；陈志光、杨菊华，2012；李静雅，2013；钟涨宝、尤鑫，2014；韦艳、杨大为，2015；陈琳等，2016；郑丹丹、狄金华，2017）。家庭日常事务决策通常指的是家庭分工、家务活动、家庭经济资源管理、日常消费（徐安琪，2004；李静雅，2013；钟涨宝、尤鑫，2014；韦艳、杨大为，2015；田瑞靖，2016；郑丹丹、狄金华，2017）。有时，子女事务决策也会被作为家庭决策的关注对象，主要体现在家庭对子女升学、找工作、婚姻、买房等方面的决策。笔者更倾向于将这类决策依据重要性高低，划归到家庭重大事务决策或家庭日常事务决策中。因为子女的升学、就业、工作等问题在现实生活中常常是家庭的大事。子女事务消耗的家庭成本影响到了不少育龄夫妻的再生育抉择结果。

在家庭事务决策领域，夫妻之间谁来作出最终决定，看起来并不是一种简单的男性统治，而同需要决策的事务内容本身有关。近年来，多数学者认为，家庭事务决策以丈夫和妻子共同进行为主，体现出夫妻平权的模式。同时，丈夫和妻子有着潜在的分工，分别在不同领域进行家庭决策。本书中不少女性访谈对象都表示，妻子在家庭的日常性事务中“管得更多”，而在家庭重大事务方面，还是得同丈夫商量。这同郑丹丹（2001）、徐安琪（1998、2004）、风笑天（2011）、李静雅（2013）、沈奕斐（2013b）等学者的研究发现是一致的。

这就刻画了一幅家庭决策的性别分工图景：女性作主较多的领域是家庭的日常事件而非重大事件；而家庭重大事件决策还得靠男性，女性是缺少话语权的。虽然有学者认为，当前大多数家庭是夫妻共同决策，且妻子能在日常事务中决策更多，已经表明较传统社会而言妻子的家庭决策权在提升（王金玲，2009；尹丹萍，2010；郑丹丹、狄金华，2017），妻子的权力范围也逐步由繁多而琐碎的日常事务决策过渡到重大事务决策（韦艳、杨大为，2015），但不可否认的是，家庭日常事务虽发生频繁，也对家庭发展具有影响，但其重要性远不及家庭重大事务。在家庭内部，这个看起来由女性主宰的私人领域，却正如复旦大学沈奕斐副教授在一次演讲中提到的，女性在家庭中只是主演而不是导演。家庭决策发生在私人领域，而在私人领域内部，不同事务也被赋予了不同的重要程度。女性能够作主的事务是日常性、一般性、重要程度较低、排序比较靠后的，而男性决策的则是那些大型、重要程度高、排序也靠前的事务。社会性别结构下的家庭分工昭示着显著的性别区隔。

女性在家庭决策中作主的范畴是十分有限的，说明只要父权制的文化传统还存在，家庭决策中的性别不平等就不会消失。这种性别分工的表现形式相较于传统的男性统治而言更加隐蔽。它并非直接地剥夺女性的一切权力，使之完全依附于男性，而是赋予女性一定的家庭决策权力，给了女性在家庭决策中发挥自身权力的空间，却又将这种权力限制在性别的框架中。这种父权制下的家庭决策分工到今天依然存在，随着女性受教育水平的提升、劳动市场参与率的提高、工资收入的增加，女性的社会地位会得到一定的提升，那这种性别分工的家庭决策模式是否会得到一定的突破呢？

（二）新家庭决策模式的形成

家庭决策的性别分工的确存在，而且在传统社会中表现得非常明显。但随着社会由传统向现代转型，以及女性社会地位的提高，女性在家庭决策中的作用愈显重要。2000 年第二期中国妇女社会地位调查数据指出，在家庭重大事务的决策上女性有了更多的参与权。调查数据显示，在“从事何种经营 / 生产”的决策上，由夫妻共同决定及主要由妻子决定的比例达 67.4%，比 10 年前提高了 17.3 个百分点。在“家庭投资或贷款”和“买房、盖房”的决策上，妻子参与决策的比例分别为 60.4% 和 70.5%，分别比 10 年前提高了 9.9 个百分点和 4.9 个百分点。可以看出，21 世纪以来，女性在家庭事务决策中的地位是有所提升的。也就是说，在 1990 年前后，女性在家庭从事生产、投资和买房等决策中，拥有发言权的比例很可能不足 50%。显然，在涉及家庭经济生产的重大事件中，女性的决策地位一度较为低下。随着时间的推移，2010 年第三期中国妇女社会地位调查显示，85.2% 的女性对自己的家庭地位比较满意或很满意。在“从事何种经营 / 生产”和“买房、盖房”的决策上，妻子参与决策的比例分别为 72.6% 和 74.4%，分别比 10 年前提高了 5.7 个百分点和 3.9 个百分点，在“家庭投资或贷款”的决策上妻子参与决策的比例为 74.7%，比 10 年前提高了 14.3 个百分点。可以看出，在家庭的生产、购房、投资等家庭重大事件决策中，已经能明显看到女性的身影，听到女性的声音。女性参与决策特别是家庭重大事务决策的比例已经得到了极大提高（见图 6-1）。

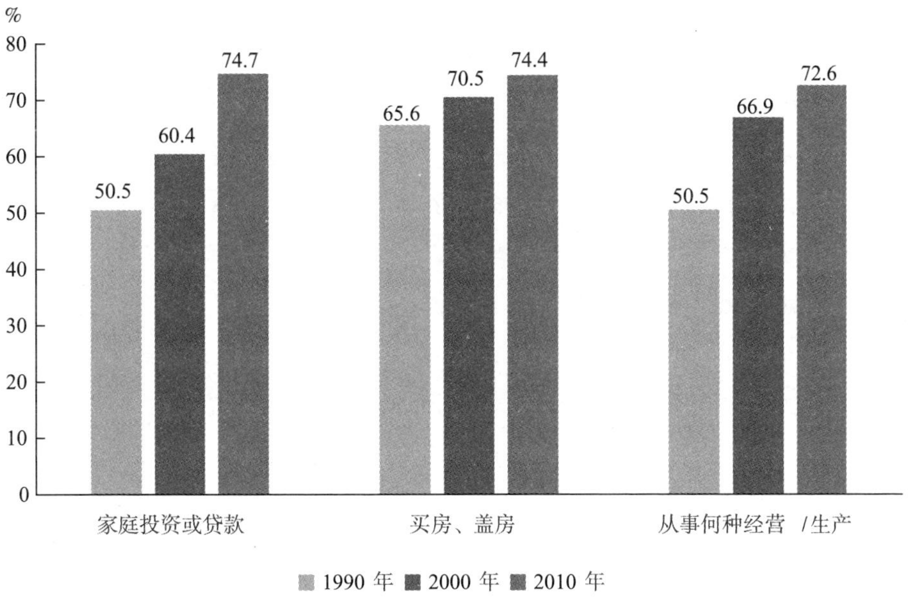

图 6–1 妻子参与家庭重大事务决策比例

资料来源：第二期、第三期中国妇女社会地位调查主要数据报告。

与传统社会相比，妻子在家庭决策中地位提升、参与决策范围扩大，在一定程度上表明，在不少城市的家庭决策中夫妻双方扮演的角色差别在缩小，即夫妻共同商议决策的情况越来越多。一方面，这种家庭决策模式与女性自主权和社会地位提升有关；另一方面，它已经形成一种家庭决策新状态，即男性不再是家庭决策的独立主体或绝对主体，女性在诸多事务上拥有决策权，或主动、或被动地获得了一定的家庭决策权。这种权力随着家庭决策模式的发展而形成一种新的模式，甚至有很多家庭事务基本由女性来决定，男性在一些事务上的参与度并不是很高，表现出一种女性成为"家庭总管家"的景象。

非常有意思的是，女性在家庭决策中地位的提升，并不以否认家庭权力与家庭决策中的传统性别分工为前提，反而是在承认性别分工的前提下，逐步形成了女性权力空间增大的决策新模式。有的时候，家庭决策的性别分工仍然存在，但夫妻双方都比较认可对方为家庭作出的贡献，视家庭为一个整体，而非夫妻权力较量的场所。夫妻双方能够根据夫妻各自的经济社会地位，以及对某项决策事务有理有据的分析，最终客观地达成有利于家庭发展的共识。“就像家里面这些重大的决策，买房呀啥的，我们也是商量着来，一般都是我的想法比较多，然后我会跟他说，然后他再决定是买还是不买，反正有啥事儿都是互相商量着。”（YZ 女士，36 岁，国企职工）YZ 女士的这种家庭决策分工方式是好多被访者都提到的，女性在决策中起到谋篇布局的作用，她们的“想法比较多”，然后男性帮着拿主意，最终形成共同决策。而决策过程正如被访者 JL 女士所言，“我俩都是商量着来，谁有道理听谁的。他很尊重我的意见”。“商量着来”“谁有道理听谁的”，体现出学者们说的夫妻平权、共同决策的趋向；而“他很尊重我的意见”，则表现出女性的意见会被充分考虑，同过去相比，客观上形成了女性越来越多参与到各个领域的家庭事务决策中的局面。

还有些时候，夫妻双方通常都认可彼此在家庭决策中的性别分工，但在现实操作中这种分工却被淡化了，家庭重大事务和家庭日常事务的边界非常模糊。40 岁的个体经营者 J 女士谈到，家里的大事通常由夫妻二人商量，但家里的多数情况是“也没啥大事”，“房子以前也都买了，别的也没啥事”。而在家庭决策分工中，“店里的事肯定是我老公管得多，有的不知道的他也得问我。家里这些事，主要是我。带孩子啥的人家也管不了，肯定都是我管”。可见，家庭事务重大与否的界限并不是非常清晰。在主观意识中，家里的大事需要夫妻共同商议，公共领域即“店里的事”更多由丈夫作主，但现实情况则是家庭里根本没有那么多需要决策的大事，更多的是一些日常事务。即便是“店里的事”也是交织在家庭重大事务和日常事务之间，在以丈夫决策为主的同时询问妻子的意见。被访者 A 女士将此形象地总结为，“我家大事我老公说了算，可我家没有大事”。顺理成章地，没有“大事”的家庭决策领域就自然而然地成了女性的“天下”。

同样建立在不否认传统性别分工的前提下，第三种情况也值得特别提出，那就是女性实现自身在家庭决策中的权力、获得相应地位，主要依赖于赢得自己丈夫的支持。在某种意义上，女性在家庭决策中发挥作用的对象发生了变化，即不是决策内容本身，而是自己的丈夫。被访者 W 女士（42 岁，培训教师）认可家庭重大事件需要夫妻两人商量，日常的事则是自己管得多。对于家庭决策的总体印象，W 女士笑着说：“好像是我（作主），哈哈！感觉上我（管得）多。但是我也不是说必须怎样。我都是讲道理，我得给他把这个道理从头到尾地讲一遍，捋清楚了，这样他就能理解，好像就讲通了，觉得我说得有道理，最后就像是我作主了。”这个时候，女性的经济贡献、社会地位等个人资源都显得不再那么重要，只要在同丈夫的互动过程中成功赢得了丈夫的支持，就能够树立起自己在家庭决策中的决定性地位。也许这种互动需要依据决策内容进行讨价还价，也许只需要阐明女性自身的意愿、使丈夫知悉即可。正如沈奕斐（2010）在对家庭关系的研究中谈到了一位典型的访谈对象，虽然她“在经济上几乎对家庭没有贡献，但是这并不影响她在家庭中的决策地位……家里最重要的工作是搞定老公”。“搞定老公”，家庭事务就会外显为女性当家作主，以男性的低参与度和女性的高参与度形成了新的家庭决策模式。

（三）家庭决策惯习在再生育抉择中的延续

本书的开头部分已经指出，再生育抉择是一种家庭决策。如果从家庭决策的视角来看，家庭决策的性别分工和家庭决策的新模式在很大程度上都可能会延续到生育领域。也就是说，在二孩或三孩的再生育抉择中很可能会呈现出同样的家庭决策惯习。

一方面，再生育抉择很少被视为家庭的重大事务，家庭决策的性别分工仍得以体现。

以比较典型的中国妇女社会地位调查为例，2010 年第三期调查中家庭决策的内容并没有涉及决定生育子女方面的问题，仅 2000 年第二期调查问卷中有一个“决定是否要孩子”的题目，涉及生育抉择。生育问题更多地同健康和保健放在一起，体现女性的生殖健康和生产技术，而非家庭决策对象。相关研究中，王金玲（2009）和徐安琪（2004）分别根据第一、第二期中国妇女社会地位调查的数据，将“是否要孩子”视为一种家庭决策。前者发现，在城市妻子拥有较大的生育决策权，而在农村则由丈夫决策；后者发现，“是否要孩子”这项生育决策绝大多数时间是由夫妻双方共同决定的。家庭决策研究的热点主要集中在购买消费、生产就业、日常生活与钱财管理、流动迁移、子女择校择业择偶等领域，不管是作为家庭重大事务还是日常事务，对生育这项家庭决策的研究并不多见。在现实生活中情况同样如此，不论是想再生育还是不打算再生孩子的家庭，再生育抉择都是各项家庭决策中最不起眼的一个，要么是未经正式讨论而作出，要么是一种看似无须讨论的事实性共识，常常处于一种被忽视的地位（参见本书第三章）。再生育抉择既然很少被家庭作为一项需要决策的内容，更谈不上是家庭重大事务决策，就并不是男性发挥作用的“主场”，男性自然会在这方面投入较少的关注。再生育抉择因而更应成为女性关注的焦点。

另一方面，家庭决策新模式下女性的作用被提到显著位置，也呼唤着广大女性在生育子女这项家庭决策中继续发挥自己的主要功能。

既然女性俨然已成为“家庭事务总管家”，对家庭事务决策的高参与度自然也反映在生育抉择领域。第三期中国妇女社会调查报告已经指出，同以前相比，女性社会地位进步在家庭领域的主要表现之一，就是女性决定个人事务的自主性提高，两性在家庭重大事务决策上更为平等。尽管家庭决策的性别分工并未完全消失，家庭作为私人领域的主要关系空间，依然隐藏着一种性别的区隔，但与以往不同的是，家庭决策的新模式形塑了夫妻的决策地位，将女性从既往不被重视的角落推上了家庭决策的舞台。于是，女性成为再生育抉择的重要主体，在再生育抉择中发挥关键性作用，就显得顺理成章。在家庭事务中拥有发言权（Hindin，2000），或具有参与家庭决策的能力以及行动自由的能力（Al Riyami et al.，2004），都是女性自主权的表现。更何况，生育抉择的内容本身直接涉及女性这一生育主体，也令女性本身就离不开生育抉择这项家庭议题。尽管社会性别理论反对将女性同与生俱来的生育功能简单挂钩，而使女性被困于生育带来的母职、妻职等性别角色中，但不可否认的是，女性不得不承担“怀孕—生育—养育”这种天然联系带来的一切。生育事件在家庭决策中不只是家庭重大事务或者家庭日常事务，更重要的是体现了女性对自己身体的把控，某种意义上说是一种个人事务自主权的表现。女性作主也即家庭决策新模式在再生育抉择上的表现。

总的来说，在公共领域与私人领域长期分化的历史脉络下，通过探究家庭这一私人领域中夫妻权力的互动状况，可以发现，家庭决策的新模式弱化了决策内容本身，在不否认夫妻性别分工的基础上，提高了女性在家庭决策中的重要性，为女性在再生育抉择中发挥作用提供了有据可循的模式轨迹。王金玲（2009）认为，家庭决策中的夫妻平权已是城乡居民家庭权力的基本态势，但夫权和妻权相比，仍是夫权强于妻权。既然私人领域的性别不平等依然存在，那么在承认女性在再生育抉择中发挥重要作用的同时，女性真的获得了足够的自主权吗？她们真的完全成为私人领域的“导演”、主宰了家庭的再生育抉择吗？男性在这方面又有何作为呢？这是值得我们下一步思考的问题。

三、社会性别规训下的两性合谋

显而易见，女性获取权力和地位的一大进步表现是能够像男性一样进入公共领域，从事有劳动报酬这种外显化价值的物质生产劳动。她们获得了一种宏观领域的公共价值，实现了从私人领域向公共领域的跨越。而在私人领域，女性能够参与到家庭决策当中，并在某些家庭决策中发挥重要影响，同样体现了女性家庭权力与社会地位的提高。可同时我们不能忽视一个现实，那就是私人领域内部的性别不平等依然存在，家庭决策中也还有着区隔化的性别分工。那么，再生育抉择发生于私人领域，确实体现了女性的彻底解放、男性的完全让步吗？本部分是笔者的一种反思。

（一）重议再生育抉择在家庭决策中的尴尬地位

如果说家庭决策主要被区分为对重大事务的决策和对日常事务的决策，那么再生育抉择究竟属于哪类事务？在上一节中，再生育本身不被直接视为家庭决策内容，或者至少不被视为家庭重大事务的决策对象，已经令笔者隐隐产生了忧虑。这意味着，女性能够在家庭决策中发挥作用，能够在再生育抉择中产生重要影响，或许并不完全是女性权力提升的结果。之所以认可女性在再生育抉择中作主显示了女性的家庭权力，是因为女性不仅能够参与家庭决策，并能够在很大程度上影响决策结果，在此类个人事件中自主权上升明显，同过去相比的确彰显了女性的家庭权力地位。但从女性在再生育抉择中作主的性别分工来看，又体现出女性只能在那些家庭日常事务、不关键领域进行决策。所以问题是，再生育抉择到底是不是一个关键的事情？男性和女性对它究竟持有怎样的态度？因此，非常有必要重新厘清再生育抉择在家庭决策中的地位。

不可否认，再生育抉择在本质上关系重大。对私人领域而言，再生育抉择意味着家庭可能新增一名或更多成员，从孕育之日起就倾注了家庭的心血，家长需要认真对待孩子的成长，使孩子顺利社会化，成为符合社会要求的合格公民。再生育抉择改变着家庭的关系和结构，在城市祖辈与育龄子女“两扇门、一碗汤”（沈奕斐，2013b）的居住方式中，小家庭中增加一个孩子，就不仅是一个子宫家庭的事，很可能成为大家庭的共同事务。再生育抉择还使得家庭资源需要在成员中重新分配，从而对家庭中每位成员的发展都会产生一定影响。甚至可以说，在家庭资源再分配的过程中，每位成员的权力地位也在悄然发生变化。在多子多福的传统社会，再生育抉择对家族的延续还起到至关重要的作用。

再放眼于公共领域，由于家庭的再生育抉择涉及国家的人口再生产，生育就不仅仅是私人事件。马克思和恩格斯将生产划分为物质生产和人口再生产，既强调了公共领域创造劳动价值的重大意义，事实上也强调了私人领域人口问题的重要性。《中国统计年鉴 2021》显示，2020 年全国人口出生率为 8.52‰，自然增长率为 1.45‰，创 1978 年以来的新低。特别是在我国步入老龄化社会的过程中，人口红利逐渐消减，需要更多的劳动者为社会带来生产力并创造价值。众所周知，人口增长关系着社会的发展和进步，国家已经陆续制定并实施全面二孩、三孩政策，在宏观上为家庭带来了再生育抉择的契机。家庭作为社会的细胞，作为社会的微观组成部分，也应该跟得上社会整体的步伐。从这个意义上说，再生育抉择既是家庭的大事，又是国家的大事，在家庭决策中理应受到重视，将它放在家庭重大事务的范畴内丝毫不为过。

然而现实的热度远未回应理论上的重要性，再生育抉择在生活中往往备受冷落。本书第三章已经指出，再生育抉择在家庭决策中处于被忽视的地位。

一方面，夫妻在形成再生育抉择的过程中，彼此商议环节有时缺位，有时则非常随意，有时仅达成事实性共识就算完成了决策。同其他家庭重大事务决策中大量的严肃论证与正式商讨相比，再生育抉择的地位显然较为低下。而即便是跟家庭日常事务相比，大多数日常事务也会经由夫妻商议再形成决定，而再生育抉择却失去了家庭决策的基本构件。故而再生育抉择的呈现形式总是显得那么不正式，同再生育抉择本身具有的深远意义十分不符。

另一方面，不论是有意还是无意，生育抉择在某种程度上常被人们避而不谈。在研究中，生育抉择经常被生育意愿、生育决策等概念替代，但我们知道它们本是不相同的。大量对生育意愿和生育决策的研究指出，生育带来的育儿成本过高、经济压力过大是育龄家庭不愿再生孩子的重要原因。但具体到每一个家庭、每一位女性，情况很可能是不同的，仅仅通过生育意愿（决策）的影响因素无法立体地把握再生育抉择。再生育抉择既是一个考虑影响因素的过程，又是一个夫妻之间沟通与互动的过程。虽然再生育抉择中并不否认这些影响因素，可这些影响因素并不是再生育抉择的全部，更不能说明再生育抉择是怎样形成的。当再生育抉择被静态的影响因素描绘甚至取代时，研究者的目光便不会聚集在家庭决策领域。从这个意义上讲，再生育抉择看似是个无须过多商议的话题，是自然而然的过程。于是再生育抉择在家庭生活和学术研究中同时“失声”，在家庭决策的研究领域被忽视了。

在笔者看来，再生育抉择是一种尴尬的家庭决策：它既不同于一般意义上的家庭重大事务，也没有全然隶属家庭日常事务。如果说再生育抉择不需要与其他家庭重大事务同等对待，那么基于家庭决策中的性别分工，男性的确无须在这方面发挥过多作用，留给女性去操作就可以。如果说再生育抉择不属于家庭日常事务，那么在逻辑上女性也无须对其进行过多关注，显然这又与现实情况不符。再生育抉择的特殊性使得它本身很少被家庭以正式的方式去考虑，对它的处理方式也同其他家庭决策不完全一致，理论上处于“两不管”的境地。

上文论述已经显示，女性是再生育抉择的主要影响者，在家庭要不要生育二孩 / 三孩中发挥着重要影响。所以寻根问底，还是要回到父权制下的社会性别规训中。今天的二孩或三孩再生育抉择，一方面是女性自身解放、获得更多自主权的体现，另一方面仍受制于社会性别规训。父权制将女性的身体规训为社会的身体，将女性的生理功能转化为社会功能，将女性的活动空间划归到私人领域，又在私人领域对女性实施了性别上的不平等。孩子的事自然成了女性的事，女性又怎么会不干预再生育抉择呢？或许正是因为父权制的存在，再生育抉择才会在家庭决策中缺乏正式感、仪式感。社会性别是家庭权力难以逃脱的规训。

（二）再生育抉择是女性的权力还是责任

1. 再生育抉择彰显了女性家庭决策的自主权

家庭决策是私人领域的微观政治，体现了夫妻之间的权力地位与博弈过程。再生育抉择中的夫妻互动过程显示，再生育抉择的确是女性在家庭决策中自主权的体现。

除了对家庭重大事务和日常事务进行决策，个人自主权有时也被纳入家庭权力当中，成为夫妻权力的一种表征。能否自主决定同自身密切相关的事务被视为是否具有自主权的体现，往往被操作化为在购买个人用的高档商品、自己外出学习工作、资助和赡养自己父母、交友、安排闲暇时光等方面是否能自己作主（左际平，2002；徐安琪，2004；王金玲，2009；钟涨宝、尤鑫，2014；韦艳、杨大为，2015；朱斌、乔天宇，2015）。个人事务的自主权将视野从对家庭事务的决策上移开，转而关注家庭中的个体实现自我意志、不依赖于他人的程度。用性别话语来讲，在家庭内部，自主权事实上代表了女性在经济上能够自主、行动上具有足够自由、在夫妻交流中具有发言权，是一种"控制个人环境的能力"（Tfaily，2004）。研究表明，妻子行为的自主权能够促进家庭权力结构的平权倾向（韦艳、杨大为，2015），已婚女性具有相当大的自主权，且城市女性的自主权大于农村女性（徐安琪，2004）。但也有学者通过对第二期中国妇女社会地位调查数据的分析得出，男性和女性都有较高的个人事务支配权，可男性的自主权程度仍高于女性（王金玲，2009）。

作为一项家庭决策，再生育抉择的确体现了女性的自主权。不论是在公共领域还是在私人领域，自主权更多地被理解为女性不受男性控制和独立于男性（Mason，1987）。谈到女性自主权的发挥，恐怕在私人领域最容易辨识，因为私人领域是女性的主要活动空间。而在私人领域的诸多事务中，除了自主决定资助父母、购买贵重物品和外出工作学习外，同女性的自我控制和自我决定联系最为紧密的，就是生育了。在再生育抉择隶属的家庭决策中坚持自己的观点，在夫妻出现分歧时试图说服对方以及实现生育上的自主（Kishor，1995），无疑都是女性自主权的集中表现。被访者小Y就是坚持自己观点的典型代表之一。当被问到是否和爱人商量了再生一个孩子的事儿时，她坚决地回答：“不生，绝对不生。他（指丈夫）好意思说吗？说得难听点，你要想生，你爱跟谁生就跟谁生去吧，反正我是不生了！”由于在生育第一个孩子时遭遇过难以忍受的身体伤害，她甚至没有给丈夫辩论的机会。笔者问她，没有一点商量的余地吗？小Y的回答比之前更加斩钉截铁：“没门儿，窗户都没有！坚决不生！”

小Y的身上体现了Nawar（1996）所说的习惯性。作为标志女性自主性的三个指标之一，习惯性指的就是女性能够根据自己的意志，作出与生育和抚养子女有关的决定。当然，自主权的发挥不代表女性作出不再生育孩子的决定，也体现在女性坚决要生育上。自主权的发挥也不代表女性一定反对男性的生育意愿，而是体现在在对生育抉择的讨价还价中能够不被他人左右、坚持自己的立场、充分表达和努力实现自己的生育意志。在再生育抉择中不再失声、不再受男性统治，能表达自己的主张，正是女性生育抉择中自主权的体现。正如Hindin（2000）指出的那样，女性在家庭中的权力对生育态度和生育行为具有重要意义。

2. 社会性别建构的女性家庭责任

再生育抉择一方面反映了女性自主权，是其实现自身意志的表现；另一方面又介于家庭日常事务决策和重大事务决策之间，地位十分尴尬。在这样一种没有合理“身份”的家庭决策中，女性为什么一定要“挺身而出”呢？应当保持警惕的是，再生育抉择同时暗含着社会性别规训下女性的家庭责任。这就离不开古往今来一个不争的事实：儿童和家庭照料的女性化、私人化。

私人领域的性别平等进程相对滞后于公共领域，显著影响了女性生育行为（计迎春、郑真真，2018）。在私人领域，女性最重要的职责就是照料子女和从事家务劳动。且不论这当中是否存在性别上的压迫，由女性来照料儿童似乎天经地义，母亲与子女在生理上的联系也更加紧密。以前，家庭主要是一个经济与人口再生产的共同体，以两性合作的形式实现自身与集体的发展，女性在合作分工中承担了儿童照料的主要职责。而现在，随着物质生活水平的提高，人们对精神生活的追求、对美好生活的向往以及对儿童发展的重视，家庭已经“演变为一个融合了生计与消费、围绕着儿童养育和亲密关系陪伴为核心的更加精耕细作的复杂模式”，需要投入更多的时间，从事有保障的、专业化的育儿活动。因此，“传统的性别分工规范被重新激活，女性作为妻子、母亲这些家庭照料者的角色被进一步强化，成为专职驻守家庭的第一候选人”（吴小英，2021）。可以说，女性受教育水平的提高和社会地位的变化，并没有令她们离开照料这一私人领域。在不一样的世代，女性作为儿童照料第一责任人的身份始终没有发生变化，在现代性更强的今天，照料非但没有去女性化，反而对女性提出了更高的要求。

照料的私人化同样将儿童照料稳稳地留在家庭范畴，留给女性群体。这是父权制的社会性别规训下由来已久的公共领域与私人领域分化的结果，也是私人领域内部性别不平等的延续。在公共服务方面，“以这种家庭分工为基础，社会政策只需要作用于劳动力市场，而不必关注家庭内部功能，因此对于儿童的照顾是家庭私人领域的问题，而不是公共议题”（房莉杰、陈慧玲，2020）。尽管随着三孩政策的出台，国家针对育儿的公共化导向，已经提出应将生育、养育、教育等纳入公共服务体系，各省也相继落实了产假和育儿假等假期，有的省份甚至会给予生育补贴，并为人们生育三孩提供公共支持，但至少在目前，这些制度还处于建设当中，育儿的公共化仍在路上。从市场来看，随着需求的增长和市场经济的发展，保育行业产生，育儿嫂和保姆等专职人员在市场上出现，能够部分地缓解女性在家庭这一私人领域独自育儿的困难。但保姆照料在被访者那里主要呈现出两大问题。一是需要家庭有足够的经济资本来支付雇用保姆的费用，这一点普通工薪阶层常常难以做到；二是对保姆照料的质量缺乏信任，即便具有雇用保姆的经济实力也没有雇用保姆的胆量和决心。被访者 YD 女士有过请保姆的想法，但是又打消了。她说：“雇保姆的话，现在也挺贵的，我们在小区楼下带小孩玩的时候都问过，保姆一个月七千（元）呢！比上班的挣得都多！而且的确不太放心。新闻里那么多保姆给小孩喂安眠药啊、打孩子啊啥的，想想就害怕。”这种局面事实上又将女性拉回了照料儿童的私人领域。

所谓“在其位，谋其政”，这就不得不令女性主动思考要不要再生育一个孩子，因为对身处社会性别规训下的她们来说，再生育抉择不是小事，而是一种强烈的家庭责任。很显然，儿童照料的女性化和私人化对男性和女性提出了不同的要求。对男性施加的压力其实并不是很大，如果说有需要他们承担的在这方面的家庭责任，那就是更加努力工作，挣钱养家，用他们在公共领域获取的价值作为对家庭的贡献，作为他们家庭责任感的表现。对女性来说，情况则非常不同。正如WX女士所言，“因为人家（指丈夫）的工作是稳定的呀，我这不是也（不稳定），所以干脆我就在家弄孩子，因为孩子得有人管呀”。由于女性才是私人领域的“主演”，她们的家庭责任感仍主要体现在私人领域，孩子必须有人管，而第一责任人就是母亲。不论是现代的工作女性还是传统的家庭妇女，很少有人能远离对家庭千丝万缕的责任。她们同家庭捆绑得太紧了。对于那些不愿意再生二孩/三孩的女性来说，多生育一个孩子无疑是多增加了一份风险、多耗费了一些精力，自己必须在照料儿童的家庭责任中付出更多。对于那些愿意再生的女性而言，她一定要有足够的决心与意愿，做好家庭照料第一责任人的准备。而且常常是，女性会内化这种家庭责任，在心里认同这种性别分工，并愿意这样做。因为她们深信，女性是没有理由逃离照料子女这个家庭责任的。从这个意义上说，不管作出什么样的再生育抉择，女性比男性更加操心再生育抉择这件事本身，就体现出女性更加强烈的家庭责任感。归根到底，还是因为公共领域和私人领域的分化，以及私人领域内部的性别不平等，使女性不得不在自己的“本职工作”中发挥功能。

（三）男性与女性在再生育抉择中的合谋

如果说女性必须对再生育抉择负责，将它作为一项不得不考虑的家庭决策，是把它视为一种归属于女性的家庭责任，那么引起我们进一步思考的是，只因为再生育抉择是私人领域的事务且未必是家庭重大事务，男性就总是完全放弃自己的家庭决策权吗？在笔者看来，男性在再生育抉择中虽然表象化地放弃了权力，本质上却实现了对权力的控制。与其说是听从了女性的再生育抉择意见，不如说是男性让渡了再生育抉择的权力。正是男性让渡权力与女性争取权力的共同结合，才使再生育抉择呈现出当前以女性为主导的样态。

1.“无为”外表与合谋本质

男性在再生育抉择中的参与度和影响力都较低，正是由于男性多采用了“无为”的方式，将再生育抉择留给女性，让女性去取舍，通过在这一家庭决策中的消极互动形成了同女性事实上的合谋。

“那会儿我俩说生老二的时候，我老公就说，你要生你可想好了啊，我反正就是晚上回家那么点时间（能带孩子），其他时间主要都是靠你自己啊！”T妈妈回忆起当时的再生育抉择，丈夫是这样表达的。在再生育抉择中，到底要不要生孩子的决定权交给了女性，男性看起来并没有试图去把握这种权利。再生育抉择表现出的听从女性的生育意愿并遵从女性的再生育抉择，大多数时候是因为男性采用了“无为”的互动方式。

所谓“无为”，主要指的是男性对再生育抉择的参与度较低，对再生育抉择结果的显性影响力可能不大，且对生育的最后决定似乎也不是特别关心。在夫妻之间常体现为女性是再生育抉择的主导者。在再生育抉择的形成过程中，多以第二类“一方为主、共同决定”和第三类“‘无所谓’模式”呈现出来。在以一方为主的再生育抉择中，通常是女性的参与程度极高，女性不论愿意或不愿意再生一个孩子，都会通过性别化的策略来跟丈夫进行沟通和讨价还价，使丈夫认同她们的生育意志。男性虽然没有放弃参与这项家庭决策，但在决策过程中并没有担任“做决定”的一方，女性在最终再生育抉择中获胜。而在“无所谓”模式的再生育抉择中，这一情况就更为明显了。参与再生育抉择对丈夫来说似乎可有可无，再生育抉择的结果也是怎样都行。人们常将抚养儿童时丈夫的缺位称为“丧偶式育儿”，那么“无所谓”模式的再生育抉择可类比为“丧偶式抉择”。

“丧偶式抉择”不只表现在一个被访者家庭，引起了笔者的关注。J女士回忆起当时和丈夫商议再生第三个孩子时，丈夫的原话是：“你打算要（孩子）呀？打算要的话，你可想好了啊！”笔者惊讶地追问：“难道他（丈夫）不需要想好了吗？”J女士笑了笑，似乎觉得这个问题有点多余：“孩子也不用人家带，还不主要是咱们的事。人家早晨八九点出门了，店里晚上八九点才关门，回来就九点、十点了。有时候孩子没睡，就逗一逗玩一会儿。有时候他回来孩子都睡了。所以你说用得着他（干）啥呢？反正都是咱们的事，也不用他管（孩子）。”所以尽管J女士的婆婆极力反对，丈夫在一定程度上受到了婆婆的影响，最初并不太支持生育三孩。但由于J女士坚持自己的生育意志，丈夫的态度最后变成“咋样都行，都看你自己”，是一种典型的“无为”决策互动。言下之意就是将再生育抉择的最终决定权交给妻子，由妻子全权决定，反正生育的后果——照料与教育孩子——都是妻子来承担，生育孩子所要付出的成本也主要由妻子来承担，丈夫看起来并没有什么损失。笔者好奇生育第三个孩子会不会给家庭包括丈夫带来较大的经济压力，毕竟经济压力是制约众多育龄人群生育意愿的最典型因素，可J女士则表示不会：“他觉得，孩子多了，有个奋斗的（奔头）。孩子越多，你挣钱的动力就越大。孩子少，也就没那么大的奔头了。所以经济压力的话，也没考虑啥压力。”

这个回答既在笔者意料之外，又在意料之中。之所以在意料之外，是因为多数人在考虑生育二孩或三孩时，经济压力还是不能忽视的限制性因素，可对于J女士的丈夫来说反而成了他工作的动力。压力转为动力，似乎是将一个消极因素转换为一个积极因素，听起来有些奇怪。进一步思考，笔者又觉得意料之中，这不就是生育中的母职惩罚和父职溢价吗！第三期中国妇女社会地位调查显示，中国是一个深受父权制家庭观念影响的国家，“男主外、女主内”的传统性别观念深入人心（刘爱玉、佟新，2014）。男性对孩子的照料管理本来就相对少于女性，而一旦有孩子以后男性可能会因为孩子而变得更努力、优秀，表现在工资收益方面也会进一步提升（Correl et al.，2007）。如果不生，男性似乎也没有什么损失，如果再生一个，也可能将经济压力转变为性别收益，那么要不要生孩子就让女性去决定好了，何乐而不为呢？

与其说是男性听从了女性的再生育抉择，不如说是男性让女性在她的领域内尽情发挥再生育抉择的家庭权力，实现了再生育抉择中的“无为”，在最终的再生育抉择中呈现出两性合谋的状态。可“无为”的本质并不是什么都不做，而是在“无为”中实现“无不为”。也就是说，虽然在客观上男性表现为什么都没做，也或许并没有反对女性的决定，甚至对女性的观点与举措表示“无所谓”“都看你”，但是在主观上，男性根本没把再生育抉择这件事当成自己的事，也没有把这件事带来的责任和结果当作与自己关系紧密的责任与结果。这与社会性别建构的性别角色规范不无关联。如果说再生育抉择对女性来说是一种家庭责任，那么对男性来说，这种责任感要弱得多。更何况在某种意义上，女性作出再生一个孩子的决定，就意味着是女性而不是男性需要对这个决定的后果负责。不再生育二孩或三孩，并不会像传统社会那样给男性和家族带来人口忧患。一旦再生一个孩子，照料抚养孩子是唯一的后果，而显而易见，对这一后果负责的还是女性。这就将女性再一次拉回到照料领域，无形中强化了儿童照料的女性化和私人化。女性则很可能在男性的“无为”中继续陷入父权制的牢笼，最终实现了父权制的“无不为”，再生育抉择也并没有跨出父权制的文化传统。

故而，男性在同女性的合谋中，通过“无为”式的特殊互动方式生成了家庭共同的再生育抉择。再生育抉择是两性在社会性别规训下家庭决策互动的产物，而在这一过程中，夫妻双方以各自的性别角色方式，共同维系并强化了原有的社会性别规范。

2. 再生育抉择与男性意志

尽管“无为”式地参与再生育抉择是男性更多采用的方式，但这并不意味着所有男性都完全对再生育抉择置之不理。将男性归为绝对地被动听从显然不够合理，也不能涵盖再生育抉择的全部。笔者在收集资料时发现，有的男性还是会对女性有更多的生育期待。作为一项家庭决策，男性的生育意见同样是必要的，他们会采用“有为”的方式，同女性商议是否要再生一个孩子，并试图在讨价还价中说服女性以实现男性意志。所谓“有为”，指的就是男性通过外显化的言谈举止向女性陈述自己的生育意愿，尽可能使女性在讨价还价中被说服，最终使双方达成在再生育抉择上的共识。

男性劝说女性的方式之一是结合女性偏好，弥补女性本身所不具备的条件。JL 女士原本没有生二孩的计划，意外怀孕让她有了第二个孩子。那时候她已经考上了中央音乐学院的研究生，但入学时间和生孩子时间冲突，她最终放弃了求学深造。作为独生子女，JL 女士压根儿没有想过要再生一个孩子，所以怀孕初期她是打算放弃孩子的，因为“好不容易有自己的时间做自己想做的事儿，结果再来个老二又得绑我三年”。可她的丈夫却非常想要留下这个孩子，用JL女士的话说就是：“我没想要（生下二胎），他坚决要。”丈夫抓住了JL女士是独生子女、缺乏兄弟姐妹的劣势，对她说：“儿子（指第一个孩子）以后自己一个人多孤独，你看你就是独生子女，现在没有兄弟姐妹多不好。再说这是个生命啊！”JL女士考虑了自己的情况，的确如此。家人们也认为JL女士应当留下这个孩子。当被问到其他家人和丈夫，谁对自己的最终再生育抉择影响最大，JL女士说是丈夫。“可能是他的多些吧。他喜欢孩子。特别是女孩。”这又戳中了JL女士的要害，因为“我本来一直喜欢女孩，结果头胎生了男孩，他说这次肯定是女孩”。丈夫的理由既符合JL女士本身的偏好，又弥补了JL女士自身的某些“不足”，尽显生育二孩的好处，就这样成功地改变了JL女士的想法，生下了他们的第二个孩子，一个小女儿。

男性劝说女性的方式之二是推进家庭内部性别分工的平等化。个体家庭的情况大多同社会性别理论中论述的一样，女性主要在私人领域从事育儿和家务劳动。生完第一个孩子后，照料任务经常落在女性身上，令她们倍感劳累。想要成功让自己的妻子生育二孩或三孩，男性就会在私人领域做文章：承诺自己将在生育二孩后承担更多的儿童照料和家务，以减轻妻子的负担。SL女士家的第二个孩子“纯属意外，本来也没想要，而且原来也根本没有这个计划。突然怀孕了，就在要啊、不要啊之中纠结了一个来月。后来才决定要的”。在这长达一个月的再生育抉择过程中，SL女士原本态度十分坚决——不想生，原因是老大由自己一手带大，心力交瘁，两年后才回去上班，她称自己当时“基本上快抑郁了”。但后来还是决定生下第二个孩子，因为“我老公说服了我！他就老说两个孩子好啊，而且还说，你要是不要这个孩子，还得去做手术，对你身体也不好啊！”除了用常规的理由来凸显二孩的好处外，关键在于，“人家（指丈夫）说了，能早下班就早点回来，回来后多干些活，还有孩子的事。而且，就那一个月里，人家已经开始表现了，回来干活比以前多多了”。对照料和家务的投入，丈夫不仅作出了承诺，还在再生育抉择的一个月中通过实际表现兑现了承诺，给SL女士吃了颗定心丸，使她成功改变了心意。

男性劝说女性的方式之三是将生育上升为对女性的道德规训。32 岁的 X 先生自称他家是非常传统的一家人，所以自己一直都坚定地想生二孩、生男孩，多子多福，可妻子不大乐意。X 先生认为直接劝说效果太差，“以前有几次稍微提过，（妻子）不同意。所以商量肯定不行，就先怀孕呗。怀了孕就不舍得（打掉孩子）了”。在他看来，妻子的“传统思想就觉得有了孩子就不能不要。不好，道德上（受谴责）”。一旦怀孕，传统道德就会自动约束妻子，再进行再生育抉择就容易得多。谈到多一个孩子就要多付出照料和抚养的精力和更大的成本时，X 先生非常严肃地说：“一看你就是个女权主义者。而且你这是享乐主义啊！你这就是西方的那一套，在咱们国家行不通！我们有我们的传统文化。现在好多年轻人都放弃了这种传统文化，总觉得向西方学习好，但是其实我们的传统文化才是我们的东西。”他坚持认为生男孩是中国的传统文化，而男孩偏好和二孩偏好均来自他的母亲，所以生育二孩也是顺从父母的表现，符合中国传统文化的“仁义孝悌”。妻子也被他的传统文化规训，如果不作出再生一个的再生育抉择，就是违背了传统、违背了道德。

其实，道德规训也好，性别分工也罢，在这种情境下，不论哪种商讨方式，从家庭决策的过程来看，都是男性在再生育抉择中产生影响并最终获胜。那么，男性有没有完全忽视女性的意见，将她们排除在再生育抉择以外呢？并没有。相反，女性参与到了决策当中，她们的想法也得以表达，只是最后遵从了男性的想法。

总的来说，值得注意的是，男性不参与再生育抉择则已，一旦积极参与并将其视为一项家庭重大事务，就会在其中发挥重要影响。正如“从买房子来看，普遍采取的原则是一方定一个基调，另一方按照基调在可选择的范围内推荐，然后共同决定，而定基调者往往是男性”（沈奕斐，2010）。换言之，只要男性不愿让渡这项家庭权力，女性就很难获得再生育抉择的最终决定权。再生育抉择似乎还是没有逃离父权制社会性别的框架。

男性说服女性生或者不生孩子，大多表现在双方的生育意愿不一致的时候。上文说到，多生一个孩子对男性来说并没有太大损失，甚至还可能有所收益，对于那些生与不生孩子都无所谓的男性是如此，对于那些愿意再生一个孩子的男性来说，更是如此。此时再生育抉择会受到鲜有的重视，至少会在家庭决策中占有一席之地，可以拿到正式的场合被讨论，或采取特定的行动来达成。从这里可以看出，只有当男性认为生育这件事同自己关系重大、同家庭发展关系重大时，他们才会干预再生育抉择。这似乎意味着，再生育抉择要想上升为值得讨论的家庭大事，前提条件是男性认为它是重要的。反过来说，如果男性不愿意让女性再生孩子的话，他们就不会在再生育抉择中过多发表意见。这样看来，在家庭重大事务中男性发挥主导作用的性别分工，在再生育抉择这件事上同样适用。

社会性别的力量在这里尽显无遗，性别规训与性别区隔在再生育抉择中被再生产。在再生育抉择中主要呈现出的“无为”方式中，男性表面上淡化自己在再生育抉择中的家庭权力，女性于是获得了被让渡的权力，同时结合自身的生育意愿和性别责任，在男性和女性的合谋下完成了家庭的再生育抉择。客观上，女性得到了一定的平等权力，并没有被男性统治；主观上，女性获得权力是因为男性的放弃，而不是在两性的争执中最终获胜。而在“有为”中，男性在很大程度上影响着女性，推动着女性向符合男性生育意愿的方向前进。一种是无形的力量，一种是有形的力量，共同维系着社会性别规范及其在家庭抉择中呈现的性别区隔。从这个意义上讲，与其说再生育抉择为女性所主导，不如说是男性在私人领域与女性的合谋。女性在性别平等之路上的前进，其实是在公开的父权制和隐蔽的父权制共同发力的前提下，不断冲破社会性别规训的牢笼，或主动或被动地逐渐实现自身的权利。

四、小结

基于再生育抉择发生在家庭内部的现实，本章从公共领域和私人领域角度入手，在社会性别理论指导下，通过分析家庭决策的性别分工和两性作为，找出女性能在再生育抉择中发挥关键作用的潜藏原因。

本章首先回顾了私人领域与公共领域的分化，以及蕴藏在其中的性别不平等。公私领域的分化不仅是一种劳动空间的分化，更是一种性别的分化，并且存在性别等级。即便今天的女性已经在公共领域占有一席之地，可在家庭这个私人领域中仍没有逃离社会性别的规训和父权制的藩篱，仍处于公私领域的性别不平等中。

本章接着将视线专注于私人领域，集中到再生育抉择所属的家庭决策中。家庭决策在内容上存在重大事务和日常事务的决策分工，男性主导前者，女性致力于后者，形成了一种性别区隔。随着社会发展进步，家庭决策新模式的形成客观上提升了女性的决策地位，使女性成为“家庭总管家”，具有较高的家庭决策参与度。这种传统与现代的家庭决策惯习共同投射到再生育抉择上，自然将女性推到了再生育抉择的前台，成了再生育抉择的主要作用者。

本章最后回到再生育抉择，再次反思再生育抉择在家庭决策中的尴尬地位——具有重大意义却未被视为家庭重大事件，甚至很难进入家庭决策范畴，因而主要由女性来决定。在女性发挥自主权的同时，再生育抉择也隐藏着社会性别规训下女性无法摆脱的家庭责任。男性则多为“无为”式参与，将再生育抉择权交由女性，本着“谁决策谁负责”的社会性别角色规训，同女性形成了一种本质上的合谋，强化并维系了社会性别规范。而一旦再生育抉择被男性视为家庭决策的重大事件，他们则会以“有为”来实践男性生育意志。性别区隔在再生育抉择中得到集中体现，与其说再生育抉择为女性所主导，不如说在社会性别规训下，男性在私人领域与女性进行了合谋。

第七章　结论与讨论

一、本书的基本结论

在国家新生育政策实施后，通过对38位已婚已育一孩的城市女性及其丈夫进行深度访谈，本书关注女性及其家庭如何通过夫妻互动而作出是否生育二孩/三孩的再生育抉择，回答了本书在开头提出的家庭或者说夫妻怎样作出再生育抉择、由谁来作出再生育抉择的问题，希望看到女性在再生育抉择中的作用以及女性如何发挥重要作用、为什么能发挥重要作用。通过将再生育抉择视为一项家庭决策，基于社会性别理论的视角，整个研究思路和结果在本书第三章到第六章中得以呈现。

（一）研究结果

再生育抉择是新生育政策给女性和家庭带来的新的选择机遇。对于家庭是否生育二孩/三孩来说，再生育抉择具有更强的现实意义。不同于生育意愿，再生育抉择更加接近生育行为，是一个生与不生的二分法，也是夫妻根据情况不断进行调整后的最终决定，故而既包括抉择的结果，又包含抉择时夫妻互动的过程。本书主要关心再生育抉择通过夫妻的家庭权力互动的形成过程，特别着眼于其中女性的作用，从社会性别视角来探讨女性力量，也是对生育理论的补充。

在家庭权力与家庭决策理论视野下，再生育抉择不论是从内容属性还是从生成过程来看，都属于家庭决策范畴。本书接下来分析了再生育抉择的生成过程，从夫妻互动沟通与谁来最终决定这两个维度，归纳出四种再生育抉择模式，分别是夫妻“共同商议、共同决定”“一方为主、共同决定”“‘无所谓’模式”和“事实性共识模式”。再生育抉择的生成常具有非正式性，夫妻商议过程似有缺失，反映出再生育抉择在家庭决策中常处于被忽视的地位。不论是家庭决策理论还是再生育抉择模式，都较为明显地体现出女性更多地参与了再生育抉择，对抉择结果的影响更大。借助调查数据，运用家庭决策的资源理论和性别视野下的文化规范论来分析再生育抉择中的夫妻地位角色，本书发现多数家庭的再生育抉择由妻子作出，夫妻拥有的资源多寡并不能决定再生育抉择由夫妻中哪一方作出，而性别文化规范则会对夫妻决策地位产生显著影响，性别本身是一个更不可忽视的解释性因素。

既然女性在再生育抉择的形成中发挥重要作用，那么她们是如何做到的呢？从家庭权力与家庭决策的角度看，女性参与到再生育抉择中，并在同丈夫的讨价还价中影响再生育抉择的结果，离不开女性话语权的提升，这是女性发挥家庭权力的基础。传统社会中女性很难参与家庭决策，更不用说对家庭决策结果产生关键影响。而今天，女性受教育水平提升、参与劳动力市场并获得工资收入以及家庭与社会地位提高，不仅帮助她们提高了自身人力资本和维护自身权益的能力，获得了公共领域认可的外显化的劳动价值——工资，增进了质疑传统性别角色的能力，降低了对男性的经济依赖，同时也提升了在家庭事务中夫妻共同协商的可能性。此外，生育政策的调整起到了助推作用。它改变了传统生育文化中女性无法自主决定生育的“在场的缺席”境地，一步一步营造出女性可以发出自己的声音、从工具性中获得解放并实现自身生育意志、进行自主再生育抉择的局面。这是女性能够发挥重要作用的力量源泉。

在这样的社会背景与权力基础下，女性基于自身在社会性别中的角色地位，通过某种性别化的策略参与到再生育抉择中，并对再生育抉择的走向产生最终影响。尽管性别不平等始终存在于家庭内部和社会结构中，女性处于一种事实上的不平等地位，但女性反而借助这种弱势地位，将其作为“弱者的武器”，采用非对抗性的互动方式，帮助自己在再生育抉择中发挥关键作用。通过在家庭中同丈夫进行隐性抗争，女性隐蔽地不断强化自己的生育意志；巧妙地将照料子女的性别责任转移给丈夫，却又指明理想无法照进现实的状况，在交出决策权的同时使丈夫对再生育望而却步；抑或是通过无声的抗争来表达弱者的倔强；甚至以身体彰显权力，用怀孕或流产的事实来说话。这些方式都不需要采取强硬手段，就能在与丈夫的讨价还价中获得抉择的话语权。在社会性别的规训下，女性还会采取性别化策略，借助自己独特的母亲和妻子的性别角色，以获取对再生育抉择的关键影响。“以孩子和丈夫为中心”的家庭导向策略，能够凸显自己的再生育抉择是以家庭为重。在祖辈育儿盛行的时代提出“为长辈着想”，是将再生育抉择置于孝顺老人的道德框架中。如此，女性在不突破既有性别角色规范的前提下，巧妙地在家庭决策中化劣势为优势。这就是女性家庭权力的运作过程，也是她们参与再生育抉择这项家庭决策的过程。

这里很明显地昭示了女性主体性的发挥。她们不再是被动的他者，而是具有主观能动性和话语权的自我。笔者于是想要进一步挖掘女性为什么能发挥这样的主体性作用，成为再生育抉择中的关键。个体化理论提供了一种合理的解释，女性正在“为自己而活”。

现代社会充满了不确定性，个体必须从传统中脱嵌并重新嵌入，通过自我决策来应对自己的生活，对自己负责。随着社会的发展，传统生育制度中多、男的生育价值观衰落，独生子女政策时代塑造的标准化的生育传统也被打破。女性从传统的生育制度和家庭关系中脱嵌，不再囿于标准化的生育模式，在个体化取向的推动下，将更多的目光投给自己。通过躯体化的身体进行自我表达，避免在再生育中重复过去的苦痛并进行自我保护，通过这种再生育抉择中的自我导向实现了“为自己考虑”。而现代社会由于传统消失却又不给个体留下可供参考的行动依据，女性必须“对自己负责”，在再生育抉择中尽可能规避生育二孩 / 三孩而可能面对的年龄（身体）风险、当前风险以及未来个人发展风险，而不是被动承受。对现代女性来说，规避养老风险已经不是她们生育或不生育的目标。当然，再生育抉择还展示出了女性个体化的最高境界——“为自己而活”。要不要再生孩子被女性视为自己的事务，体现了女性的自主权。“有闲”且“有钱”不仅是基础，还推动了女性作主自己的生活。对于职场女性来说，不论是在工作场合还是在家，都必须留下足够的自我实现空间，生育不能以剥夺个人空间为代价。对于家庭主妇而言，生育和养育孩子并不是麻烦事，但同时也要实现自己的快乐，在育儿的同时找到另一个自我。其实，生育或不生育都是女性遵从自己的内心使自身感到愉悦的选择。在个体化取向的推动下，女性主体性得以发挥，帮助她们在再生育抉择中迈向“为自己而活”。

女性在再生育抉择中得以发挥关键作用，从社会性别分层结构来说，固然是一件好事，代表了性别平等向前迈进。但反思女性与男性在再生育抉择中的互动，恐怕除了个体化层面的因素外，还有社会文化这一制度性因素，那就是社会性别在暗自发力。社会性别早已对男女两性有着不同规训，在人们劳动和生活的公共领域和私人领域，建构出了一套由来已久的性别区隔——男性主要活动于理性的公共领域，女性则活动于非理性的私人领域。女性被排除在公共领域之外，只能依赖丈夫生存，造成了性别的不平等。而随着社会的发展和女性地位的提高，女性逐渐走出私人领域、进入劳动力市场，在获得与男性平等的权利的同时又陷入了另一个困境：公共领域对女性的不友好，加上公私领域兼顾而带来的工作家庭冲突。即便在“属于”女性的私人领域内部，女性也并非“主宰”而是“主演”。家庭成为父权制生产与再生产的场所；在公私领域中游走没有完全改善女性在公共领域的收益状况，反而加深了女性在私人领域的劣势地位；育儿和家务等仍是女性的责任，家庭分工中的性别不平等并未改变，女性仍处于性别规训下的劣势地位。

再将目光缩小到私人领域内部的家庭决策中，发现家庭决策中同样存在着性别分工：男性主导家庭重大事务决策，女性则从事家庭日常事务决策。家庭决策内容的性质决定了夫妻当中哪一方成为主要决策者，隐含着性别的社会区隔。当然，现代城市生活中家庭决策的新模式正在形成，夫妻共同商议的情况越来越多，女性在家庭决策中的作用越来越重要。在不否认家庭权力和家庭决策中传统性别分工的前提下，女性通过考虑家庭的整体发展、淡化家庭决策事务内容边界和赢得丈夫支持等方式，使家庭决策显现出一种女性“家庭总管家”的景象。这种家庭决策惯习延续到再生育抉择领域，由于再生育没有被视为家庭重大事务，因此显然不是男性发挥作用的主场，加上女性自主权的上升，自然就形成了女性高参与度和男性低参与度的状况。

这种情况提示我们，再生育抉择属于私人领域的家庭决策，女性发挥关键作用的背后也会隐含着性别区隔。再生育既不是家庭重大事务，也不完全隶属家庭日常事务，虽事关重大可在现实中备受冷落，处于决策分工中“两不管”的尴尬地位。为何女性会在这种被忽视的决策中发挥关键作用？笔者认为，还应从社会性别规训及父权制中去寻根溯源。必须承认，再生育抉择的确彰显了女性的自主权，是女性主体作用的表达，但同时也是女性在社会性别规训下的家庭责任。因为生育带来的儿童和家庭照料的女性化、私人化，早已将女性（而不是男性）同再生育抉择紧紧联系在一起。通过家庭决策中的夫妻互动，男性以对再生育抉择“无为”的表象，将抉择权交由女性，事实上是强化了性别分工区隔。只有当再生育抉择被男性视为家庭重大事务时，他们才会采取“有为”的方式来说服女性，实践自己的意志。再生育抉择呈现出女性主导的状态，本质上是社会性别规训下男性和女性的合谋。

（二）研究结论

总的来说，研究回答了本书开头的三个基本问题，并得出了一些结论。

第一，女性能否在再生育抉择中发挥作用？

研究结果给出了肯定的答案：新生育政策的实施给女性带来了抉择的机会，女性可以在再生育抉择中发挥作用，并且能够在很大程度上发挥作用，甚至能够影响再生育抉择的最终决策结果。不论是数据显示的比起夫妻资源，性别对夫妻的再生育抉择权更具有解释力，还是在对再生育抉择生成过程的定性分析中，女性在再生育抉择中参与度极高，都表现出女性会对再生育抉择的过程及最终走向起主导作用。同传统时代和生育文化中的女性不同，现代城市女性由于受教育水平的提升、外出工作并获得工资而提高了自己的家庭和社会地位。面临新生育政策下的二孩、三孩再生育抉择，多数家庭由女性来决定要不要再生孩子，改变了女性往日在家庭决策中地位低下、在生育文化中扮演工具性角色的不平等局面。

第二，女性在再生育抉择中是怎么发挥作用的？

研究的结论是，首先，女性拥有在再生育抉择中发挥家庭权力的力量源泉，通过提升自身话语权为家庭决策打下基础。尽管在中国，家庭权力与家庭决策理论中的资源决定论的影响不及文化规范论的影响那么大，但仍不可否认，女性具备越来越多的资源是增进其自主性和话语权的基石，为她们在再生育抉择中与丈夫讨价还价提供了帮助。接受教育提升了个人资本与反思能力，进入劳动力市场获得了能够体现其直观价值的经济报酬。女性拥有了一定的资源，家庭和社会地位实现了提升，才具备了同男性对话的可能，也给家庭决策中女性发挥家庭权力打开了空间。

其次，女性采用特定的方式与策略，同丈夫在再生育抉择中进行互动，在家庭权力的实施过程中发挥着自身作用。尽管在社会性别的规训下，女性处于性别关系中的劣势地位，但她们恰恰运用“弱者的武器”，并不与丈夫在再生育抉择中产生直接碰撞，而是采用低姿态的非对抗方式，默默地推动再生育抉择的进程。女性通过强化传统女性贤妻良母的角色，移情式地突出再生育抉择的家庭导向。女性巧妙地利用性别化的策略，既不突破原有社会性别的框架，又能通过同丈夫进行讨价还价来发挥关键作用。女性在愿意生育孩子时，会突出自身的传统角色，并将其与家庭集体导向相联系，强化性别规训下的女性身份义务；在不愿意再生育时，同样会利用性别身份，表达自己的诉求。家庭生育决策的过程正是新生育政策实施后女性发挥其家庭权力的过程。

第三，女性为什么能在再生育抉择中发挥作用?

研究的结论指向两个方面的深层原因：一是女性个体层面的因素，二是社会文化层面的潜在力量。一方面，从直接原因或者说女性个体因素来看，女性之所以能够在再生育抉择中发挥重大作用，是因为现代社会个体化潮流的推动。社会的生育传统在逐渐消失，国家生育政策又提供了新的生育选择，女性不得不再嵌入新的生育文化。在再生育抉择中她们更多地为自己着想、为自己而活，而不是囿于传统的社会性别框架。个体化极大地提升了女性自主权、凸显了女性的主体性。另一方面，社会文化作为潜在因素发挥着隐性而深远的影响。在社会性别的规训下，公共领域和私人领域存在性别分化。而在家庭决策这个私人领域，男性并没有在再生育抉择方面同女性争抢，而是以强化性别区隔的方式，给了女性进行再生育抉择的可能性。可以说，女性能够在二孩/三孩再生育抉择中发挥关键作用，不仅是女性自主性和个体化的体现，还离不开男性和女性合谋的社会性别力量。女性个体因素与社会性别文化因素共同在微观与宏观层面形塑了女性在再生育抉择中发挥作用的局面。

二、讨论与思考

（一）从生育意愿迈向生育抉择

本书在最初对生育抉择进行概念界定时，认为生育抉择是介于生育意愿和生育行为的中间环节。不同于以态度和期望为内核的生育意愿，生育抉择是关于生育与否的最终决定，是整个生育事件中最接近生育行为的部分。对生育意愿的研究有必要继续推进，这就要提及再生育抉择。而生育抉择又怎样作出，就要从家庭当中的夫妻互动谈起。本书是将生育意愿推进到生育抉择的一种努力。

生育意愿研究主要聚焦于两点。第一，人们到底具有怎样的生育意愿，也就是人们期望生育多少个孩子、孩子的性别以及生育间隔。其中，不论是国内还是国外的研究，都以关注生育子女数量的为多。这一方面大概是由于家庭作为社会的细胞，人口再生产是家庭和婚姻中的大事；另一方面从国家和社会发展来讲，家庭生育涉及地区的人口生育率，生育率又会影响经济社会的发展进程，因此学者们较为关心生育意愿的具体情况和现状。我国全面二孩、三孩政策实施后，已经执行了三十余年的独生子女政策突然发生转变，在生育观念上和现实生活中都给人们带来了较大的刺激。因此，想不想再生一个孩子不仅成为民众热议的话题，也成为国家和社会关注的热点。特别是在老龄化社会到来的背景下，家庭在二孩、三孩方面的生育决定会显著影响人口结构及经济发展，因此国家需要从整体上把握人们的生育意愿，为制定人口和发展政策提供依据。学者们也因此进行了大量的调查和研究，形成了对二孩生育意愿的总体认知。

第二，人们为什么具有这样的生育意愿，也就是，影响生育意愿的主要因素是什么。不论是生育率由高水平转向低水平，还是生育意愿受到什么条件制约，多数研究都致力于弄清楚其中的原理。了解生育意愿的影响因素，最直接的作用就是有助于我们把握人们的生育意愿，并通过社会生活中的政策设置或社会支持来改变或调节这些因素与资源，将人们的生育意愿向着促进人口结构优化和经济社会发展的方向推进。以贝克尔为代表的家庭经济学家很早以前就形成了对生育意愿的经济学解读，不仅让我们借助科学思维与手段了解了家庭生育意愿的影响因素，还给后来的生育意愿包括生育率研究提供了一种主流思路，即从生育成本和收益的视角来考察生育意愿。

需要进一步思考的是，生育意愿转化为生育行为，不单单是这些数量化的静态因素所能左右的。对生育意愿和生育率的研究常常以量化的方法为手段，而定量研究的特征就是将复杂的社会事务简单化，简化为探讨一些变量之间的关系，最终基于对变量关系的解读来判定影响因素是否能对生育意愿发挥作用。这就有可能忽略其他潜在的和未考虑到的方面。当然，我们并不否认前人的大量努力，已经被多次论证的影响因素确实能够制约人们的生育意愿，对预测未来的人口生育具有极大帮助，可现实生活往往是变动不居的，从生育意愿到生育行为，当中还可能遇到很多新的情况，故而有意愿未必一定造成行为，没有意愿也并不总是意味着不会再生育子女。这就提示我们，有必要对能够决定生育行为的再生育抉择进行探究。

了解再生育抉择，有助于了解家庭在新生育政策后究竟作出了怎样的最终决定，也就是能切实把握育龄群体中究竟有多少青年会真正生育二孩/三孩。风笑天（2016）已经在此方面作出过努力，将提出生育申请的夫妻作为已经作出再生育抉择的对象，基于对他们的调查研究，来了解人们究竟是否决定生育二孩或三孩。提出生育申请，象征着夫妻已经作出生育的最终决定，故而这一研究相比单纯讨论主观上的生育意愿，更加接近生育行为。事实上，这是对再生育抉择现状，更准确地说，是对再生育抉择结果的把握。然而，不论什么样的再生育抉择结果，选择再生育或是不生，人们对再生育抉择是如何生成的、家庭是怎样作出这个决定的，都缺少相关的探讨。我们也并不知道，再生育抉择如何动态地在家庭这个微观环境中被作出。这一点恐怕单纯用生育意愿研究中经济、家庭工作冲突等影响因素，并不能完全解释清楚。这也是本书关注再生育抉择，特别是探索夫妻如何通过互动来作出这一抉择的原因。而探索夫妻互动一个恰当的视野，就是家庭权力与家庭决策理论。

既有研究中对生育意愿的论述几乎全都阐述了生育成本的重要性，各种实证调查结论中常常将生育、养育、教育方面的成本视为掏空父母的“无底洞”，并作出女性和家庭因此而不愿、不敢也不能再生育二孩/三孩的结论。国家在推出三孩政策时也明确指出，要将生育、养育、教育一体化考虑，降低家庭教育的开支，发展普惠托幼服务，等等。不可否认，这些经济成本和儿童照料成本着实会对生育意愿甚至再生育抉择产生重要影响，固然不能忽视，但本书认为，经济成本并不是再生育抉择中需要考虑的全部或唯一因素。“那些相信（经济的）耗费使人们不生育孩子的人，只是落入了他们自己的‘支出—收益’的思考方式的陷阱里。”（贝克，2004：145）一项再生育抉择的作出，同其他家庭决策一样，不仅要考虑到这件事自身的性质及其影响因素，还要看到家庭成员特别是夫妻的互动过程。也正因为这样，再生育抉择同生育意愿还是存在本质不同，再生育抉择研究应当站在生育意愿研究奠定的深厚基础上，继续向前迈进。

（二）家庭决策中优势者取胜？——再生育抉择与家庭权力过程

由于生育意愿并不直接涉及生育决策行为，本书正是将再生育抉择置于家庭决策范畴的一种尝试与努力。借助家庭权力与家庭决策理论，本书整体上将新生育政策下的再生育抉择作为一项家庭决策来看待，将再生育抉择纳入家庭决策范畴，丰富了家庭决策的内容。家庭决策不仅包含家庭经济消费和大事的决策，也包括人口再生产的决策。这就降低了家庭决策对象内容的物化性质，将关于人的决策提上家庭决策的日程。

事实上，已有学者对家庭的生育决策进行过一定的讨论。在这些讨论中，多数并没有将生育决策和生育意愿相区分，导致了研究内容和研究结论的相似性。尽管存在一定的对夫妻关系和代际关系如何影响生育决策的讨论，但夫妻互动层面的论述多以夫妻个人特质来呈现，很难看出具体的互动过程。而且，运用生育决策这一概念，不免涉及经济理性，意味着决策者需要通过各种精致的理性思考、充分的现实评估来作出决策，容易忽略家庭微观政治和互动过程。因此，本书避开了生育决策的概念，采用了再生育抉择一词。抉择，突出一种选择性，象征着新生育政策后家庭必须作出关于是否再生育的新的选择。这个选择在生育政策调整前并不存在，所以就不只是一个通过决策来长期反复权衡利弊的问题，而是一个需要直面的二分法。抉择，对于女性来说更是一种选择。选择再生育或不再生育，意味着女性重塑了自己未来的生活。毕竟女性肩负着生育、照料的主要任务，也是工作家庭冲突的承担者。正如被访者 D 姐说的那样，“自己生了三个孩子，感觉就像活了三次”。

正因为如此，更加有必要讨论女性如何作出再生育抉择、如何参与再生育抉择。而这一过程用家庭决策理论作为分析工具就显得顺理成章，具有较高的匹配度。既往的家庭权力与家庭决策研究，同生育意愿研究类似，注重决策的结果，即权力运作后的结果，通常表现为夫妻中哪一方的家庭权力更大，或是哪一方作出了最终的家庭决策，而几乎很少谈及这一结果的形成过程，也就看不出夫妻的家庭权力运用过程。回顾本书，从再生育抉择中不难看出，被决策的事物本身和夫妻权力关系的互动同样会对决策结果产生作用。这样，夫妻之间的权力地位、互动时的策略和过程以及所处的社会文化环境，才是共同造就再生育抉择结果的重要结构性因素。家庭决策或者说其中更具特殊性的再生育抉择，隐含着一种夫妻之间的微观政治，因为在决策过程中，夫妻二人都在资源和父权制文化传统的影响下，各自发挥着作用。这也提示我们，对家庭决策过程的研究是非常有必要的，本书则努力在这一点上有所推进。

回到本书最初提到的，克伦威尔和奥尔森（1975）指出，家庭权力和家庭决策过程的结果，包括谁做决定和谁取胜。用“做决定”和“取胜”的字眼，看起来更像是夫妻之间的一种竞争。事实上，夫妻之间的互动关系，在家庭权力的微观政治中，既是一种博弈，也是一种合作。本书更倾向采用一种二元组合，而不是二元对立的态度，来看待再生育抉择中的夫妻关系。因为女性在再生育抉择的家庭决策过程中处于“决定”地位，并且最终“取胜”，不仅要依靠自己的力量，还要依靠男性的合谋，这背后是一种性别规训的力量。尽管是一种性别的视角，但笔者更愿意视之为夫妻之间的组合关系。这种组合关系的产生不单因为家庭是一个共同体、一个经济体，或者说一个拥有充分情感的初级群体，更是因为，夫妻的再生育抉择互动隶属家庭决策，而家庭决策又隶属私人领域，私人领域和公共领域本就存在性别区隔，私人领域内部的家庭决策中同样存在这种性别分工。换言之，再生育抉择中女性做决定并且取胜，是通过社会性别规训下夫妻双方的组合与分工实现的。

另外一处值得思考的是，在家庭决策理论中，能够参与家庭决策也就是做决定的一方，最后也很可能在决策中取胜。家庭权力是个体得以在家庭决策中发挥作用的根源。正如资源决定论陈述的那样，夫妻双方谁拥有的资源更多，或至少在比较关系上拥有的资源更多，谁就对家庭决策的结果拥有更大的决定权，也就因此拥有了更高的家庭权力。简言之，优势的一方参与决策，优势的一方取得胜利。或许是由于再生育抉择的特殊性，“做决定”和“取胜”之间的必然关联受到挑战。在这种性别和家庭关系中，弱者不一定处于劣势地位。女性通过发挥自主权与采取弱者相应的性别化策略，使自己在再生育抉择中占有了不可或缺的一席之地。可以说，在这一家庭决策中，最终作出再生育抉择的一方不一定都是强者；作为强者的一方，也可能并不积极参与家庭决策，从而并不能在决策中最终“取胜”。换言之，再生育抉择的结果很大程度上依赖夫妻之间的互动关系，家庭权力以一种性别化的方式巧妙地运作着，权力地位高的一方未必对抉择产生决定性影响。

如果是这样，仅仅考虑生育二孩、三孩的经济因素和精力耗费等成本因素，就只是一种静态的成因分析，而忽略了这种家庭决策动态的形成过程。本书呼吁家庭重视再生育抉择，而不是漠视或逃避。或许，只有将再生育抉择作为一项家庭重大事务决策，拿到桌面上来进行正式的商讨，充分发挥夫妻的主动性，才是对新生育政策下是否要再生一个孩子最负责任的表现。如果将再生育抉择的最终决定（生不生二孩 / 三孩）视为家庭权力和家庭决策的结果，将女性话语权的提升作为家庭权力的基础，那么女性在再生育抉择中如何策略性地同男性互动、运用性别策略来实现自身对再生育抉择结果的主导性影响，就展示了家庭权力和家庭决策的运作过程。家庭决策研究对生育决策的忽视得到了一定的补充和完善，而再生育抉择的过程又恰如其分地展现了家庭权力的运作过程和家庭决策的形成过程。这也是对家庭权力与家庭决策理论的一种回应。

（三）结构与个体：社会性别下的女性自主性再探讨

从本书的理论视野——社会性别的角度而言，研究结论既悲观又乐观。悲观是因为，第一，再生育抉择这项本应被重视的家庭决策，是女性能够发挥力量的空间，女性只能在这些重要程度不足的家庭决策项目中占主导地位；第二，女性并未完全突破性别规训，也没有彻底走出性别不平等的格局。乐观则是因为，第一，在个体化趋势的导向下，女性开始在传统性别结构中为自己考虑，客观上在再生育抉择这一家庭决策上占据优势地位；第二，女性能够在传统社会性别规训中寻找自己的一席之地，巧妙地在框架内实践自身主体性，获取并运用家庭权力。从这一结论中，很容易看出女性个体在与社会性别文化结构的互动中，既受到结构的制约，又展现出了一定的主体性取向。

1. 社会性别结构下的个体行动逻辑

并不是所有女性都能在再生育抉择中占有一席之地，也并不是所有女性都能对再生育抉择的最终结果产生决定性影响。在笔者的研究中，的确存在那些仍受制于传统、在不平等的性别关系中参与或较少参与再生育抉择的女性。但不可否认，今天不少城市女性确实在再生育抉择中展现了极高的参与度，并产生了至关重要的影响。这正是本书想要看到的女性的作用，想要看到的女性在家庭关系中逐步显现出的主体性和主动性。女性不再是第二性，不再是他者。她们运用自己的力量，在新生育政策赋予其选择机会的条件下，充分发挥了自己的主体性和主动性。

从“缺席的在场”，到“在场并发声”，女性在再生育抉择从属的家庭决策中一步步获得了自己的话语权。再生育抉择一方面属于家庭决策，可以从传统社会性别文化规范下的家庭权力与家庭决策角度来理解；另一方面又同其他家庭决策不同，直接关系到女性身体。它不仅是外在化的决策表现，还体现了女性对自己身体的自主权。故而可以说，再生育抉择同时还是一种身体政治。在性别不平等逐渐被打破的路上，同其他领域的女性解放一样，女性身体的解放同样是女性冲破性别牢笼的重大方式。事实上，个体即便并不拥有任何权力、资源或是社会地位，不管其活动在私人领域还是公共领域，也至少拥有自己的身体、拥有自我。家庭的再生育抉择同传统意义上的决策相比，不仅解放了女性的身体，还赋予了女性更多的机会与可能性去决定自己身体的走向。而再生育抉择形成的夫妻互动，也彰显了某种身体政治中的微观权力。女性在再生育抉择中作主，正是这种微观权力运作并取胜的表现。

它体现了女性对自己身体的把握，在把握中表达了女性的主体性，在一定程度上可以说是对社会性别区隔的突破。

令人欣慰的是，虽然不少研究指出女性是父权制的受害者，在父权制文化传统下对自己的生育和身体缺少话语权；但本书的研究结果则表明，尽管传统社会性别仍然在一定程度上发挥作用，但至少女性已经展现出冲破传统性别结构的个体性的行动逻辑。在再生育抉择的性别区隔中，女性已经争取到了一定的地位，获得了一定的解放，而不是完全被束缚在所谓的性别分工中。起码，再生育抉择过程中很大程度上体现了女性的主体性，体现了女性“为自己而活”的考虑。新生育政策后的生活或许对女性提出了更高的要求。女性已经具备了一定的权力基础和同丈夫讨价还价的能力，尽管家庭决策仍彰显了性别不平等，但女性真的会完全放弃一度由自己主宰的私人领域吗？笔者认为不会，事实上也并不可能。她们需要同时存在于私人领域和公共领域，同时达到私人领域和公共领域对她们提出的要求。通过对再生育抉择的主动参与，女性基于个体的行动逻辑对文化结构作出了反应，也显示出个体对结构的积极适应甚至主动互构。

2. 未完成的个体化

个体化时代的再生育抉择，客观上表现为女性个体的崛起，根本上是女性为自己考虑、对自己负责、为自己而活，背后事实上是现代社会对个体的“开发”。面临新的传统、新的制度和新的风险，女性个体不得不再嵌入新的生育文化，作出新的、适合于当下的家庭再生育抉择。

从国家层面来看，个体的再生育抉择其实也与国家和社会应对人口老龄化社会可能出现的风险有关。个体被寄予厚望，被赋予了看似是家庭内部，实则关系到整个社会的重大再生育抉择权。从某种意义上说，决策权不再是国家和制度所有，而是被下沉到了个体和家庭。个体在作出决定时虽然很可能不具有全局观，不会将视野放置于社会与人口发展层面，可是他们会从自身出发，将自己置于社会关系和社会结构中，对生育可能导致的种种境况进行充分研判，最终作出符合个人期望又能应对风险的再生育抉择。正是基于这一点，女性作为个体中的一员，通过自己的重新嵌入而制造了新的轨道与模式，在再生育抉择中努力应对可能到来的风险，充分表达自己的志趣，寻找自己的空间。新生育政策作为国家制度改变了既有传统，使女性承担了个体被赋予的权利，在受到结构制约的同时又创造了新的结构。这是个体行动与社会结构的互构，也是女性主体性的表达。

然而，在看到个体化作为一种时代的深层力量，推动着女性在个体层面不断突破社会文化结构的同时，本书的结论也显示出，个体化一直在路上，或许女性还处于一种未完成的个体化，一种不完整的个体化。也正是在这个意义上，本书在第五章中采用了"个体化取向"的表达方式，而不是直接采用"个体化"。

在这一点上，本书的结论支持了贝克的观点。事实上贝克在他的个体化理论中鲜明地表达出，个体化是一个与传统并存的进程，传统在逐渐消逝而不是即刻消亡，个体化更多的是在传统消逝或削弱的过程中同时存在的一种新的取向。尽管人们致力于打破或放弃传统，但贝克早已指出，在女性个体化进程中，存在"新旧因素的并置"。她们既在教育、就业等方面取得了更大进步并因此受益，逐渐拥有了对自己身体和未来生活的自主权，又仍不可避免地同丈夫、孩子的私人生活发生联系。一旦女性被"分配"到家庭领域，"极少会有人认为这一领域具有重要意义"（贝克等，2011：86）。女性在家庭决策中产生关键作用，或许同再生育抉择本身存在于家庭生活领域的属性有莫大的关系。那么，女性在个体化取向中发挥主体作用的同时，就仍然不得不与传统发生联系。

个体化的再生育抉择是女性主体性的体现，她们充分发挥主动性来实现对再生育抉择的关键影响。但是也应该看到，再生育抉择中的女性作主，一部分是源于女性权力的发挥，另一部分则是源于男性对再生育抉择的低参与度。如果没有私人领域和公共领域中的性别区隔，没有将再生育抉择排除在私人领域内部家庭重大决策之外，男性也未必会降低其再生育抉择权。某种意义上说，正是社会性别规训的存在、公私领域性别隔离的存在，使得男性成全了女性权力的发挥，本书称之为男性和女性的合谋。这样的话，再生育抉择虽极大地体现了女性的个体化取向，体现了女性"为自己而活"的自主权和在家庭决策中的重要地位，但也未能彻底使女性脱离家庭这一私人领域。正如贝克所说，女性的个体化是以"为他人而活"的传统为参照标准，女性能够发力的领域仍然是家庭这一私人领域，并且在家庭决策中仍未得以进行足够正式的再生育抉择过程。这或许就是一种未完成的个体化，对女性来说，也是一种不完整的个体化。

还有一点值得反思的是，本书的资料收集是在呼和浩特市展开的。作为中国北部边疆地区、内蒙古自治区的省会城市，这里有着自身的特殊性：既具有一定的现代性，又具有较强的传统性。作为内蒙古地区的政治、经济、文化和教育中心，呼和浩特市在整个自治区处于相对较高的发展水平，吸引了区内其他各盟市的不少人口，因而成为一个省内人口移入的核心城市。或许同很多区外民众的想象不同，呼和浩特市并不是一望无际的大草原，而是四处高楼林立、车水马龙，市民过着朝九晚五的职场生活，因而具有城市现代生活的特质和生活理念。

与发达地区相比，由于经济社会发展、人口流入与地方文化影响，当地也保持着较强的传统性。对家庭和地区有着强烈的地方感与感觉结构，注重子宫家庭同大家庭的稳定与深度联系，在与城市化的业缘关系互动的同时，亲属关系网络中存在较为频繁的互动。社会性别实践仍维系着传统的性别关系，女性和男性仍有着较为清晰的社会分工。就生育理念来说，该地区的生育政策具有特殊性（特定少数民族成员一直可以生育两个孩子），一些人已经适应了多子女的生育价值观。但同时，基于独生子女政策的普遍执行，以及都市生活的个体化理念，不少人也接纳了城市中追求自我的价值观。或许在本书中，女性呈现出了传统性别话语框架下的再生育抉择实践，同当地的这种文化特殊性不无关联。这样，女性的个体化体现为一种家庭生活中的个体化，一种与当地和文化传统交融的个体化，一种独特而又未完成的个体化。

不管怎样，研究提示我们，如果始终在传统的社会性别结构框架中，女性的个体化可能永远在路上。如果女性不从儿童和家庭照料中解放出来，如果照料的私人化取向不被社会化替代，女性就很难从这种社会性别规训下的家庭分工和制度结构中解脱出来，甚至反而会被强化，会因为选择生育第二/第三个孩子而重返家庭。如果重返家庭不是女性个体化的主动选择，而是社会对女性职责的某种建构，那么女性就又会走上不得不依赖男性的老路，在公共领域失掉自己的位置，在私人领域再次回归父权制的压迫。同生育意愿研究中经济成本巨大导致女性不愿再生孩子相比，照料的女性化、私人化或许是一个更值得关注的问题。在未来的生育政策中，仅给予女性一定的生育补助未必能解决生育意愿低的问题。去性别化的儿童照料和家庭分工、社会化的抚养，才是性别平等和提高生育率之路上学界和政界应当努力的方向。

（四）延伸讨论：生育是对女性的压迫还是女性的力量源泉？

再将议题拉回到本书的理论视角——社会性别理论对生育的看法：生育到底是对女性的压迫（甚至是女性受到一切压迫的根源），还是女性力量的来源？社会性别理论的部分学者视生育为女性的大敌，认为正是女性具有的生育功能被社会建构，才将女性束缚在父权制的体系中，遭受着生育、养育、无法外出工作或收入较少、社会地位低下而导致的依赖于男性的不平等待遇。但笔者认为，这并不是女性成为他者、成为第二性的全部理由。当然，还有学者将生育视为女性的力量源泉，这一独特的功能塑造了女性独特的社会地位，不应将这一功能和地位让渡给男性，从而受到男性的压迫。

本书认为，生育的性质是不确定的，或者说是可以发生变化的。“生育不是纯生物学的现象，而是性别劳动分工和父权制的产物。”（阿内尔，2005：246）当父权制和性别劳动分工被消灭的那一天，生育就不会因为社会性别的建构而再给女性造成压迫。必须承认的是，这一天尚未到来。那么，生育本身对女性是压迫根源还是力量源泉，就不只取决于生育孩子本身，而是取决于女性对生育的自主决定权。女性能够自主地决定是否要生育子女、什么时候生、打算生育几个孩子，意味着女性在现代社会能够自主应对风险，并“为自己而活”。同过去相比，生殖技术的发展已经让怀孕、避孕、流产都成为可能，女性可以控制自己的身体，决定是否要再生育，而免受他人的强迫。在新生育政策实施后，面对再生育抉择机会，只要能够自主决定、体现自我意志、展现女性“为自己而活”的主体性，生育就会成为女性力量的源泉，就会给女性带来快乐而不是压迫。所以说，生育对于女性的性质是不固定的，主要取决于女性的地位与想法。

与其说生育带给女性某种影响，不如说在现代社会，再生育抉择对女性的影响更大。弗里丹（2007：64）曾以女天主教徒无法控制自己的生育、无法真正选择做不做母亲为例，指出“当生产是女性的唯一功能、状态、身份和生理需要，这种需要成为或被当作一种借口，不让她接受教育，也没办法把握机会在不断前进的主流社会中施展才能。女性的不平等，以及她在社会中的二等公民身份，是和生育能力这种生理特点有关的历史现实”。再生育抉择是作出生育行为之前的一切思量与讨价还价，可以事先避免生育的风险，避免因未经主动选择的生育行为而使女性陷入性别不平等的困境。正如本书先前所阐释的，生育意味着成为母亲，而不等同于履行父权制下的母职。不论是选择生育还是不生二孩/三孩，女性都可以通过精心考虑的再生育抉择给自己带来快乐和愉悦，实现自我价值。从这个意义上说，再生育抉择而不是生育本身完全能够成为当代女性力量的来源。女性也将再嵌入新的生育文化中，拿起生育抉择的武器，突破传统社会性别的规约。

生育事实上与家庭权力互相促进。更确切地说，是生育抉择与家庭权力相互促进。在本书中，尽管女性和男性都还在传统社会性别的规训之下，但不可否认，女性通过在再生育抉择中发挥作用，也赢得了一定的家庭权力地位。就算是采用“弱者的武器”和性别化策略，也不影响女性在再生育抉择过程中的主导作用。如果说家庭决策彰显家庭权力，那么再生育抉择本身就为女性带来了家庭权力。反过来，再生育抉择作为女性对自己身体的自主把握，提升了女性的自主权。加上女性在教育、就业领域的日益精进，教育、就业、社会地位和生育自主权形成了四位一体的权力架构，共同重塑并夯实了女性家庭权力的基础。今天的女性如果能在再生育抉择中拥有更多的发言权，未来就会在更多的家庭决策中发出自己的声音。本书既是对生育理论中家庭权力关系的延伸讨论，又是对女性与生育关系的重新思考。

三、研究反思

（一）本书的创新之处

再生育抉择是新生育政策后家庭面临的新选择。同生育意愿相比，它不是对生育的期望或动机，而是基于夫妻互动的最终决定。生育意愿最终也要靠生育抉择来落实。所以从生育事件的过程序列“生育意愿—生育抉择—生育行为”来看，它更加接近生育行为，也从事实上制约了生育行为能否发生，具有非常重要的研究价值。本书的努力之一便是在生育意愿研究的硕果之上，将目光转移到生育意愿的后一步——生育抉择这一较少被关注的领域。对生育意愿的研究更加关心结果，也就是意愿生育的子女数量，但对再生育抉择的研究，则更加关心这一抉择的产生过程。考察新生育政策后家庭的再生育抉择，不仅有助于我们理解再生育抉择结果的形成，更有助于沿着既有生育抉择研究提供的分析视角，深化对抉择过程中夫妻的家庭讨论和谁做决定这两方面的理解。将再生育抉择视为一个实质性的家庭决策过程，必然涉及夫妻的互动。这就一改生育意愿研究将既有研究重心放在生育意愿结果层面，只关心再生育影响因素之静态思路，拓展到生育抉择形成过程的夫妻互动之动态思路，可以说是对整个生育事件过程序列研究的补充与完善。

对父权制的批判之一是，父权制“未能注意到个体无论是在再生不平等的性别关系还是抵制它的过程中所发挥的主动性”（满珂，2013）。本书的优势便体现在为私人领域的社会性别理论研究添砖加瓦，在性别规训中看到了女性的主体性，同时又客观地认清了女性主体性在传统社会性别框架内的表达。尽管社会性别理论早已看到在私人领域内部有着男性统治，但很少有人从家庭决策的角度来进行分析，从微观视野落实女性的主体性和能动性。本书通过新生育政策给家庭带来的再生育抉择，探讨女性在同男性互动的过程中如何发挥自己的主体性，分析父权制框架下的女性解放。研究突破了将女性视为客体、视为被动一方之视角，充分挖掘了女性在二孩 / 三孩再生育抉择中的自主性，在某种意义上是将社会性别规训下女性的个人自主权与家庭决策权相结合。当然，本书也没有忽视社会性别的传统力量，在分析社会性别规训与性别区隔对家庭决策的作用的同时，看到了女性个体的崛起。女性在生育中的地位由功利性、工具性变成具有主动性、主体性。

本书是分析女性家庭权力的一种新思路，对于家庭决策而言同样是一个新的视野。本书在一定程度上是对家庭权力与家庭决策研究内容的扩充，将家庭决策从关心物质层面推进到关心人的层面，不再将决策对象局限于物化领域。不仅如此，家庭权力与家庭决策的研究主要限于哪些因素影响了决策结果，关心的是权力基础与权力结果，较少分析决策形成的权力互动过程，特别是女性在这个过程中发挥的作用。而新生育政策下对二孩/三孩的再生育抉择所展现的，正是家庭决策中夫妻权力的发挥过程。本书借助以贝克为代表的个体化理论，以及性别化策略，来探讨女性为何能在再生育抉择中作主。在再生育抉择中，既能够看到家庭权力的客观实施结果，又能够看到女性和男性对再生育抉择权力的主观感受。更何况，本书研究的是家庭决策领域相对不被重视的再生育抉择，能够直接和女性产生联系，既凸显了女性的作用，又能够正视再生育抉择的地位，将其纳入家庭决策的范畴。

（二）本书的不足之处

首先，本书运用家庭权力与家庭决策理论，在社会性别理论的指导下，关注再生育抉择中的夫妻权力关系和性别不平等，从性别的角度补充了家庭决策资源理论的不足。但仅关注性别这一个变量恐怕还不足以解释所有情况，还需要结合不同的环境来探讨，这一点是本书目前没有做到的。此外，讨论女性如何通过与男性即丈夫的互动来获得再生育抉择的权力，尽管是基于社会性别理论视角的研究，但一定程度上还没有摆脱性别对立的思维局限，在客观论述中将男性和女性视为了博弈的双方，而忽视了二者之间的亲密情感联系。

其次，本书将视野主要放在家庭领域、放在夫妻之间，关心夫妻权力互动过程和再生育抉择这项家庭决策的生成，某种程度上忽视了外部力量。再生育抉择的产生是多维度的，家庭是本书考察的一个视角，但全面地理解再生育抉择还需要多维视角。对微观领域的极度关心，可能导致研究结论忽视了宏观的社会结构。未来如果能继续从社会结构与个体作用的宏观视角进一步研讨，将是对女性和家庭再生育抉择过程的研究的一个有价值的拓展。

最后，本书的研究资料主要来源于对城市中等收入群体中已育一孩女性的访谈与调查，由于条件所限，只收集到8位丈夫的资料。研究样本大多为女性，虽然符合本书站在女性立场、为女性做研究的初心，有助于将夫妻再生育抉择过程聚焦在女性身上，但未来研究中如能进一步拓展对男性的调研，或许会给夫妻的家庭决策互动提供更加立体的呈现。此外，由于研究对象皆属于城市中等收入群体，所得结论也更加适用于城市中等收入家庭，对其他社会阶层家庭的再生育抉择过程则有待于进一步研究。

总的来说，研究回答了最初困惑笔者的那几个问题，了解了国家颁布新生育政策后家庭如何作出关于二孩/三孩的再生育抉择，女性又在再生育抉择中处于什么地位、发挥了怎样的作用、如何发挥作用、为什么能发挥作用。本书的主要目标，是发掘在社会转型、女性地位提高的今天，女性在同自己关系最密切的家庭决策——再生育抉择中，能否真正实践家庭权力，发挥主体性。女性在家庭关系中采用了自己独特的策略，发挥了主体性和主动性。由女性来决定生孩子，一方面是女性采用隐性的策略、主动突出自身主体性的结果，另一方面是男性主动忽视而赋予了女性发挥作用的空间的结果，更是女性和男性合谋的结果。这一过程既是女性对传统的突破，又是女性被社会性别规训的过程。个体与文化制度在家庭成员的互动中不断博弈，展现出了吉登斯所说的，结构制约着个体的行动，同时个体又在不断地反作用于结构、试图冲破与调整结构。显然，研究结果使我们看到了新生育政策实施后，女性在家庭内部权力关系中的关键地位。女性不仅增强了自身在生育方面的决定权，还在与丈夫的互动中运用性别化策略来讨价还价，提升了自己的家庭权力。从这个意义上讲，本书在较大程度上弥补了 Folbre（1983）指出的生育理论中的“致命疏忽”：忽视了家庭内部的权力关系。

不管怎样，正如风笑天（2021）所言，在新生育政策下，“育龄夫妻普遍生育三孩既不是这一政策提出的初衷，也不是它所追求的目标。三孩政策的主要意义在于进一步满足人民群众多元化的生育意愿和生育需求，并努力消除制约和阻碍人民实现其生育意愿和生育需求的各种困难”。再生育抉择何尝不是在满足女性多元化的生育需求呢？在多元化的再生育抉择中，女性充分体现了参与家庭决策的主体性和自主性，彰显了“为自己而活”，走上了性别平等的新征程。新生育政策不仅给女性在自主生育抉择方面带来了选择的可能性，也为女性在家庭权力关系中地位的提升带来了契机。这就提示我们非常有必要关注女性在家庭再生育抉择中的角色，在家庭权力关系中不断推进性别平等，在制度支持层面构建与完善性别友好的生育支持体系和工作支持体系，使家庭的再生育抉择从私人议题转化为公共议题，从而进一步提高生育水平。

参考文献

阿内尔，2005. 政治学与女性主义［M］. 郭夏娟，译. 上海：东方出版社.

埃什尔曼，1991. 家庭导论［M］. 潘允康，译. 北京：中国社会科学出版社.

鲍曼，2002. 个体化社会［M］. 范祥涛，译. 上海：三联书店.

鲍曼，2018. 流动的现代性［M］. 欧阳景根，译. 北京：中国人民大学出版社.

贝克，2004. 风险社会［M］. 何博闻，译. 上海：译林出版社.

贝克，贝克－格恩斯海姆，2011. 个体化［M］. 李荣山，范譞，张惠强，译. 北京：北京大学出版社.

贝克尔，1985. 生育率的经济分析［M］// 北京大学经济人口研究室. 控制人口与经济发展. 北京：北京大学出版社.

贝克尔，1998. 家庭论［M］. 王献生，王宇，译. 北京：商务印书馆.

波伏瓦，2015. 第二性［M］. 郑克鲁，译. 上海：译文出版社.

陈彩霞，张纯元，2003. 当代农村女性生育行为和生育意愿的实证研究［J］. 人口与经济（5）.

陈琳，陈讯，蒲琨，2016. 打工潮背景下农村 80 后返乡妇女家庭地位崛起研究——基于黔东北 D 村的田野调查［J］. 中国青年研究（12）.

陈卫，2002. 性别偏好与中国妇女生育行为［J］. 人口研究（2）.

陈向明，2000. 质的研究方法与社会科学研究［M］. 北京：教育科学出版社.

陈秀红，2017. 影响城市女性二孩生育意愿的社会福利因素之考察［J］.

妇女研究论丛（1）.

陈讯，2013. 妇女当家：对农村家庭分工与分权的再认识——基于五省一市的6个村庄调查［J］. 民俗研究（2）.

陈友华，2015. 意料之外与情理之中：单独二孩政策为何遇冷［J］. 探索与争鸣（2）.

陈友华，2016. 全面二孩政策与中国人口趋势［J］. 学海（1）.

陈玉华，伊庆春，吕玉瑕，2000. 妇女家庭地位之研究：以家庭决策模式为例［J］. 台湾社会学刊（24）.

陈志光，杨菊华，2012. 农村在婚男性流动对留守妇女家庭决策权的影响［J］. 东岳论丛（4）.

程雅馨，何勤，2016. 全面放开二孩政策形势下女性生育二孩意愿与女性权益保护［J］. 中国劳动关系学院学报（4）.

慈勤英，杨慧，2002. 对流动人口育龄妇女生育状况的分析［J］. 青年研究（9）.

邓津，林肯，2007. 定性研究：方法论基础［M］. 风笑天，等，译. 重庆：重庆大学出版社.

狄金华，尤鑫，钟涨宝，2013. 家庭权力、代际交换与养老资源供给［J］. 青年研究（4）.

翟振武，张现苓，等，2014. 立即全面放开二胎政策的人口学后果分析［J］. 人口研究（3）.

第二期中国妇女社会地位调查课题组，2001. 第二期中国妇女社会地位抽样调查主要数据报告［J］. 妇女研究论丛（5）.

第三期中国妇女社会地位调查课题组，2011. 第三期中国妇女社会地位调查主要数据报告［J］. 妇女研究论丛（6）.

恩格斯，2018. 家庭、私有制与国家起源［M］. 北京：人民出版社.

房莉杰，陈慧玲，2021. 平衡工作与家庭：家庭生育支持政策的国际比较［J］. 人口学刊（2）.

费孝通，1998. 乡土中国 生育制度［M］. 北京：北京大学出版社.

风笑天，2004. 城市青年的生育意愿：现状与比较分析［J］. 江苏社会科学（4）.

风笑天，2009. 青年个体特征与生育意愿——全国12城市1786名在职青年的调查分析［J］. 江苏行政学院学报（4）.

风笑天，2011. 已婚独生子女身份与夫妻权力——全国五大城市1216名已婚青年的调查分析［J］. 广西民族大学学报（哲学社会科学版）（5）.

风笑天，2017. 定性研究：本质特征与方法论意义［J］. 东南学术（3）.

风笑天，2018. 给孩子一个伴：城市一孩育龄人群的二孩生育动机及其启示［J］. 江苏行政学院学报（4）.

风笑天，2018. 社会研究方法［M］. 北京：中国人民大学出版社.

风笑天，2021. 生两个孩子：中国社会的又一场生育革命［J］. 南京大学学报（哲学社会科学版）（2）.

风笑天，2021. 中国人口政策调整的影响分析与社会学意义——以人民为中心促进人口与社会可持续发展［J］. 人民论坛（32）.

风笑天，2022. 三孩生育政策与新型生育文化建设［J］. 新疆师范大学学报（哲学社会科学版）（1）

风笑天，李芬，2016. 生不生二孩？城市一孩育龄人群生育抉择及影响因素［J］. 国家行政学院学报（1）.

弗里丹，2005. 女性的奥秘［M］. 程锡麟，朱徽，王晓路，译. 广州：广东经济出版社.

弗里丹，2007. 第二阶段［M］. 小意，译. 南京：江苏人民出版社.

顾宝昌，1992. 论生育和生育转变：数量、时间和性别［J］. 人口研究（6）.

顾宝昌，1992. 社会人口学的视野［M］. 北京：商务印书馆.

顾和军，吕俊杰，2015. 中国农村女性劳动参与对生育行为的影响［J］. 人口与发展（5）.

国云丹，2009. 高知女性、生育与职业发展——以上海市21位女性为例［J］. 妇女研究论丛（2）.

侯佳伟，黄四林，辛自强，等，2014. 中国人口生育意愿变迁：1980—2011［J］. 中国社会科学（4）.

侯佳伟，周博，梁宏，2022. 三孩政策实施初期广东女性的生育意愿与托育服务、育儿假［J］. 南方人口（3）.

侯亚非，马小红，黄匡时，2008. 北京城市女性独生子女生育意愿和生育行为研究［J］. 人口与发展（1）.

胡静，2010. 收入、相对地位与女性的生育意愿［J］. 南方人口（4）.

胡克斯，2001. 女权主义理论：从边缘到中心［M］. 晓征，平林，译. 南京：江苏人民出版社.

黄桂霞，2014. 生育支持对女性职业中断的缓冲作用——以第三期中国妇女社会地位调查为基础［J］. 妇女研究论丛（4）.

吉登斯，1998. 现代性与自我认同［M］. 赵旭东，方文，译. 上海：三联书店.

吉登斯，2003. 社会学［M］. 赵旭东，等，译. 北京：北京大学出版社.

计迎春，郑真真，2018. 社会性别和发展视角下的中国低生育率［J］. 中国社会科学（8）.

姜振华，2002. 从生育看农村妇女自主策略的变化［J］. 浙江学刊（2）.

金和辉，1995. 农村妇女的生育决策权与生育率［J］. 中国人口科学（1）.

金一虹，1998. 非农化过程中的农村妇女［J］. 社会学研究（5）.

金一虹，2000. 父权的式微——江南农村现代化进程中的性别研究［M］. 成都：四川人民出版社.

金一虹，2010. 流动的父权：流动农民家庭的变迁［J］. 社会学研究（4）.

金一虹，2013. 社会转型中的工作母亲［J］. 学海（2）.

靳永爱，宋健，陈卫，2016. 全面二孩政策背景下中国城市女性的生育偏好与生育计划［J］. 人口研究（6）.

凯博文，2008. 苦痛和疾病的社会根源［M］. 郭金华，译. 上海：三联书店.

拉曼纳，尼雷德门，1995. 婚姻与家庭［M］. 北京：世界图书出版公司.

李波平，向华丽，2010. 不同代际育龄妇女生育意愿及影响因素研究——

以武汉城市圈为例［J］. 人口与经济（3）.

李建新，郭牧骑，2015. 相对资源理论与夫妻权力关系的阶层差异分析——基于第三期中国妇女社会地位调查数据［J］. 妇女研究论丛（6）.

李建新，苏文勇，张月云，2011. 中国当代育龄妇女生育意愿分析——以江苏6县市调查为例［J］. 南京人口管理干部学院学报（2）.

李婕妤，王璋，2023. 三孩政策下城市青年生育偏好与生育计划［J］. 南方人口（3）.

李竞能，2001. 人口理论新编［M］. 北京：中国人口出版社.

李竞能，2004. 现代西方人口理论［M］. 上海：复旦大学出版社.

李静雅，2013. 夫妻权力的影响因素分析——以福建省妇女地位调查数据为例［J］. 妇女研究论丛（5）.

李静雅，2017. 已育一孩职业女性的二孩生育意愿研究——基于生育效用感和再生育成本的实证分析（3）.

李龙，翟振武，2014. 生育一孩弱化二孩生育意愿吗？——基于北京市“单独”家庭的考察［J］. 南方人口（5）.

李荣山，2014, 从“为自己而活”到“利他个体主义”——乌尔里希·贝克个体化理论中的一种道德可能［J］. 学海（2）.

李卫东，尚子娟，2012. 男孩偏好作为一种生育文化的生产与再生产［J］. 妇女研究论丛（2）.

李银河，2003. 女性权力的崛起［M］. 北京：文化艺术出版社.

李银河，2008. 女性主义［M］. 上海：上海世纪出版集团.

李银河，2009. 生育与村落文化［M］. 北京：文化艺术出版社.

李银河，等，1997. 妇女：最漫长的革命［M］. 北京：生活·读书·新知三联书店.

里奇，2008. 女人所生——作为体验与成规的母亲［M］. 毛路，毛喻原，译. 重庆：重庆出版社.

梁宏，2018. 从生育意愿到生育行为：“全面两孩”政策背景下二孩生育决策的影响因素分析［J］. 南方人口（2）.

梁中堂，2014. 中国生育政策研究［M］. 太原：山西人民出版社.

刘爱玉，佟新，2014. 性别观念现状及其影响因素——基于第三期全国妇女地位调查［J］. 中国社会科学（2）.

龙书琴，陈海林，2017. 城市“双非一孩”育龄女性的就业状态对其二孩生育抉择的影响［J］. 东南大学学报（哲学社会科学版）（3）.

卢海阳，邱航帆，郑逸芳，2017. 女性二胎生育意愿的影响因素研究——基于就业性质和养老观念的视角［J］. 南方人口（3）.

陆万军，张彬斌，2016. 中国生育政策对女性地位的影响［J］. 人口研究（4）.

罗淳，宋晓莹，2020. “后计生”时代的中国家庭生育抉择与政策转向［J］. 云南师范大学学报（哲学社会科学版）（2）.

吕江洪，黄宝凤，石盛林，2013. 一孩与二孩家庭育龄妇女生育意愿比较［J］. 人口学刊（1）.

马克思，恩格斯，1995. 马克思恩格斯选集：第4卷［M］. 北京：人民出版社.

马小红，顾宝昌，2015. 单独二孩申请遇冷分析［J］. 华中师范大学学报（人文社会科学版）（2）.

满珂，2013. 社会性别研究中的“父权制”概念探讨［J］. 民俗研究（2）.

茅倬彦，罗昊，2013. 符合二胎政策妇女的生育意愿和生育行为差异——基于计划行为理论的实证研究［J］. 人口研究（1）.

蒙克，2017. “就业—生育”关系转变和双薪型家庭政策的兴起——从发达国家经验看我国“二孩”时代家庭政策［J］. 社会学研究（5）.

MILES M B, HUBERMAN M A,2008. 质性资料的分析：方法与实践［M］. 张芬芬，译，重庆：重庆大学出版社.

米利特，2000. 性政治［M］. 宋文伟，译. 南京：江苏人民出版社.

潘贵玉，2001. 中华生育文化导论［M］. 北京：中国人口出版社.

潘锦棠，2001. 生育社会保险中的女性利益、企业利益和国家利益［J］. 浙江学刊（6）.

乔晓春，2004. 性别偏好、性别选择与出生性别比［J］. 中国人口科学（1）.

乔晓春，2014. 实施“普遍二孩”政策后生育水平会达到多高？——兼与翟振武教授商榷［J］. 人口与发展（6）.

乔晓春，2015. 从“单独二孩”政策执行效果看未来生育政策的选择［J］. 中国人口科学（2）.

秦均平，2008. 生育决策与回族两性地位述论［J］. 宁夏社会科学（1）.

邱济芳，2017. 流动性经验和理性医疗选择——基于高龄孕妇的个案分析［J］. 妇女研究论丛（1）.

邱幼云，2022. 三孩新政下城市已婚女青年的生育意愿及影响因素［J］. 中国青年研究（3）.

全国妇联妇女研究所，2016. 第三期中国妇女社会地位调查论文集［M］. 北京：中国妇女出版社.

沈奕斐，2005. 被建构的女性：当代社会性别理论［M］. 上海：上海人民出版社.

沈奕斐，2009. “后父权制时代”的中国——城市家庭内部权力关系变迁与社会［J］. 广西民族大学学报（哲学社会科学版）（6）.

沈奕斐，2010. 个体化与家庭结构关系的重构［D］. 上海：复旦大学.

沈奕斐，2013a. 个体化视角下的城市家庭认同变迁和女性崛起［J］. 学海（2）.

沈奕斐，2013b. 个体家庭 iFamily：中国城市现代化进程中的个体、家庭与国家［M］. 上海：三联书店.

沈奕斐，2014. 辣妈：个体化进程中母职与女权［J］. 南京社会科学（1）.

石智雷，2015. 多子未必多福——生育决策、家庭养老与农村老年人生活质量［J］. 社会学研究（5）.

石智雷，邵玺，王璋，等，2022. 三孩政策下城乡居民生育意愿［J］. 人口学刊（3）.

石智雷，杨雨萱，2019. 女性权益、社会地位与生育选择：相关文献评述［J］. 人口学刊（1）.

石智雷，杨云彦，2014. 符合“单独二孩”政策家庭的生育意愿与生育行为［J］. 人口研究（5）.

斯科特，2007. 弱者的武器［M］. 郑广怀，张敏，何江穗，等，译. 南京：译林出版社.

宋健，2016. 普遍二孩生育对妇女就业的影响及政策建议［J］. 人口与计划生育（1）.

宋健，唐诗萌，2017. 1995年以来中国妇女生育模式的特点及变化［J］. 中国人口科学（4）.

宋健，周宇香，2015. 中国已婚妇女生育状况对就业的影响——兼论经济支持和照料支持的调节作用［J］. 妇女研究论丛（4）.

宋丽敏，王玥，柳清瑞，2012. 中国农村居民家庭的生育决策模型与实证分析［J］. 人口学刊（1）.

孙奎立，2010. 农村妇女生育意愿影响因素分析［J］. 人口学刊（3）.

唐灿，2010. 家庭现代化理论及其发展的回顾与评述［J］. 社会学研究（2）.

陶涛，2012. 中国农村妇女家庭重大决策参与权的影响因素研究［J］. 妇女研究论丛（5）.

特雷斯特，2018. 单身女性的时代［M］. 贺梦菲，薛轲，译. 桂林：广西师范大学出版社.

田瑞靖，2016. 妇女当家会强化低生育水平吗？——一项关于家庭权力与生育决策的实证研究［J］. 人口与社会（4）.

童，2002. 女性主义思潮导论［M］. 艾晓明，等，译. 武汉：华中师范大学出版社.

王斌，2014. 个体化社会的困局、整合与本土启示［J］. 学习与实践（6）.

王金玲，2009. 家庭权力的性别格局：不平等还是多维度网状分布？［J］. 华中科技大学学报（社会科学版）（2）.

王猛，梁闻焰，黄妍妮，2017. 女性生育意愿及其实现——基于互联网问卷调查数据的实证研究［J］. 华中科技大学学报（社会科学版）（4）.

王晓宇，原新，韩昱洁，2018. 家庭生育决策与全面两孩政策——基于流动人口的视角［J］. 南开经济研究（2）.

韦艳，杨大为，2015. 婚姻支付对农村夫妻权力的影响：全国百村调查的发现［J］. 人口学刊（5）.

吴帆，2020. 生育意愿研究：理论与实证［J］. 社会学研究（4）.

吴小英，2000. 女性社会主义研究述评［J］. 国外社会科学（2）.

吴小英，2002. “他者”的经验和价值——西方女性主义社会学的尝试［J］. 中国社会科学（6）.

吴小英，2003. 当知识遭遇性别——女性主义方法论之争［J］. 社会学研究（1）.

吴小英，2005. 女性主义的知识范式［J］. 国外社会科学（3）.

吴小英，2009. 市场化背景下性别话语的转型［J］. 中国社会科学（2）.

吴小英，2014. 主妇化的兴衰——来自个体化视角的阐释［J］. 南京社会科学（1）.

吴小英，2020. 照料的问题化及其政策选择——一个家庭变迁视角的探讨［J］. 杭州师范大学学报（社会科学版）(6).

吴小英，2021. 家庭之于女性：意义的探讨与重构［J］. 山西师范大学报（社会科学版）(5).

吴小英，2021. 母职的悖论：从女性主义批判到中国式母职策略［J］. 中华女子学院学报（2）.

吴莹，卫小将，杨宜音，等，2016. 谁来决定“生儿子”？——社会转型中制度与文化对女性生育决策的影响［J］. 社会学研究（3）.

伍海诚，乔天宇，2013. 农村一孩户再生育意愿研究——基于三省农村已婚有偶育龄妇女调查［J］. 人口与经济（6）.

西蒙，1984. 人口增长经济学［M］. 北京：北京大学出版社.

向华丽，2011. 高出生性别比地区人口预测研究——基于育龄妇女生育意愿调查［J］. 公共管理学报（4）.

笑冬，2002. 最后一代传统婆婆？［J］. 社会学研究（3）.

徐安琪，1998. 夫妻伙伴关系：中国城乡的异同及其原因［J］. 中国人口科学（4）.

徐安琪，2004. 夫妻权力模式与女性家庭地位满意度研究［J］. 浙江学刊（2）.

徐安琪，2005. 夫妻权力和妇女家庭地位的评价指标：反思与检讨［J］. 社会学研究（4）.

徐映梅，李霞，2010. 农村外出妇女的生育意愿分析——基于鄂州、黄石、仙桃三地数据［J］. 南方人口（2）.

徐映梅，瞿凌云，2011. 独生子女家庭育龄妇女生育意愿及其影响因素——基于湖北省鄂州、黄石、仙桃市的调查［J］. 中国人口科学（2）.

许传新，王平，2002. “学历社会”中的妇女家庭权力研究——以武汉为例试析学历对妇女家庭权力的影响［J］. 中华女子学院学报（1）.

许琪，2021. 从父职工资溢价到母职工资惩罚——生育对我国男女工资收入的影响及其变动趋势研究（1989—2015）［J］. 社会学研究（5）.

许琪，2021. 性别公平理论在中国成立吗？——家务劳动分工、隔代养育与女性的生育行为［J］. 江苏社会科学（4）.

闫萍，2016. 家庭照料视角下家庭生育决策影响因素研究［J］. 北京行政学院学报（3）.

阎云翔，2006. 私人关系的变革：一个中国村庄里的爱情、家庭与亲密关系 1949—1999［M］. 龚小夏，译. 上海：上海书店出版社.

阎云翔，2012. 中国社会的个体化［M］. 陆洋，等，译. 上海：上海译文出版社.

严梅福，1995. 婚嫁模式影响妇女生育性别偏好的实验研究［J］. 中国人口科学（5）.

杨慧，2017. 全面二孩政策下生育对城镇女性就业的影响机理研究［J］. 人口与经济（4）.

杨菊华，2008. 意愿与行为的悖离：发达国家生育意愿与生育行为研究述评及对中国的启示［J］. 学海（1）.

杨菊华，2011. 生育意愿、生育行为、生育水平的三重悖离［J］. 人口研究（2）.

杨菊华，2014.“单独两孩”政策对女性就业的潜在影响及应对思考［J］.妇女研究论丛（4）.

杨菊华，2019.“性别—母职双重赋税”与劳动力市场参与的性别差异［J］.人口研究（1）.

杨菊华，谢永飞，2016.人口社会学［M］.北京：中国人民大学出版社.

杨君，方蕙，2019.结构、文化与场域：中国社会的个体化研究［J］.学习与实践（9）.

伊庆春，2001.华人家庭夫妻权力的比较研究［M］.高雄：高雄丽文文化事业出版公司.

尹旦萍，2010.土家族夫妻权力的变化及启示——以埃山村为例［J］.妇女研究论丛（1）.

尤丹珍，郑真真，2002.农村外出妇女的生育意愿分析——安徽、四川的实证研究［J］.社会学研究（6）.

於嘉，谢宇，2014.生育对我国女性工资率的影响［J］.人口研究（1）.

张静，雍会，2022.育龄人群三孩生育意愿的影响因素分析［J］.统计与决策（20）.

张丽梅，2008.西方夫妻权力研究理论述评［J］.妇女研究论丛（3）.

张丽萍，王广州，2014.“单独二孩”政策目标人群及相关问题分析［J］.社会学研究（1）.

张赛群，2017.育龄妇女二孩生育顾虑及其家庭发展支持体系的完善［J］.社会科学家（5）.

张樨樨，王利华，2017.“全面二孩”政策对城镇女性就业质量的影响［J］.上海大学学报（社会科学版）（5）.

张现苓，翟振武，2013.婚居模式对农村妇女生育孩子性别的影响［J］.中国人口科学（6）.

郑丹丹，2003.夫妻关系“定势”与权力策略［J］.社会学研究（4）.

郑丹丹，2004.中国城市家庭夫妻权力研究［M］.武汉：华中科技大学出版社.

郑丹丹，2018. 个体化与一体化：三代视域下的代际关系［J］. 青年研究（1）.

郑丹丹，狄金华，2017. 女性家庭权力、夫妻关系与家庭代际资源分配［J］. 社会学研究（1）.

郑真真，2004. 中国育龄妇女的生育意愿研究［J］. 中国人口科学（5）.

郑真真，2011. 生育意愿研究及其现实意义——兼以江苏调查为例［J］. 学海（2）.

郑真真，2015. 从家庭和妇女的视角看生育和计划生育［J］. 中国人口科学（2）.

郑真真，2015b. 从家庭和妇女的视角思考生育和计划生育政策调整［J］. 中国妇运（10）.

郑真真，2019. 20世纪70年代妇女在生育转变中的作用——基于妇女地位、劳动参与和家庭角度的考察［J］. 妇女研究论丛（1）.

钟涨宝，尤鑫，2014. 亲属支持对农村女性家庭权力影响的实证研究——基于CGSS 2006数据的分析［J］. 华中科技大学学报（社会科学版）（1）.

周俊山，尹银，王树新，等，2008. 拉萨市已婚育龄妇女的孩子价值观念分析——兼论妇女地位和生育文化对孩子价值的影响［J］. 人口与发展（6）.

周兴，王芳，2010. 中国女性的社会经济特征与生育决策［J］. 人口学刊（4）.

朱斌，乔天宇，2015. “妻管严”的婚姻生活幸福吗？——基于家庭权力关系与婚姻满意度的分析［J］. 青年研究（5）.

朱国宏，1992a. 生育文化论［J］. 复旦学报（社会科学版）（3）.

朱国宏，1992b. 传统生育文化与中国人口控制［J］. 人口研究（1）.

朱国宏，1998. 中国的传统生育文化及其转变［J］. 人口研究（6）.

朱国宏，陈震，陈俊杰，等，1998. 生育文化：传统及其变革［J］. 人口研究（6）.

朱文婷，王梅，2022. 生育支持对青年职业女性三孩生育意愿的影响研究［J］. 中国青年社会科学（6）.

庄亚儿，姜玉，王志理，等，2014. 当前我国城乡居民的生育意愿——

基于2013年全国生育意愿调查［J］. 人口研究（3）.

庄渝霞，2009a. 西方生育决策研究概述——来自经济学、社会学和心理学的集成［J］. 国外社会科学（4）.

庄渝霞，2009b. 资本与行动——生育决策的跨学科研究［M］. 上海：上海人民出版社.

左际平，2002. 从多元视角分析中国城市的夫妻不平等［J］. 妇女研究论丛（1）.

AAFKE K, 1989. Hidden Power in Marriage [J]. Gender and Society (2).

ABROKWAHA S O, MOSERB C M, NORTONC E, 2016. The Impact of Social Health Insurance on Household Fertility Decisions [J]. Journal of African Economies (5).

ADLER M A, 1997. Social Change and Declines in Marriage and Fertility in Eastern Germany [J]. Journal of Marriage and Family (1).

AL RIYAMI A, AFIFI M, MABRY R M, 2004. Women's Autonomy, Education and Employment in Oman and their Influence on Contraceptive Use [J]. Reproductive Health Matters (12).

BAGAVOS C, 2017. Do Different Educational Pairings Lead to Different Fertility Outcomes? A Cohort Perspective for The Greek Case [J]. Vienna Yearbook of Population Research (15).

BANKOLE A, 1995. Desired Fertility and Fertility Behaviour among the Yoruba of Nigeria: A Study of Couple Preferences and Subsequent Fertility [J]. Population Studies (2).

BANKOLE A, SINGH S, 1988. Couples' Fertility and Contraceptive Decision-Making in Developing Countries: Hearing the Man's Voice [J]. International Family Planning Perspectives (1).

BAUER G, KNEIP T, 2013. Fertility from a Couple Perspective: A Test of Competing Decision Rules on Proceptive Behaviour [J]. European Sociological Review (3).

BECKER S, et al., 2013. Does Women's Education Affect Fertility? Evidence from

Pre-Demographic Transition Prussia [J]. European Review of Economic History (17).

BECKMAN L J, AIZENBERG R, FORSYTHE A B, et al., 1983. A Theoretical Analysis of Antecedents of Young Couples' Fertility Decision and Outcomes [J]. Demography (4).

BEHRMAN J A, 2015. Does Schooling Affect Women's Desired Fertility? Evidence from Malawi, Uganda, and Ethiopia [J]. Demography (52).

BLOOD R O JR, WOLFE D M, 1960. Husbands and Wives: The Dynamics of Living [M]. New York: The Free Press.

BLUMBERG R L, 1991. Income under Female versus Male Control: Hypothises from a Theory of Gender Stratification and Data from the Third World Gender, Family and Economy [M]. Sage Publication.

BONGAARTS J, 2001. Fertility and Reproductive Preferences in Post-Transitional Societies [M]// BULATAO R A, CASTERLINE J B. Global Fertility Transition. New York: Population Council.

BONGAARTS J, WATKINS S C, 1996. Social Interactions and Contemporary Fertility Transitions [J]. Population and Development Review (4).

BRAS H, SCHUMACHER R, 2019. Changing Gender Relations, Declining Fertility? An Analysis of Childbearing Trajectories in 19th-century Netherlands [J]. Demographic Research (41).

BRODMANN S, ESPING-ANDERSEN G, GÜELL M, 2007. When Fertility Is Bargained: Second Births in Denmark and Spain [J]. European Sociological Review (5).

BURR W R, AHERN L, KNOWLES E M, 1977. An Empirical Test of Rodman's Theory of Resources in Cultural Context [J]. Journal of Marriage and the Family (3).

CAMPBELL M, SAHIN-HODOGLUGIL N N, POTTS M, 2006. Barriers to Fertility Regulation: A Review of the Literature [J]. Studies in Family Planning (2).

CARVAJAL M J, BURGESS P, 1977. Determinants of Fertility Behavior of Foreign and Native Women: A Comparative Analysis of Buenos Aires, Rio De

Janeiro, and Caracas [J]. International Review of Modern Sociology (2).

CENTERS R B, et al., 1971. Conjugal Power Structure: A Re-examination [J]. American Review (2).

CHARLOTT N, 2002. The Social Nature of Money: Meanings of Money in Swedish Families [J]. Women’s Studies International Forum (26).

CHAUDHURI S, 2012. The Desire for Sons and Excess Fertility: A Household-Level Analysis of Parity Progression in India [J]. International Perspectives on Sexual and Reproductive Health (4).

COLE J H, 1996. There Are Only Good Mothers: The Ideological Work of Women's Fertility in France [J]. French Historical Studies (3).

COOMBS L C, CHANG M, 1981. Do Husbands and Wives Agree? Fertility Attitudes and Later Behavior [J]. Population and Environment: Behavioral and Social Issues (4).

CORRELL S J, BENARD S, PAIK I, 2007. Getting a Job: Is There a Motherhood Penalty? [J]. American Journal of Sociology (5).

DAHAL G P, PADMADAS S S, HINDE A P R, 2008. Fertility-Limiting Behavior and Contraceptive Choice among Men in Nepal [J]. International Family Planning Perspectives (1).

DAVIES L, CARRIER P J, 1999. The Importance of Power Relations for the Division of Household Labour [J]. The Canadian Journal of Sociology (1).

DAVIS K, 1984. Wives and Work: The Sex Role Revolution and Its Consequences [J]. Population and Development Review (3).

DEL BOCA D, 2002. The Effect of Child Care and Part Time Opportunities on Participation and Fertility Decisions in Italy [J]. Journal of Population Economics (3).

DEL BONO E, WEBER A, WINTER-EBMER R, 2012. Clash of Career and Fertility Decisions After Job Displacement [J]. Journal of the European Economic Association (4).

DEROSE L F, DODOO F N-A, PATIL V, 2002. Fertility Desires and Perceptions of Power in Reproductive Conflict in Ghana [J]. Gender and Society

(1).

DHRUVARAJAN V, 1992. Conjugal Power among First Generation Hindu Asian Indians in A Canadiancity [J]. International Journal of Sociology of the Family (1).

DODOO F N-A, 1993. Insights into Spousal Differences in Reproductive Dis/agrement [J]. Sociological Focus (3).

DODOO F N-A, FROST A E, 2008. Gender in African Population Research: The Fertility/Reproductive Health Example [J]. Annual Review of Sociology (34).

EHRHARDT J, KOHLI M, 2011. Individualisation and Fertility [J]. Historical Social Research (2).

ESPENSHADE T J, YE W, 1994. Differential Fertility within an Ethnic Minority: The Effect of "Trying Harder" among Chinese-American Women [J]. Social Problems (1).

ESWARAN M, 2002. The Empowerment of Women, Fertility, and Child Mortality: Towards a Theoretical [J]. Journal of Population Economics (3).

FERNÁNDEZ R, FOGLI A, 2006. Fertility: The Role of Culture and Family Experience [J]. Journal of the European Economic Association (4).

FEYRER J, SACERDOTE B, STERN A, 2008. Will the Stork Return to Europe and Japan? Understanding Fertility within Developed Nations [J]. Journal of Economic Perspect (22).

FOLBRE N, 1982. Exploitation Comes Home: A Critique of the Marxian Theory of Family Labour [J]. Cambridge Journal of Economics (4).

FOLBRE N, 1983. Of Patriarchy Born: The Political Economy of Fertility Decisions [J]. Feminist Studies (2).

FRONE M R, RUSELL M, COOPER M L, 1992. Prevalence of Work-Family Conflict: Are Work and Family Boundaries [J]. Journal of Organizational Behavior (7).

GIDDENS A, 1991. Modernity and Self-Identity: Self and Society in the Late Modern Age [M]. Cambridge: Polity.

GILLESPIE D L, 1971. Who Has the Power? The Marital Struggle [J]. Journal of Marriage and the Family (3).

GREENHALGH S, 1988. Fertility as Mobility: Sinic Transitions [J]. Population and Development Review (4).

GREENHAUS J, BEUTELL N, 1985. Sources of Conflict between Work and Family Roles [J]. Academy of Management Review (10).

HARRISON A, MONTGOMERY E, 2001. Life Histories, Reproductive Histories: Rural South African Women's Narratives of Fertility, Reproductive Health and Illness [J]. Journal of Southern African Studies (2).

HASS P H, 1974. Wanted and Unwanted Pregnancies: A Fertility Decision-Making Model [J]. Journal of Social Issue (4).

HAYFORD S R, MORGAN P S, 2008. Religiosity and Fertility in the United States: The Role of Fertility Intentions [J]. Social Forces (3).

HEER D M, 1963. The Measurement and Bases of Family Power: An Overview [J]. Marriage and Family Living (2).

HEIKE D, 2002. Gender Ideologies, Relative Resources, and the Division of Housework in Intimate Relationship: A Test of Resources in Cultural Context [J]. International Journal of Comparative Sociology (2).

HENER T, 2015. Do Couples Bargain over Fertility? [J]. Annals of Economics and Statistics (117/118).

HEOM, 1993. The Compatibility of Employment and Childbearing in Contemporary Sweden [J]. Acta Sociology (36).

HIGGINS, DUXBURY, 1992. Women: A comparative Analysis of Buenos Aires, Rio De Janeiro and Caracas [J]. International Review of Modern Sociology (2).

HINDIN M J, 2000. Women's autonomy, women's status and fertility-related behavior in Zimbabwe [J]. Population Research and Policy Review (19).

HOCHSCHILD A, MACCHUNG A, 2012. The Second Shift: Working Families and the Revolution at Home [M]. New York: Biking Penguin.

HYMAN R, 1967. Marital Power in France, Greece, Yugoslavia, and the United

States: A Cross-National Discussion [J]. Journal of Marriage and the Family (2).

JAFFE J, AZUMI K, 1960. The Birth Rate and Cottage Industries in Underdeveloped Countries [J]. Economic Development and Cultural Change (9).

JARIS T V, 1999. Status and Income as Gendered Resources: The Case of Marital Power [J]. Journal of Marriage and the Family (3).

JIANG Q, LI Y, SÁNCHEZ-BARRICARTE J J, 2016. Fertility Intention, Son Preference, and Second Childbirth: Survey Findings from Shaanxi Province of China [J]. Social Indicators Research (3).

KAN M-Y, HERTOG E, 2017. Domestic Division of Labour and Fertility Preference in China, Japan, South Korea, and Taiwan [J]. Demographic Research (36).

KAN M-Y, HERTOG E, KOLPASHNIKOVA K, 2019. Housework Share and Fertility Preference in four East Asian Countries in 2006 and 2012 [J]. Demographic Research (41).

KATZ R, PERES Y, 1985. Is Resource Theory Equally Applicable to Wives and Husbands? [J]. Journal of Comparative Family Studies (1).

KISHOR S, 1995. Autonomy and Egyptian Women: Findings from the 1988 Egypt Demographic and Health Survey [J]. Macro International, Demographic and Health Surveys (2).

KOMURA M, 2013. Fertility and Endogenous Gender Bargaining Power [J]. Journal of Population Economics (3).

LAKOMÝ M, 2017. The Role of Values and of Socioeconomic Status in the Education-Fertility Link Among Men and Women [J]. Vienna Yearbook of Population Research (15).

LAMBRECHTS E, 1971. Religiousness, Social Status and Fertility Values in a Catholic Country [J]. Journal of Marriage and Family (3).

LARSEN U, CHUNG W, GUPTA M D, 1998. Fertility and Son Preference in Korea [J]. Population Studies (3).

LAUER R H, LAUER J C, 2000. Marriage and Family: The Quest for Intimacy [M]. Boston: McGraw Hill.

LEHRERE, NERLOVE M, 1986. Female Labor Force Behavior and Fertility in the United States [J]. Annual Review of Sociology (12).

LENNON M C, ROSENFIELD S, 1994. Relative Fairness and the Division of Housework: The Importance of Options [J]. American Journal of Sociology (2).

LERCH M, 2013. Patriarchy and Fertility in Albania [J]. Demographic Research (29).

LI L, 1993. Chines Women's Participation in Fertiliy Discussions [J]. International Journal of Sociology of the Family (1).

LIAO T F, 1992. Immanence and Transcendence: The Relationship between Patterns of Family Decision Making and Fertility among Catholics and Protestants [J]. Sociological Analysis (1).

LOBAO L M, BROWN L A, 1998. Development Context, Regional Differences among Young Women, and Fertility: The Ecuadorean Amazon [J]. Social Forces (3).

LOPEZ D E, SABAGH G, 1978. Untangling Structural and Normative Aspects of the Monority Status-Fertility Hypothesis [J]. American Journal of Sociology (6).

MAGGIONI G, 2004. Becoming Parents. A Qualitative Analysis of Fertility Choices [J]. Genus (1).

MALHOTRA A, VANNEMAN R, KISHOR S, 1995. Fertility, Dimensions of Patriarchy, and Development in India [J]. Population and Development Review (2).

MARTIN R, WALLACE J, 1984. Working Women in Recession [M]. Oxford: Oxford University Press.

MASON K O, 1987. Attitudes toward Women's Familial Roles [J]. Gender & Society (1).

MASON K O, 1987. The Impact of Women's Social Position on Fertility in Developing Countries [J]. Sociological Forum (4).

MASON K O, 2001. Gender and Family Systems in the Fertility Transition [J]. Population and Development Review (27).

MASON K O, SMITH H L, 2000. Husbands "Versus Wives" Fertility Goals and Use of Contraception: The Influence of Gender Context in Five Asian Countries [J]. Demography (3).

MCDONALD G W, 1980. Family Power: The Assessment of a Decade of Theory and Research, 1970-1979 [J]. Journal of Marriage and the Family (4).

MCDONALD P, 2000. Gender Equity in Theories of Fertility Transition [J]. Population and Development Review (3).

MCDONALD P, 2000a. Gender Equity, Social Iinstitutions and the Future of Fertility [J]. Journal of Population Research (1).

MCDONALD P, 2000b. Gender Equity in Theories of Fertility Transition [J]. Population and Development Review (3).

MCDONALD P, 2013. Societal Foundations for Explaining Low Fertility Gender Equity [J]. Demographic Research (28).

MIAH M R M, MIZAN A N, 1992. Labor Force Participation and Fertility: A Study of Married Women in Bangadesh [J]. International Journal of Sociology of the Family (2).

MIETTINEN A, BASTEN S, ROTKIRCH A, 2011. Gender Equality and Fertility Intentions Revisited Evidence from Finland [J]. Demographic Research (24).

MILLER W, PASTA D, 1995. Behavioral Intentions: Which Ones Predict Fertility Behavior in Married Couples? [J]. Journal of Applied Social Psychology (6).

MILLS M, MENCARINI L, TANTURRI M L, et al., 2008. Gender Equity and Fertility Intentions in Italy and the Netherlands [J]. Demographic Research (18).

MOORE T W, 1998. Fertility in China 1982-1990: Gender Equality as a Complement to Wealth Flows Theory [J]. Population Research and Policy Review (17).

MORGAN K P, 1996. Gender Rites and Rights: The Biopolitics of Beauty and Fertility [M]// SUMNER L W, BOYLE J. Philosophical Perspectives on Bioethics. Toronto: University of Toronto Press.

MORGAN S P, 1981. Intention and Uncertainty at Later Stages of Childbearing: The United States, 1965 and 1970 [J]. Demography (18).

MURPHY R, 2003. Fertility and Distorted Sex Ratios in a Rural Chinese County: Culture, State, and Policy [J]. Population and Development Review (4).

NAWAR L, 1996. Women's Autonomy and Gender Roles in Egyptian Families: Implications for Family Planning and Reproductive Health [J]. Research Monograph Series (25).

NEYER G, LAPPEGÅRD T, VIGNOLI D, 2013. Gender Equality and Fertility: Which Equality Matters? [J]. European Journal of Population (3).

ODIMEGWU C, ADEDINI S A, ONONOKPONO D N, et al., 2014. Couple Characteristics and Fertility Decision-Making in Imo State, Nigeria: Evidence from Historical Data [J]. Southern African Journal of Demography (1).

OLAH L S Z, 2003. Gendering fertility: Second births in Sweden and Hungary [J]. Population Research and Policy Review (22).

OSEI I F, MAYHEW S H, BIEKRO L, et al., 2014. Fertility Decisions and Contraceptive Use at Different Stages of Relationships: Windows of Risk Among Men and Women in Accra [J]. International Perspectives on Sexual and Reproductive Health (3).

PARKA S-M, CHOA S- IL, CHOI M-K, 2010. The Effect of Paternal Investment on Female Fertility Intention in South Korea [J]. Evolution and Human Behavior (6).

PATEL T, 1999. The Precious Few: Women's Agency, Household Progressions and Fertility in Rajasthan Village [J]. Journal of Comparative Family Studies (3).

PAYDARFAR A A, SARRAM M, 1970. Differential Fertility and Socioeconomic Status of Shirazi Women: A Pilot Study [J]. Journal of Marriage and Family (4).

PHAN L, 2013. Women's Empowerment and Fertility Changes [J]. International Journal of Sociology of the Family (1/2).

POOL D I, 1978. Changes in Canadian Female Labour Force Participation, and Some Possible Implications for Conjugal Power [J]. Journal of Comparative Family Studies (1).

PRESSER H B, BALDWIN W, 1980. Child Care as a Constraint on Employment: Prevalence, Correlates, and Bearing on the Work and Fertility Nexus [J]. American Journal of Sociology (5).

QUALLS W J, 1984. Sex Role, Husband-Wife Influence and Family Decision Behavior [J]. Association for Consumer Research (11).

RAMACHANDRAN V, 1996. Fertility and Women's Autonomy in the Indian Family [J]. India International Centre Quarterly (3/4).

RANK M R, 1989. Fertility Among Women on Welfare: Incidence and Determinants [J]. American Sociological Review (2).

REED F W, MCBROOM W H, 1986. The Effect of Marrige on Fertility Intentions: An Approximation with Cross-sectional Data [J]. International Journal of Sociology of the Family (1).

REED F W, UDRY R J, 1973. Female Work, Fertility, and Contraceptive Use in a Biracial Sample [J]. Journal of Marriage and Family (4).

REN P, 2008. Women’s Status, Men’s Role, and Fertility of Chinese in the United States [J]. International Journal of Sociology of the Family (1).

RICH A, 1977. Of Woman Born: Motherhood as Experience and Institution [M]. New York: Bantam.

RINDFUSS R R, BREWSTER K L, 1996. Childrearing and Fertility [M]// CASTERLINE J B, LEE R D, FOOTE K A. Fertility in the United States. Nevada: Population Council.

ROY T K, et al., 2008. Consistency and Predictive Ability of Fertility Preference Indicators: Longitudinal Evidence from Rural India [J]. International Family Planning Perspectives (3).

SCHOEN R, et al., 1999. Do Fertility Intentions Affect Fertility Behavior? [J]. Journal of Marriage and Family (3).

SEIVER D A, CYMROT D J, 1984. A New Approach to Household Fertility Behavior [J]. Eastern Economic Journal (1).

SHETH J N, 1974. Theory of Family Buying Decision [M]. New York: Harper and Row Publication.

STEIN P, PAVETIC M, 2013. A Nonlinear Simultaneous Probit-Model for the Investigation of Decision-Making Processes: Modelling the Process of Setting Up a Family in Partnerships [J]. Qual Quant (47).

STEIN P, WILLEN S, PAVETIC M, 2014. Couples "Fertility Decision-Making" [J]. Demographic Research (30).

STOLZENBERG, WAITE, 1984. Local Labor Markets, Children and Labor Force Participation of Wives [J]. Demography (2).

STONE P, 2007. Opting Out? Why Women Really Quit Careers and Head Home [M]. Berkley: University of California Press.

STRAITS B C, 1985. Factors Influencing College Women's Responses to Fertility Decision-Making Vignettes [J]. Journal of Marriage and Family (3).

STYCOS J M, WELLER R H, 1967. Female Working Roles and Fertility [J]. Demography (4).

TAN C, TEY N P, 1994. Do Fertility Intentions Predict Subsequent Behavior? Evidence from Peninsular Malaysia [J]. Studies in Family Planning (4).

TESTA M R, 2014. On the Positive Correlation Between Education and Fertility Intentions in Europe: Individual- And Country-Level Evidence [J]. Advances in Life Course Research (21).

TFAILY R, 2004. Do Women with Higher Autonomy Have Lower Fertility? Evidence from Malaysia, the Philippines, and Thailand [J]. Genus (2).

THOMSON E, 1997. Couple Childbearing Desires, Intensions, and Births [J]. Demography (34).

THOMSON E, MCDONALD E, BUMPASS L L, 1990. Fertility Desires and Fertility: Hers, His, and Theirs [J]. Demography (4).

TICKAMYER A R, 1979. Women's Roles and Fertility Intentions [J]. The Pacific Sociological Review (2).

TING T-F, 2004. Resources, Fertility, and Parental Investment in Mao's China [J]. Population and Environment (4).

TONEY M B, GOLESORKHI B, STINNER W F, 1985. Residence Exposure and Fertility Expectations of Young Mormon and Non-Mormon Women in Utah [J]. Journal of Marriage and Family (2).

TORR B M, SHORT S E, 2004. Second Births and the Second Shift: A Research Note on Gender Equity and Fertility [J]. Population and Development Review (1).

TOWNES B D, BEACH L R, CAMPBELL F L, et al., 1980. Family Building: A Social Psychological Study of Fertility Decisions [J]. Population and Enviroment (3).

UDRY R J, 1983. Do Couples Make Fertility Plans One Birth at a Time? [J]. Demography (2).

UKAEGBU A O, 1977. Fertility of Women in Polygynous Unions in Rural Eastern Nigeria [J]. Journal of Marriage and Family (2).

WARNER R L, LEE G R, LEE J, 1986. Social Organization, Spousal Resources, and Marital Power: A Cross-Cultural Study [J]. Journal of Marriage and the Family (1).

WELLER R H, 1968. The Employment of Wives, Dominance, and Fertility [J]. Journal of Marriage and Family (3).

WELLER R H, 1977. Wife's Employment and Cumulative Family Size in the United States, 1970 and 1960 [J]. Demography (1).

WILLIAMS J. 2000. Unbending Gender: Why Family and Work Conflict and What to Do About It [M]. New York: Oxford University Press.

WILLIAMS L, ABMA J, PICCININO L J, 1999. The Correspondence Between Intention to Avoid Childbearing and Subsequent Fertility: A Prospective Analysis [J]. Family Planning Perspectives (5).

WITHERS O M, 1978. The Caribbean Family: Legitimacy in Martinique [J]. The Family Coordinator (4).

ZHAO Z, 1997. Deliberate Birth Control Under a High-Fertility Regime: Reproductive Behavior in China [J]. Population and Development Review (4).

附录一　访谈提纲

1. 你是否已经决定了生育或者不生育二孩 / 三孩？你和爱人都愿意生，还是都不愿意生，还是一个愿意生、一个不愿意生？

2. 你现在已经生育 / 怀了二孩 / 三孩，在计划之中吗？这个行为是和丈夫共同决定，还是自己愿意的？

3. 你有过流产经历吗（尤其是生育政策放开后）？你因为什么决定要流产？

4. 你因为什么决定生或不生二孩 / 三孩？你的爱人因为什么决定生或不生二孩 / 三孩？

5. 这些因素是怎么影响你的（家庭成员、工作单位、朋友亲戚、社会环境）？经济因素和有人照料儿童的因素，哪个更重要？

6. 当你们意见不一致时，你通过什么方法说服他？或者你是怎样被他说服的？（有没有专门使用一些方法、策略？或者刻意去让对方妥协？怎么做到的？）

7. 当你们对生二孩 / 三孩意见一致时，是怎么达成一致的？经历了怎样的过程？谁说了算？

8. 你和爱人在生二孩 / 三孩的看法上，谁对谁的影响更大一些？或者是如何互相影响的？

9. 你怎么看待女性在生育子女方面的付出？这种付出怎样影响你要二孩 / 三孩的决心？

10. 二孩 / 三孩政策放开对你们是否愿意生二孩 / 三孩有影响吗？怎样影响？

11. 你的生育抉择受到长辈的影响了吗？自己父母还是爱人父母？长辈的

看法会通过爱人来传达给你吗？怎么传达给你的？你怎么应对？

12. 在日常生活中你为自己考虑的多吗？

13. 家庭中的日常重大决策都是由谁作出？谁在家说了算？妻子的决定权有多大？

14. 在家庭中，你和爱人的心理地位，谁高谁低？为什么？

15. 家庭里是否把生育二孩 / 三孩当作一项重要决策来讨论？

附录二　被访者信息

（注：被访者年龄均为接受访问时的年龄）

编码说明：S 表示生育意愿一致，D 表示生育意愿不一致；Y 表示最终生育了二孩或三孩，N 表示最终选择不再生育。

个案 1（编号 SY01）：M 女士，“80 后”，曾经从事交通建筑业财会工作，现全职在家育儿。37 岁，大儿子 9 岁，小女儿 4 岁。丈夫为交通建筑业经理。

个案 2（编号 SY02）：Z 女士，“85 后”，公务员。35 岁，儿子 7 岁，女儿 2 岁，丈夫为事业单位员工。

个案 3（编号 SY03）：G 妈妈，“80 后”，之前做零售生意，现全职在家育儿。38 岁，大女儿 12 岁，小儿子 3 岁。丈夫为事业单位员工。

个案 4（编号 SY04）：T 妈妈，“85 后”，曾为事业单位员工，现全职在家育儿。32 岁，儿子 6 岁，小女儿 8 个月。丈夫 33 岁，事业单位员工。

个案 5（编号 SY05）：WX 女士，“85 后”，全职主妇。33 岁，曾为企业员工，大女儿 5 岁，小儿子 7 个月。丈夫 36 岁，公务员。

个案 6（编号 SY06）：YH 女士，“75 后”，高校教师。39 岁，大女儿 14 岁，小儿子 5 岁。丈夫 40 岁，企业管理者。

个案 7（编号 SY07）：L 妈妈，“85 后”，个体户。32 岁，大女儿 6 岁，小女儿 1 岁。丈夫为公交公司职员。

个案 8（编号 SY08）：S 妈妈，“80 后”，事业单位员工。35 岁，女儿 5 岁，丈夫为企业员工。

个案 9（编号 SY09）：M 姐，“75 后”，个体户。41 岁，儿子 12 岁，女儿 7 岁，丈夫同为个体户。

个案 10（编号 SY10）C 姐，“80 后”，小学教师。38 岁，儿子 12 岁，女儿 3 个月，丈夫为公务员。

个案 11（编号 SY11）：Z 先生，“80 后”，事业单位员工。35 岁，大儿子 7 岁，小女儿 2 岁，妻子为公务员。

个案 12（编号 SY12）：W 先生，“80 后”，事业单位员工。38 岁，女儿 7 岁，儿子 2 岁。

个案 13（编号 SN01）：小 Z，“90 后”，目前全职在家育儿，曾为商场某品牌店长。27 岁，女儿 6 岁，丈夫 32 岁，为工程行业职员。

个案 14（编号 SN02）：小 Y，“85 后”，医院行政人员。32 岁，育有一名 3 岁的女儿。丈夫 35 岁，为公务员。

个案 15（编号 SN03）：W 女士，“75 后”，自主就业培训教师。42 岁，儿子 8 岁。丈夫 43 岁，刚从私企辞职，目前无业。

个案 16（编号 SN04）：YZ 女士，“80 后”，大型国企职员。36 岁，育有一名 3 岁儿子。丈夫 34 岁，大型国企职员。

个案 17（编号 SN05）：JW 女士，“80 后”，国企职员。35 岁，育有一名 2 岁儿子。丈夫 35 岁，事业单位员工。

个案 18（编号 SN06）：L 女士，“85 后”，大型国企职员。36 岁，育有一名 2 岁女儿。丈夫 40 岁，事业单位员工。

个案 19（编号 SN07）：Q 女士，“80 后”，高校教师。36 岁，育有一名 3 岁儿子。丈夫 38 岁，国企管理层人士。

个案 20（编号 SN08）：X 女士，“75 后”，外企职员。42 岁，育有一名 12 岁儿子。丈夫为企业管理层人士。

个案 21（编号 SN09）：F 先生，“80 后”，事业单位员工。36 岁，儿子 2 岁，妻子为企业员工。

个案 22（编号 SN10）：B 先生，“75 后”，私企职员。44 岁，儿子 11 岁。

个案 23（编号 DY01）：D 姐，“70 后”，个体户。49 岁，大儿子 25 岁，大女儿 15 岁，小女儿 6 岁。丈夫为个体户。

个案 24（编号 DY02）：A 女士，“80 后”，大学行政教师。36 岁，大女儿 9 岁，小儿子 3 岁。丈夫 37 岁，高职院校教师。

个案 25（编号 DY03）：Z 朋友，“85 后”，私企员工。34 岁，大儿子 7

岁，小儿子 1 岁。丈夫 38 岁，公务员。

个案 26（编号 DY04）：J 女士，“80 后”，个体户，目前几乎在家全职育儿。40 岁，大儿子 12 岁，二儿子 2 岁，小女儿 6 个月。丈夫为个体户，夫妻共同开店。

个案 27（编号 DY05）：JL 女士，“80 后”，中学艺术教师。36 岁，大儿子 7 岁，小女儿 2 岁。丈夫 38 岁，自己做生意。

个案 28（编号 DY06）：SL 女士，“80 后”，小学教师。35 岁，大儿子 6 岁，小女儿 16 个月。丈夫 36 岁，为公务员。

个案 29（编号 DY07）：X 先生，高校行政教师。32 岁，大女儿 5 岁，小儿子 2 岁，妻子为家庭主妇。

个案 30（编号 DY08）：L 先生，事业单位员工。38 岁，大儿子 9 岁，小女儿 3 岁。

个案 31（编号 DN01）：D 女士，“80 后”，高职院校教师。35 岁，育有一名 5 岁女儿。丈夫 36 岁，企业员工。

个案 32（编号 DN02）：R 女士，“80 后”，高校教师。36 岁，育有一名 6 岁女儿。丈夫 36 岁，电视台记者。

个案 33（编号 DN03）：H 姐，“80 后”，保险公司职员。38 岁，育有一名 10 岁女儿。丈夫 38 岁，银行中层员工。

个案 34（编号 DN04）：YD 女士，“90 后”，全职在家育儿，兼职做微商。29 岁，育有一名 5 岁女儿。丈夫 32 岁，企业员工。

个案 35（编号 DN05）：S 女士，“80 后”，重点中学教师。35 岁，女儿 7 岁，丈夫 35 岁，为公务员。

个案 36（编号 DN06）：B 姐，“70 后”，高校教师。44 岁，儿子 13 岁，丈夫为高校教师。

个案 37（编号 DN07）：T 爸爸，“80 后”，事业单位员工。36 岁，育有一名 6 岁女儿，妻子 36 岁，大学教师。

个案 38（编号 DN08）：D 先生，“80 后”，培训学校教师。39 岁，女儿 7 岁。

后　记

再生育抉择是本书的核心议题，对它的探讨离不开国家生育政策调整的大背景。为应对老龄化社会的挑战、优化人口结构，我国已经由独生子女时代先后进入全面二孩时代、三孩时代。新生育政策实施后，作为社会的细胞，每一个家庭都面临着要不要“再生”孩子的抉择。生育不仅关乎家庭在生育、养育、教育等方面的成本，更关系着女性自身的发展，涉及家庭决策的过程。孕育生命的实践与育儿的私人化取向，始终将女性同生育、养育、教育紧紧连在一起。在家庭作出再生育抉择时，女性是如何参与这项家庭决策的？能否在家庭的再生育抉择中发挥决策权力？又是什么推动她们发挥决策权力？这些都引起了我的思考。本书正是从社会性别视角，结合家庭决策理论与个体化理论，试图对以上问题作出回应。研究发现，再生育的家庭决策的作出，不仅离不开女性的积极参与，还体现着女性非常重要的决策地位。她们在再生育的决策中夯实了参与决策的权力基础，并运用性别化策略与互动方式，在这一决策中彰显着自己的家庭权力，最终影响了再生育抉择的生成。这一方面是由于现代女性具有“为自己而活”的个体化取向，另一方面又暗示着社会性别规训下的两性合谋。

研究得以顺利完成，离不开多方面的支持。首先，本书得益于我的导师风笑天教授的悉心指导。风老师学富五车、德高望重，又平易近人、关爱学生，总是亲切地激励我在研究的每一步中努力推进，并高屋建瓴地给予点拨，使我在科研道路上不断进步。其次，要感谢我的父母家人。他们始终无条件地支持我求学与科学研究，并给予我最无私的奉献，是我工作学习得以持续顺利推进的永远的温暖港湾。再次，要感谢研究中 38 个家庭的被访者。没有他们一个个生动的生育决策故事，本书就无法获得充足的研究素材，也就很难刻画出城市已育一孩家庭的再生育抉择图景。最后，要感谢内蒙古师范大学政府管理学院“公共管理一流学科与师资队伍建设”项目对本书的大力资助。“路漫漫其修远兮，吾将上下而求索”，学术研究永远在路上。

甘雪慧

2023 年 12 月